北大社 "十三五"职业教育规划教材
高职高专汽车专业"互联网+"创新规划教材

汽车电器设备技术

主　编　戚金凤
副主编　杨玉林　雷源春
　　　　罗国荣　王珍珍

内 容 简 介

本书是编者根据自己多年在汽车电器设备教学、项目实训开发及培训等方面的经验编写的,以模块式教学方式为主,介绍了现代汽车电器设备的结构、原理、性能、使用、检测和维修技术及有关实践操作技能。全书共分为9个模块,主要学习内容包括绪论、汽车电源系统、汽车起动系统、汽车点火系统、汽车照明及信号系统、汽车仪表报警系统、汽车安全与舒适系统、汽车空调系统和整车电路识图,采用大量图表说明代替文字阐述,直观易读;实训操作以练习的形式列出,便于组织教学和读者阅读。本书各模块设有理论知识目标、实训能力目标、小结、思考题,便于学生总结学习。

本书可作为职业院校汽车维修及相关专业的教材,也可作为汽车维修电工的培训教材,还可供汽车运用、汽车修理、汽车营销、汽车管理等技术人员参考使用。

图书在版编目(CIP)数据

汽车电器设备技术/戚金凤主编. —北京: 北京大学出版社,2018.7
(高职高专汽车专业"互联网+"创新规划教材)
ISBN 978-7-301-29483-3

Ⅰ. ①汽… Ⅱ. ①戚… Ⅲ. ①汽车—电气设备—高等职业教育—教材 Ⅳ. ①U463.6

中国版本图书馆 CIP 数据核字(2018)第 084370 号

书　　　名	汽车电器设备技术 QICHE DIANQI SHEBEI JISHU
著作责任者	戚金凤　主编
策划编辑	刘晓东
责任编辑	黄红珍
数字编辑	刘　蓉
标准书号	ISBN 978-7-301-29483-3
出版发行	北京大学出版社
地　　　址	北京市海淀区成府路 205 号　100871
网　　　址	http://www.pup.cn　新浪微博:@北京大学出版社
电子信箱	pup_6@163.com
电　　　话	邮购部 010-62752015　发行部 010-62750672　编辑部 010-62750667
印刷者	大厂回族自治县彩虹印刷有限公司
经销者	新华书店 787 毫米×1092 毫米　16 开本　17.25 印张　402 千字 2018 年 7 月第 1 版　2022 年 1 月第 2 次印刷
定　　　价	49.00 元

未经许可,不得以任何方式复制或抄袭本书之部分或全部内容。
版权所有,侵权必究
举报电话: 010-62752024　电子信箱: fd@pup.pku.edu.cn
图书如有印装质量问题,请与出版部联系,电话: 010-62756370

前　言

随着集成电路和通信技术的飞速发展,汽车上普遍采用起动防盗、微机控制点火和组合仪表等技术,这要求汽车使用人员的专业技能必须相应地提高。

本书以教育部高职高专汽车检测与维修技术专业的教学大纲为基础,结合编者多年教学及工作经验,搜集相关资料编写而成。

本书以职业能力培养为主线,以工作项目为导向,每个项目设置理论知识目标和实训能力目标等部分,并且根据目前汽车维修行业汽车电器维修的实际情况,精心选择安排了实训项目,结合乘用车案例,系统讲解汽车电器设备的检测技术,目的在于培养读者清晰的汽车电器设备的故障诊断思路及检修技能。

全书注重专业知识的相互联系,将相关的专业知识组合在一起进行编排,以便于读者掌握和理解,在编写过程中注重搜集整理汽车电器设备的最新知识,力求内容新颖、图文并茂、重点突出。

使用本书的院校可以按以下学时安排教学。

章　节	教学内容	学　时
模块1	绪论	6
模块2	汽车电源系统	14
模块3	汽车起动系统	12
模块4	汽车点火系统	14
模块5	汽车照明及信号系统	12
模块6	汽车仪表报警系统	12
模块7	汽车安全与舒适系统	12
模块8	汽车空调系统	10
模块9	整车电路识图	12
复　习		4
共　计		108

本书由广州科技职业技术学院戚金凤担任主编并负责统稿,广州科技职业技术学院杨玉林、雷源春、罗国荣和山东信息职业技术学院王珍珍担任副主编,具体编写分工如下:戚金凤编写模块1~6,雷源春编写模块7、8,杨玉林、罗国荣、王珍珍编写模块9。

在本书的编写过程中,我们参考、借鉴了相关资料,在此向资料作者致以最诚挚的谢意!

由于编者水平有限,书中难免有疏漏和不妥之处,敬请广大读者批评指正。

【资源检索】

编　者
2018年1月

目 录

模块 1　绪论 ·· 1
　1.1　汽车电器设备的组成和特点 ·· 1
　1.2　汽车电器检修常用仪表与设备 ·· 6
　1.3　汽车电器维修基础知识 ·· 15
　本章小结 ·· 25
　思考题 ·· 25

模块 2　汽车电源系统 ··· 26
　2.1　汽车电源系统的组成和特点 ·· 26
　2.2　汽车蓄电池 ·· 28
　2.3　汽车交流发电机 ·· 37
　2.4　汽车发电机调节器 ·· 47
　本章小结 ·· 53
　思考题 ·· 54

模块 3　汽车起动系统 ··· 55
　3.1　汽车起动系统的功用、组成及工作过程 ··· 55
　3.2　起动机及其机械传动装置 ·· 61
　本章小结 ·· 72
　思考题 ·· 72

模块 4　汽车点火系统 ··· 73
　4.1　汽车点火系统整体概况 ·· 73
　4.2　汽车传统点火系统结构及原理 ·· 77
　4.3　汽车电子点火系统 ·· 88
　4.4　汽车电控点火系统 ·· 100
　本章小结 ·· 104
　思考题 ·· 105

模块 5　汽车照明及信号系统 ··· 106
　5.1　汽车照明系统概述 ·· 106
　5.2　汽车前照灯 ·· 112
　5.3　汽车信号系统 ·· 124
　本章小结 ·· 137
　思考题 ·· 137

模块 6　汽车仪表报警系统 ··· 138
　6.1　汽车仪表电路 ·· 138

6.2　汽车报警装置电路 …………………………………………………………… 155
本章小结 ……………………………………………………………………………… 161
思考题 ………………………………………………………………………………… 161

模块 7　汽车安全与舒适系统 …………………………………………………… 162
7.1　风窗刮水清洗系统 …………………………………………………………… 162
7.2　汽车电动座椅电路系统 ……………………………………………………… 171
7.3　汽车电动门窗电路系统 ……………………………………………………… 183
7.4　汽车电动后视镜、中控门锁、起动预热系统 ……………………………… 188
本章小结 ……………………………………………………………………………… 198
思考题 ………………………………………………………………………………… 198

模块 8　汽车空调系统 ……………………………………………………………… 199
8.1　汽车空调系统的结构及使用 ………………………………………………… 199
8.2　汽车空调制冷系统 …………………………………………………………… 203
8.3　汽车空调控制电路及空调其他系统 ………………………………………… 216
8.4　汽车空调相关知识及制冷剂加注与排泄 …………………………………… 229
本章小结 ……………………………………………………………………………… 241
思考题 ………………………………………………………………………………… 241

模块 9　整车电路识图 ……………………………………………………………… 242
9.1　汽车整车电路识图训练 ……………………………………………………… 242
9.2　汽车整车电路 ………………………………………………………………… 253
本章小结 ……………………………………………………………………………… 265
思考题 ………………………………………………………………………………… 265

参考文献 ……………………………………………………………………………… 266

模块 1　绪　　论

　引　例

汽车是由发动机、底盘、车身、电器四部分组成的。而汽车发动机则是由曲柄连杆机构、配气机构、燃料供给系统、点火系统、润滑系统、冷却系统和起动系统组成的。汽车底盘是由传动系统、行驶系统、转向系统和制动系统组成的。传动系统将发动机动力传给驱动轮，由离合器、变速器、万向传动装置、主减速器等总成组成；行驶系统由车架、转向桥、驱动桥、悬架、车轮等组成；转向系统由转向器和转向机构组成；制动系统一般由两套独立的装置组成，即行车制动系统和驻车制动系统。而汽车车身用以安置驾驶人、乘客和货物。那么，汽车电器设备由什么组成呢？

1.1　汽车电器设备的组成和特点

　理论知识目标

1. 了解汽车电器设备的组成。
2. 掌握汽车电路的特点。

1.1.1　汽车电器设备的组成

汽车整车电器设备通常由电源系统、起动系统、点火系统、照明与信号系统、仪表报警系统、辅助装置系统和电子控制系统组成。

【电器设备的组成】

【中央电路板】

1. 电源系统

电源系统由蓄电池、发电机、调节器及充电指示装置等组成，部分器件如图 1.1 所示。

(a) 发电机

(b) 调节器

图 1.1　发电机及调节器

2. 起动系统

起动系统由起动机（图1.2）、起动继电器、起动开关及起动保护电路组成，也可将低温条件下起动预热装置及其控制电路列入这一系统。

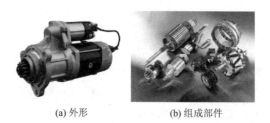

(a) 外形　　　　　(b) 组成部件

图1.2　起动机

3. 点火系统

点火系统是汽油发动机汽车特有的系统。它由点火线圈（图1.3）、分电器、点火控制器（图1.4）、火花塞（图1.5）及点火开关等组成。

图1.3　点火线圈

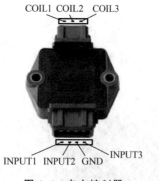

图1.4　点火控制器

图1.5　火花塞

4. 照明与灯光信号系统

照明与灯光信号系统由前照灯、雾灯、示廓灯、转向灯、制动灯、倒车灯、车内照明灯及有关控制继电器和开关等组成，如图1.6所示。

图 1.6　照明与灯光信号系统

5. 仪表信息系统

仪表信息系统是由仪表及其传感器、各种报警指示灯及控制器组成的系统，如图 1.7 所示。

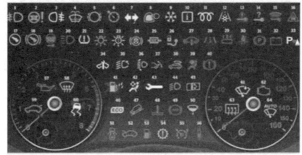

图 1.7　仪表信息系统

6. 辅助装置系统

辅助装置系统是由为提高车辆安全性、舒适性等而设置的各种电器装置组成的。辅助电器装置的种类随车型不同而有所差异。汽车档次越高，辅助电器装置越完善，一般包括风窗刮水装置（图 1.8）及清洗装置、风窗除霜（防雾）装置、空调装置、音响装置等，较高级车型上还装有电动门窗开关（图 1.9）、电控门锁、电动座椅（图 1.10）调节装置和电动遥控后视镜等。电子控制安全气囊归入电子控制系统。

图 1.8　风窗刮水装置

图1.9 电动门窗开关　　　　　　　　图1.10 电动座椅

7. 电子控制系统

电子控制系统由发动机控制系统（包括燃油喷射、点火、排放等控制）、自动变速器及恒速行驶控制系统、防抱死制动系统（ABS）、车身稳定系统（图1.11）、安全气囊控制系统等组成。

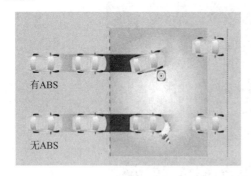

(a)　　　　　　　　　　　　　　　(b)

图1.11 防抱死制动系统、车身稳定系统

1.1.2 汽车电路的特点

汽车电路是用选定的导线将全车所有电器设备相互连接形成直流电路，构成一个完整的供电、用电系统。汽车电路与一般直流电路相比，有共同之处，又有自己的特点。

1. 单线制

汽车电路的单线制，表现在汽车上所有的电器设备的正极均用导线相互连接，称为火线，所有的负极则分别与汽车车架的金属部分相连，称为负极搭铁。其大部分支路中的电流都是从电源的正极出发，经导线流入用电设备，通过车架导体流回电源的负极而形成回路。

对于某些电器设备，为了保证其工作的可靠性，提高灵敏度，仍然采用双线连接方式，如发电机与调节器之间的连接、双线电喇叭等。对于带有计算机控制单元的汽车，为了提高以控制单元（ECU）为中心的传感器的控制精度，也往往采用双线制。

2. 直流并联电

汽车的两个电源之间，以及所有的电器设备之间，都是正极与正极、负极与负极相连，从而形成并联回路。

将电路并联起来,能发挥蓄电池和发电机的优势,使任何一个用电设备的启用及停止都非常方便。一般并联电路能保证每个电器的正常工作而不相互干扰。另外,当电路出现故障时,如一般局部的短路、断路等故障不会引起整车的故障,同时也容易检测、拆装。此外,也有个别电器以串联方式连接,如闪光器与转向灯等。

3. 负极搭铁

多数汽车电路均为负极搭铁,这样可以减轻对车架的电化学腐蚀,产生的无线电干扰也较小。但仍有少数汽车采用正极搭铁,使用时应注意极性。

4. 由各自独立的电路系统组成

汽车电路元件的导线较多,并互不干扰,因此可按其用途分为电源系统、起动系统、点火系统、照明和信号系统、仪表报警系统等,这样便于分析和研究。

实训能力目标

汽车的电器设备部件的初步认识。

实训内容

到实训场对整车电器设备、仪表、开关等进行初步认识,并填写表1-1。

表1-1 电器设备位置

电器设备部件	在整车的位置	电器设备部件	在整车的位置

> 实训总结

_____
_____
_____
_____
_____
_____
_____
_____
_____
_____
_____
_____
_____
_____
_____

1.2 汽车电器检修常用仪表与设备

 理论知识目标

1. 熟悉汽车电器维修常用仪表。
2. 熟悉汽车电器维修常用设备。

1.2.1 汽车电器维修常用仪表

1. 万用表的使用

（1）万用表的作用

万用表是万用电表的简称，是检测修理计量仪器仪表、汽车电路和家用电器的最常用的多用途电测仪表。万用表能测量电流、电压、电阻，还可以测量晶体管的放大倍数、频率、周期、电容、温度、逻辑电位、分贝值等。掌握万用表的使用方法是电子技术、汽车电器维修技术的一项基本技能。

（2）万用表的分类

根据所应用的测量原理和测量结果显示方式的不同，可将常用的万用表分为模拟万用表（指针式）和数字万用表两种，如图1.12所示。它们各有优点。数字万用表的准确度与分辨力均较高，而且过载能力强，抗干扰性能好，功能多、体积小、质量轻，还能从根本上消除读取数据时的视差,这是一般模拟万用表无法比拟的。但由于数字万用表是通过断续的方式进行测量显示的,因此不便于观察被测电量的连续变化过程及变化趋势。例如,用数字万用表检验电容器的充电过程、热敏电阻器阻值随温度变化的规律,以及光敏电阻器阻值随光照的变化特性等,就不如模拟万用表方便、直观。总之,必须根据被测对象及测试要求合理选择万用表的类型和性能指标。

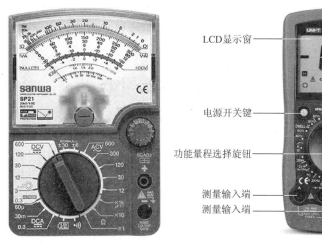
(a) 模拟万用表

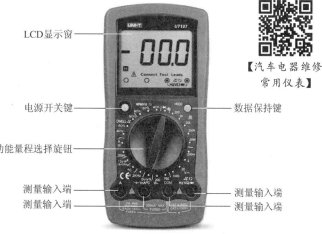
(b) 数字万用表

图 1.12　万用表

【汽车电器维修常用仪表】

（3）万用表的使用（以模拟万用表为例）

测量前的选择,包括测量对象的选择与量程的选择。

① 测量对象的选择（如交、直流电压,直流电流,电阻等）。

② 量程的选择。已知测量对象及其大小时,除将万用表的转换开关转到所需的位置外,应做粗略估算,使指针在量程的 2/3 附近；在未知被测量大小时,应选择电压或电流的最大挡进行试测,再减小到合适的量程。

③ 测量前的调零。第一,将万用表水平放置。第二,检查表针是否停在表盘左端的零位。如有偏离,可用小螺钉旋具轻轻转动表头上的机械零位调整旋钮,使表针指零。第三,将表笔按要求插入表笔插孔。第四,将选择开关旋到相应的项目和量程上,就可以使用了。

④ 测量时正确读数。应在表针稳定后读出所指的对应标尺上的数值。读数时应使视线、指针、刻度线成一垂直线。满刻度值就是所选的量程值,其余刻度值按比例确定。若指针没对准刻度线（位于两条刻度间）,选读靠近的刻度值；若指针恰在两刻度间中点,选读左、右刻度都可以。

⑤ 测量完毕调整。应将量程挡开关转换到交流电压的最高挡,以备下次使用。

（4）具体测量方法

① 测量电阻。

A. 把量程选择开关旋到电阻（Ω）挡适当倍率。适当的标准是使测量中指针在面板刻度的中间区域。较靠近左端或右端,倍率都是不适当的。若指针靠近右端,应该减小倍率；若指针靠近左端,则应提高倍率。

B. 进行欧姆调零。将两支表笔直接接触,指针应偏转到 Ω 刻度（面板最上一条刻度）

右端"0"刻度。若不是，则应旋转欧姆零位调整器，使指针对准右端"0"刻度。调整中两支表笔始终要接触。

C. 把两支表笔接触待测电阻器的两端。注意：待测电阻器不能与其他元件连接。若电阻器在电路上，应把电阻器从电路中断开；人体不能同时接触电阻器两端，以免使人体电阻与待测电阻并联，使测量不准；发现倍率选用不适当，应改变倍率（当然先要中止测量），并重新进行欧姆调零。

D. 测量值＝指针示数×选用倍率。用两表笔与电阻器两端紧密接触，观察指针摆动，直到稳定不动后，正确读数。

② 测量直流电压。

A. 准备。把量程选择开关旋到直流电压 V（或 DCV）适当量程。适当是指在保证安全的条件下，使指针偏转最大。在知道被测量值的可能范围时，只要使量程大于可能的最大值即可。若不知被测量的范围，则先选用直流电压的最大量程进行试测，然后根据试测值选用适当量程。

B. 计数。读测量值选用 DC VA（或 V－A）刻度线（一般是从上往下数第二条刻度线）。满刻度值就是所选的量程值，其余刻度值按比例确定。若指针没对准刻度线（位于两条刻度间），选读靠近的刻度值；若指针恰在两刻度间中点，选读左、右刻度都可以。如果不知被测直流电压极性，应先将转换开关转到直流电压最大量程，然后将表笔轻触被测电压两端，若表针正方向（向右）偏转，则红表笔所指一端为正，若表针反方向（向左）偏转，则红表笔所指一端为负。

③ 测量交流电压。测量交流电压的基本方法与测量直流电压相同，仅有以下两点区别：第一，量程选择开关选用交流电压 V（或 ACV）量程；第二，表笔接触测量点时，不必考虑电位高低。

④ 测量直流电流。一般的万用表只能测量直流电流的毫安级，但有些万用表能测直流 5A。测量直流电流时，一定要注意表笔的极性，红表笔为"＋"，黑表笔为"－"，在测量时，串联在被测电路中。未知被测电流大小之前，应先从最大量程挡试测，然后逐挡减少到适当的量程，再进行读数。

2. 示波器的使用

示波器（图 1.13）是利用电子束的电偏转来观察电压波形的一种常用电子仪器，主要用于观察电信号随时间变化的波形，定量测量波形的幅度、周期、频率、相位等。

一般的电学量（如电流、电功率、阻抗等）和可转化为电学量的非电学量（如温度、位移、速度、压力、光强、磁场、频率）及它们随时间变化的规律都可以用示波器来观测。由于电子的惯性很小，电子射线示波器一般可在很高的频率范围内工作。

采用高增益放大器的示波器可以观察微弱的信号；具有多通道的示波器，则可以同时观察几个信号，并比较它们之间的相应关系（如时间差或相位差），是目前科学实验、科研生产常用的电子仪器。

图 1.13　示波器（型号 MOS－620/640/650）

示波器的使用方法如下。

① 开机前预置。认清示波器面板上的旋钮及功能,在使用示波器之前将各旋钮放在左右可调的中间位置。

② 调出清晰的扫迹、字符。开启电源,将扫描方式置为"自动",水平显示置为"A",30s后在屏幕中间位置显示扫迹。调节"辉度"以使扫迹辉度适中,调节"读出"以使字符辉度适中,反复调节"聚焦""辉度""读出"以调整扫迹、字符的清晰度。

③ 调出稳定波形。在CH1、CH2输入端连接被观测信号,按下"CH1"或"CH2"按钮选择显示通道,按下"触发源"按钮选择触发信号,旋转"偏转因数""厘米扫描时间"旋钮使波形幅度、宽度适中,旋转"触发电平"旋钮使触发同步。

④ 读屏幕。在示波测量时,屏幕上显示了测量时的工作状态、工作参数乃至被测量的读出值。

⑤ 读出示波测量。测电压,测时间[间隔](或频率、相位差),观察$X-Y$函数图形(参见光标测量)。

1.2.2 汽车电器维修常用设备

1. 汽车电器万能试验台

TQD-2型汽车电器万能试验台(图1.14)采用变频调速发光二极管(Light-emitting Diode,LED)数字显示,主要用于检测汽车发电机、起动机、分电器、点火线圈、电动刮水器、电喇叭等的电器设备。

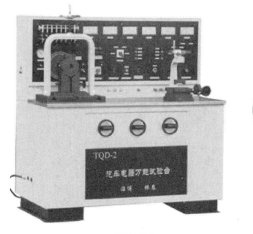
(a) 万能试验台

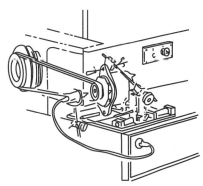
(b) 测量发电机

图1.14 TQD-2型汽车电器万能试验台及测量发电机

以测量发电机为例,介绍汽车电器万能试验台的使用步骤。

① 发电机的安装。

A. 发电机带轮与驱动带轮V形槽必须保持同一平面。

B. 利用张紧轮调整张紧力,用大拇指向下按传动带,以其能移动10~15mm为宜。

C. 用连接架调节传感器,使传感器与发电机轴同轴并紧固。

② 连接直流电源。用附加导线把已充好电的蓄电池接线柱与万能试验台背面相应的12V或24V（用于24V蓄电池）端子可靠连接。

③ 接通电源总开关（AC 200V电源指示灯亮）。

④ 合上蓄电池选择开关31（根据所给电压选择，直流指示灯亮）。

⑤ 接通电动机开关。

⑥ 连接实验电路，检查并确认无误。

⑦ 闭合直流电源开关，蓄电池向励磁绕组供电进行励磁，利用励磁旋钮调节电流到3A。

⑧ 打开电动机旋向开关，利用发电机调速旋钮调整发电机转速，确认输出电压达到额定值（14V或28V）时的发电机转速 n_1（n_1 应低于 1000r/min）。

⑨ 断开直流电源开关，此时交流发电机进行自励，分别记录发电机转速800r/min、1000r/min、1200r/min、1400r/min、1600r/min、1800r/min、2000r/min、2200r/min 时的电压值。

⑩ 利用调速旋钮使发电机停转。

⑪ 按实验数据，画出发电机空载特性 $U=f(n)$ 曲线并写出结论。

2. 制冷剂加注回收机

汽车空调的制冷剂加注回收机（图1.15）是汽车电器设备维修中常用的工具。制冷剂加注回收操作流程如下。

图1.15 制冷剂加注回收机

① 空调系统抽真空、自身抽真空。打开操作面板上的抽真空阀，旋转至水平位置；在电子秤操作面板上选定抽真空所需要的时间（15～20min）；确认后开始抽真空；时间到后关闭操作面板上高低压阀、抽真空阀及真空泵开关（也可根据情况选择保压时间，确认是否有泄漏）。如果汽车空调中有制冷剂则不需要抽真空。

② 加注回收机系统内抽真空。第一次使用加注回收机或更换干燥过滤器后，应对系统内抽真空，进行如下操作。

A. 用备件中的 BV45 球阀连接长软管的末端，并关闭球阀。
B. 打开操作面板上的高、低压阀。
C. 打开操作面板上的回收阀，旋转至平行的位置。
D. 打开操作面板上的抽真空阀，旋转至平行的位置。
E. 关闭机器背面的回收阀，旋转至垂直的位置。
F. 用电子秤操作面板设置抽真空时间。

定时时间到，真空泵自动停机。面板上的低压表指针指向 29～30mmHg（1mmHg=0.133kPa）时，保持 5min，观察压力表上真空度的变化，如果无变化可进行下一步；如有变化则检查各管接头是否松动，拧紧后再继续抽真空，抽真空结束后关闭所有阀门。

③ 制冷剂罐抽真空。如果用户第一次使用制冷剂罐或制冷剂罐充满了空气，则应对制冷剂罐抽真空，操作方法如下。
A. 打开制冷剂罐的回收阀，放掉罐内的氮气。
B. 用软管连接制冷剂罐的回收口及加注回收机的低压口。
C. 打开操作面板上的低压阀。
D. 打开操作面板上的抽真空阀，旋转至平行的位置。
E. 用电子秤操作面板设置抽真空时间，操作方法与上述抽真空方法相同。

定时时间到，真空泵自动停机。低压表的指针指向 29～30mmHg 时，关闭阀门和开关，制冷剂罐抽真空结束。

④ 制冷剂加注回收机的加注操作。
A. 空调抽完真空后，系统出现压力差，此时打开操作面板上的高、低压阀。
B. 在 SCALE（称重）状态下，清零。
C. 在电子秤传感器平台上放置双阀制冷剂罐，设置相应的加注参数，加注工作开始，加注指示灯亮，屏幕上的数字不断变化，由 1kg 逐渐递减，当减至 0kg 时，表示加注完成，加注指示灯灭。
D. 加注过程中，当罐内的制冷剂不够加注需要时，屏幕将显示 EMPTY（罐空）的字样，同时继电器关闭，提示用户，因制冷剂不足而暂停加注。
E. 在加注过程中，因压力平衡而没加注完，则应关闭阀门面板的高压阀，开启空调系统，制冷剂从低压气体加入，直至加至设定的量。

注意：开启空调系统时，严禁打开操作面板上的高压阀，否则会造成加注回收机系统事故。用户也可以另外购置制冷剂罐专用电热毯，安装在制冷剂罐外壁，并将电热毯插头插在机器背面的电热毯插座上，打开电热毯插座上面的电热毯开关，电热毯开关指示灯亮，电热毯开始加热。不用时，可关闭电热毯开关，停止加热；使用时可以加快加注速度。

⑤ 加注冷冻机油。每次回收操作完成后，应将回收的废油从系统内排出，然后加入新油。具体操作方法是慢慢打开机器背面下部的回收瓶阀门，使废油排放干净，关闭阀门。在加注回收机上部的加油瓶内加入足够的新油，待空调系统抽完真空后，打开加油瓶上的阀门加入新油，加入量与放出量相同，开启油瓶阀门时速度要慢，因为在负压下油吸入很快，要及时控制加入量。

3. 充电机

自动充电机（图 1.16）是采用目前最先进的脉冲充电电路和最新功率开关器件研制而成的。充电电流可在 0～30A 无级任意调节。电池充满电后充电机自动停止充电，能杜绝普通充电机经常过量充电而损坏蓄电池的通病，大大地延长了蓄电池的使用寿命。机后有散热风扇，具有过电流、短路自动保护功能。

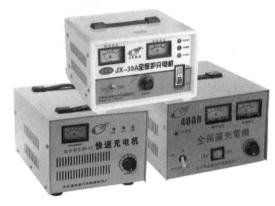

图 1.16　自动充电机

充电机的使用方法及注意事项如下。

① 充电时将输出端插头与蓄电池端插头相连（注意不要连接到控制器端）。

② 连接 220V 输入电源，电源线为［横］截面积 $4mm^2$ 的电缆线。

③ 连接好输入、输出线后电源灯自动点亮，表示输入、输出已经接通。进入工作程序工作灯亮，表示有电流输出。

④ 充电过程中，电池电压显示 45～52V（如 48V 车辆），达到 52V 时表示电池已充满电；充满后显示 1.5～2A，此时充电机将自动停止充电。

⑤ 充电时间一般在 8～10h。

⑥ 充电时严禁打开充电机机箱。

⑦ 非电器工作人员，严禁打开机箱。

⑧ 充电机应放在安全、通风、无尘、无雨淋的工作环境。

⑨ 长期不使用时须包装好存放。

4. 汽车故障电脑诊断仪

随着电子技术的发展，微型计算机由于其体积小、成本低、可靠性高等优点，在汽车电子控制中得到越来越广泛的应用。然而，由于汽车控制的电子化，给汽车的诊断维修工作带来很大的困难，因此现代电喷车都提供故障自诊断功能。自诊断功能的原理是汽车正常运行时，ECU 输入、输出信号的电压值都有一定的变化范围，当某一信号的电压值超出这一范围，并且这一现象在一段时间不消失时，ECU 便判断这一部分信号电路有故障。ECU 把这一故障以代码的形式存入内部随机存储器，同时点亮仪表板上的故障指示灯，提醒驾驶人。维修人员利用读出的故障码，可以很容易知道故障所在。

维修中利用电喷车自诊断系统的方法可分为两种：人工读码和采用仪器的方法（采用

汽车故障电脑诊断仪)。由于人工读码具有一定的缺陷和难度,所以现在人工读码逐步被汽车故障电脑诊断仪(图1.17)替代。

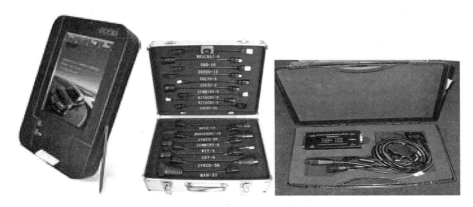

图 1.17 汽车故障电脑诊断仪

汽车故障电脑诊断仪具有强大的功能,与人工的方法相比,采用故障诊断仪使得电喷车的修理相当先进和轻松,维修人员只要把诊断仪的插头插在汽车的诊断插座上,然后根据诊断仪的提示按按键,就可以了解汽车的"病因"。如今很多维修厂家都配有故障电脑诊断仪。目前在我国汽修市场上的诊断仪主要有以下几种:美国的OTC测试仪、瑞典的多功能汽车电脑检测仪,国产品牌如红盒子Scanner、元征电眼睛、修车王、金德PC98等。

汽车厂家配套的专用检测仪,如德国奔驰、大众公司的专用检测仪,故障定位精确,但价位稍高,而且大多数是英文显示,需要汽车电器维修人员有一定的英文基础;国产的汽车故障电脑诊断仪功能与进口品牌相似,优点是价格稍低,中文显示,而且适用车型较广。汽车故障电脑诊断仪的功能除了读取故障码外,还有以下主要功能。

① 测试故障码。操作按键,诊断仪会提示故障码及其含义,维修人员无须跳线,也不必费力查阅故障码的含义。

② 清除故障码。操作按键就可实现消码。

③ 读发动机动态数据流。通过仪器可读出发动机转速、发动机冷却液温度、节气门开度等随时间的动态变化情况。

④ 英汉词典。如今许多进口车的资料是以英文提供的,这对维修人员的英文水平提出了要求。汽车故障电脑诊断仪里的英汉词典可以查阅到大多数的汽车专业词汇。这样,即使英文水平不高的维修人员也能看懂简单的英文。

⑤ 元件测试。该功能使得维修人员可利用仪器来操纵电控系统的执行元件,如控制喷油嘴的油、控制怠速电磁阀的动作等。该项功能依赖车型的微型计算机,即只有微型计算机支持这种功能,诊断仪才能这样操作。

⑥ 示波功能。目前的解码器大多数是以单独的仪器形式存在的,但有的是在计算机的基础上用软件来实现的,如金德PC98就是用微型计算机,通过软件与汽车上的计算机通信来完成解码和通信。这种方式有一定的优越性:其一,软件方式扩充升级灵活、成本低,易适应我国形式多样和车型不断变化的需要,当然究竟升级如何,还要看厂家的开发和售后服务情况;其二,软件方式比较容易实现功能上的扩充,如计算机+A/D板+相应

的软件就可完成示波器的功能，而示波功能在电控汽车的诊断中是很有用的。如今的电控汽车大量使用传感器，其信号是波形（动）形式，像氧传感器电压信号就是在 0.1～1V 波动；还有一些执行信号，像喷油脉冲、点火脉冲也是波形（脉冲）形式。其不足之处是使用时不如手持式的方便和灵活。

总之，利用汽车故障电脑诊断仪，维修人员可以快速、方便、准确地定位故障，从而顺利地排除故障。

 实训能力目标

1. 正确使用汽车电器维修常用仪表。
2. 正确使用汽车电器维修常用设备。

 实训内容

1. 汽车电器维修常用仪表的使用

① 利用万用表进行测量，并填写表 1-2。

表 1-2　万用表的使用

测 量 项 目	测 量 数 值
汽车蓄电池的电压/V	
汽车发电机的电压/V	
灯光线路通断　电阻/Ω	
发电机二极管电阻/Ω	
温度传感器的电压/V	

② 利用示波器进行测量，并填写表 1-3。

表 1-3　示波器的使用

测 量 项 目	测 量 数 值
车速传感器的波形	
点火线圈的波形	
曲轴位置传感器的波形	

2. 汽车电器维修常用设备的使用

① TQD-2 型汽车电器万能试验台的使用。分别对汽车发电机、起动机、分电器、点火线圈、电动刮水器、电喇叭进行测试。

② 制冷剂加注回收机的使用。根据汽车空调制冷剂的回收、加注流程和步骤进行制冷剂的回收、加注。

③ 充电机的使用。根据汽车充电机的使用流程和步骤对汽车蓄电池进行充电。

④ 汽车故障电脑诊断仪的使用。根据汽车故障电脑诊断仪的使用流程和步骤对汽车进行故障诊断。

▶ 实训总结

1.3 汽车电器维修基础知识

 理论知识目标

1. 了解汽车电器维修的特点。
2. 掌握汽车电器维修的方法。
3. 掌握汽车电器故障诊断的原则。

1.3.1 汽车电器维修的特点

现代汽车电器、电子设备的特点，主要体现在功能集约化（组合化）、控制电子化和连接标准化上。由于电子线路总是与相关的电器设备相联系，所以在分析电子线路的故障时，一定要了解电器、电子设备的一般特点。在分析检修电子线路之前应注意汽车一般设有总电源开关且多为电磁式。汽车上有许多地方配置易熔线，以保护线束，而不是保护某个特定的电器。易熔线与熔丝的不同之处在于其熔断反应较慢，而且是导线的形式。由于某种原因导致易熔线保护性熔断后，不能像熔丝那样容易被发现，有些甚至在线束内，在分析故障时要倍加注意。除极个别情况外，所有进口车均采用单线制连接，而以车身金属结构作为另一条公共导线，所有电器均以搭铁形式与其连接。原则上，所用电器均为低压大电流器件。即使是同一厂家的同一型号汽车，也会由于出厂年份不同而有某些改进。

1. 汽车故障的特点

汽车电器的故障特点可逐一与其使用特点相联系。一般电子元件对过电压、温度十分敏感。例如，晶体管的 PN 结易过电压击穿，电解电容器在温度升高时漏电增加，晶闸管则对过电流敏感等。这些故障特点，归纳如下。

① 元件击穿。击穿包括过电压击穿或过电流、过热引起的热击穿等。击穿有时表现为短路形式，有时表现为断路形式。由于电路故障引起的过电压、过电流击穿常常是不可恢复的。

② 元件老化或性能退化。这包括许多方面，如电容器的容量减小、绝缘电阻下降，晶体管的漏电增加，电阻器的阻值变化，可调电阻器的阻值不能连续变化，继电器的触点烧蚀等。像继电器这类元件，往往还存在绝缘老化、线圈烧断、匝间短路、触点抖动，甚至无法调整初始动作电流的故障。

③ 线路故障。这类故障包括接线松脱、接触不良、潮湿、腐蚀等导致的绝缘不良、短路、旁路等。这类故障一般与元器件无关。

2. 汽车电器故障检修的特点

汽车电器故障检修的特点主要如下。

① 要分析电路原理，弄清总体电路及联系。一旦碰到不熟悉的车型和线路，常常要自己动手，分析电路原理，甚至测绘必要的电路图。因此，汽车电子电路维修涉及电路分析方法问题。

② 先外后内逐一排除，最后确定其技术状况。汽车上许多电子电路，出于性能要求和技术保护等多种原因，往往采用不可拆卸封装，如厚膜封装调节器、固封点火电路等。如某一故障可能涉及其内部，则往往难以判断，需要先从外围逐一排除，最后确定它们是否损坏。

③ 注意元件替代的可行性。如一些进口汽车上的电子电路，虽然可以拆卸，但往往缺少同型号分立元件代换，故往往需要设法以国产或其他进口元件替代。这就涉及元件替换的可行性问题。

④ 不允许采用"试火"的方法判明故障部位与原因。在检修方法上，传统汽车电器故障，往往可用"试火"的方法逐一判明故障部位与原因。尽管这种方法并不是十分的安全可靠，而且对蓄电池有一定的危害，但在传统检修中还是可行的。在装有电子线路的进口汽车上，不允许使用这种方法。因为"试火"产生过电流，会给某些电路或元件带来意想不到的损害。因此维修进口汽车电器时，必须借助一些仪表和工具，按一定的方法进行。

⑤ 防止电流过载。不允许使用欧姆表及万用表的 $R \times 100$ 以下低阻欧姆挡检测小功率晶体管，以免使其因电流过载而损坏。

⑥ 当心静电击穿晶体管。更换晶体管时，应首先接入基极；拆卸时，则应最后拆卸基极。对于金属氧化物半导体管，则应当心静电击穿，焊接时，应拔下烙铁的电源插头。

模块1 绪论

为防止烙铁烫坏元件,拆卸和安装元件时,也应切断烙铁和元器件的电源。如无特殊说明,元器件引脚距焊点应在10mm以上,以免烙铁烫坏元件,应使用恒温或功率小于75W的电烙铁。

1.3.2 汽车电器维修的方法

根据汽车电器故障的特点,汽车电器的维修方法主要有直观诊断法、断路法、短路法、试灯法、低压搭铁试火法和高压试火法。

汽车电器故障诊断按诊断故障所采用的手段,可分为直观诊断、利用自诊断系统诊断、利用简单仪表诊断和利用专用诊断仪器诊断等。

下面介绍汽车电器常用维修方法。

1. 直观诊断

直观诊断方法就是通过人的感觉器官对汽车故障现象进行看、问、听、试、嗅等,了解和掌握故障现象的特点,通过人的大脑进行分析、判断得出结论的诊断方法。

直观诊断方法根据诊断者的经验和对诊断车辆的熟悉程度,在运用的范围上有极大的差别。经验丰富的诊断专家,可以利用直观诊断方法诊断汽车可能出现的绝大多数故障,包括对确定故障性质的初步诊断和确定具体故障原因的深入诊断。

直观诊断的主要内容如下。

(1) 看

看,即目测检查。其目的是了解汽车电器的电控系统类型、车型,在进入更细致的测试和诊断之前,能消除一些一般性的故障。

① 看车型和电控系统类型,注意查看故障车型是何公司、何年代生产的,采用何种电控汽油喷射类型。因为不同公司不同年代生产的汽车,电控燃油喷射系统的形式不同,所以故障诊断方法也不同。

② 拆除空气滤清器,检查滤芯及其周围是否有脏物或其他污染物,必要时更换,因为空气滤清器堵塞将影响空气量的检测精度。

③ 检查真空软管是否老化、破裂或挤坏;检查真空软管经过的途径和接头是否恰当。

④ 检查电控系统线束的连接状况,如传感器或执行器的插接器是否良好,线束间的插接器是否松动或断开,导线是否有磨破或线间短路现象,插接器的插头和插座有无腐蚀现象等。

⑤ 检查每个传感器和执行器有无明显的损伤。

⑥ 起动汽车(如果可能)并检查进、排气歧管及氧传感器处是否有泄漏。

(2) 问

为了迅速地查找故障源,必须了解故障出现时的情形、条件、如何发生及是否已检修过等与故障有关的情况和信息。为此,必须认真听客户对故障现象的描述,尽管客户的描述可能被曲解或不全面,也可能是自相矛盾的,但它有可能反映问题的关键。最好的做法是在倾听客户的初步意见之后,思考一下,进行一次初步诊断,随后询问一些有关的问题来帮助确定或否定初步诊断的结论,同时认真填写"客户调查表"。此表所含项目是汽车电器电控系统故障现象的写真记录,与诊断测试结果一起构成查找故障源的依据。

(3) 听

听，主要是听汽车工作时的声音，有无爆燃、有无敲缸、有无失速、有无进气管或排气管放炮等声音。

(4) 试

试，主要是维修人员根据前述检查，有针对性地试车，以便进一步确定故障。

2. 利用随车自诊断系统诊断

随车故障自诊断系统可以对系统的故障进行自诊断。这种诊断方法在汽车电器故障诊断中是一种简便快捷的诊断方法，但是其诊断范围和深度远远满足不了实际使用中对故障诊断的要求，常常出现汽车运行不正常而故障产生的原因可能与汽车电控系统无关。另外，由于随车自诊断功能的局限性，不可能设计出一种自诊断系统对所有可能产生的故障都能进行诊断。因此，以直观诊断方法为主进行检查和判断的工作在任何时候对任何系统来说，都是不可替代的。

随车自诊断系统通常只能进行与电控系统有关的电器装置或线路故障诊断，一般只能做出初步诊断结论，具体故障原因，还需要通过直接诊断和简单仪器进行深入诊断。

3. 利用简单仪表诊断

利用简单仪表诊断，就是利用以万用表和示波器为主的通用仪表，对汽车电器故障进行诊断。因为电控系统的各部件均有一定的电阻值范围，工作时有输出电压信号范围和输出脉冲波形，因此可以用万用表测量元器件的电阻或输出电压、用示波器测试元器件工作时的输出电压波形、用万用表测量导通性等可判断元器件或线路是否正常。

这种诊断方法的特点是诊断方法简单、诊断设备费用低，主要用于对电控系统和电器装置的诊断。因此，这种诊断方法可用于对故障进行深入诊断。其缺点是对操作者的要求较高，在利用简单仪表诊断时，操作者必须对系统的结构和线路连接情况有详细的了解，这样才可能取得满意的诊断效果。

4. 利用专用诊断仪器诊断

汽车专用诊断仪器可按体积大小分为台式汽车电脑分析仪、便携式汽车电脑分析仪和袖珍型汽车电脑分析仪。在对汽车电控系统进行故障诊断时，使用最广的是便携式汽车电脑分析仪。采用汽车电脑分析仪后，大大提高了对电子控制系统的诊断效率。但是由于专用诊断仪器成本较高，因此各种电脑分析仪一般适用于专业化的故障诊断和修理厂家。

5. 短路法

短路法又称交流短路法和电容旁路法。该方法是利用电容器对交流阻抗小的特点，将电子产品电路中的某些信号对地短路，以观察其对故障现象的反应。此法对于噪声、纹波、自励及干扰等故障的判断比较方便。如在检修收音机噪声大的故障时，可用一只电容器从后向前逐级将信号的输入或输出端对地短路，若噪声消失，则说明故障在前面电路。

6. 试灯法

试灯法就是用一只汽车用灯泡作为试灯检查电路中有无断路故障的方法。

7. 低压搭铁试火法

低压搭铁试火法即拆下电器设备的某一线头对汽车的金属部分（搭铁）碰试而产生火花来判断故障的方法。这种方法比较简单，是广大汽车电工经常使用的方法。搭铁试火法可分为直接搭铁法和间接搭铁法两种。所谓直接搭铁是未经过负载而直接搭铁产生强烈的火花。例如，我们要判断点火线圈至蓄电池一段电路是否有故障，可拆下点火线圈上连接点火开关的线头在汽车车身或车架上刮碰，如果有强烈的火花说明该电路正常，如果无火花产生说明该段电路出现了断路。间接搭铁是通过汽车电器的某一负载搭铁而产生微弱的火花来判断线路或负载是否有故障。例如，将传统点火系统断电器连接线搭铁（回路经过点火线圈的初级点火线圈）如果有火花说明这段线路正常，如果无火花则说明电路有断路。

特别提示：试火法不能在电子线路汽车上应用。

8. 高压试火法

高压试火法即对高压电路进行搭铁试火观察电火花状况判断点火系统工作情况的方法。具体操作是取下点火线圈或火花塞的高压导线将其对准火花塞或缸盖等距离约5mm处，接通起动开关转动发动机观察其跳火情况。如果火花强烈呈天蓝色且跳火声较大，则表明点火系统工作基本正常；反之，则说明点火系统工作不正常。

1.3.3　汽车电器故障诊断的原则

随着汽车工业的发展，汽车电器设备也相应发展。汽车电器是一个精密而又复杂的系统，其故障的诊断也较困难。而造成汽车电器不工作或工作不正常的原因可能在电子控制系统，也有可能在其他部分。故障检查的难易程度也不一样。如果我们能够遵循故障诊断的一些基本原则，就可能用较简单的方法准确而迅速地找出故障所在。汽车电器故障诊断排除的基本原则可概括为以下几点。

1. 先外后内

在汽车出现故障时，先对电子控制系统以外的可能故障部位予以检查。这样可避免本来是一个与电子控制系统无关的故障，却对系统的传感器、ECU、执行器及线路等进行复杂且又费时费力的检查，而真正的故障原本可能较容易查找到却未能及时找到。

2. 先简后繁

能以简单方法检查的可能故障部位先予以检查。比如直观检查最简单，我们可以用看（用眼睛观察线路是否有松脱、断裂，油路是否漏油，进气管路是否无破损漏气等），摸（用手摸一摸可疑线路连接处有无不正常的高温以判断该处是否接触不良等），听（用耳朵或借助于螺钉旋具、听诊器等听一听有无漏气声、汽车有无异响、喷油器有无规律的"咔嗒"声等）等直观检查方法，将一些较显露的故障迅速地找出来。

直观检查未找出故障,需要借助于仪器仪表或其他专用工具来进行检查时,也应对较容易检查的先予以检查,能就车检查的项目先进行检查。

3. 先熟后生

由于结构和使用环境等原因,汽车的某一故障现象可能是以某些总成或部件的故障最常见,应先对这些常见故障部位进行检查,若未找出故障,再对其他不常见的可能故障部位予以检查,这样做往往可以迅速地找到故障,省时省力。

4. 代码优先

电子控制系统一般都有故障自诊断功能。当电子控制系统出现某种故障时,故障自诊断系统会立刻监测到故障并通过"检测汽车"等警告灯向驾驶人报警,与此同时以代码的方式存储该故障的信息。但是对于有些故障,故障自诊断系统检查前,应先按制造厂提供的方法,读取故障码,并检查和排除故障码所指的故障部位。待故障码所指的故障消除后如果汽车故障现象还未消除,或者开始就无故障码输出,则再对汽车可能的故障部位进行检查。

5. 先思后行

对汽车的故障现象先进行故障分析,在了解可能的故障原因有哪些的基础上再进行故障检查。这样,可避免故障检查的盲目性,既不会对与故障现象无关的部位进行无效的检查,又可避免对一些有关部位漏检而不能迅速排除故障。

6. 先备后用

电子控制系统的一些部件性能好坏,电器线路正常与否,常以其电压或电阻等参数来判断。如果没有这些数据资料,系统的故障检查判断将会很困难,往往只能采取新件替换的方法。这些方法有时会造成维修费用猛增且费工费时。所谓先备后用,是指在检修该型车辆时,应准备好与维修车型有关的检修数据资料。除了可以从维修手册、专业书刊上收集整理这些检修数据资料外,还可以利用无故障车辆对其系统的有关参数进行测量,并记录下来,作为日后检修同类型车辆的检测比较参数。如果平时注意做好这项工作,会给系统的故障检查带来方便。

需要注意的是汽车电器的故障并非一定出在电子控制系统。如果发现汽车有故障,而故障警告灯并未发亮(未显示故障码),大多数情况下,该故障可能与汽车电控系统无关。此时,就应该像汽车没有装电控系统那样,按照基本诊断程序进行故障检查。否则,可能遇到一个本来与电控系统无关的故障,却检查电控系统的传感器、执行器和电路等,花费了很多时间,而真正的故障反而没有找到。

实训能力目标

掌握汽车修理厂及4S店的维修服务流程。

实训内容

设计汽车修理厂或4S店的维修环境,模拟维修服务。

1. 预约

有效的预约能使客户减少接受等待的时间,并在客户方便的时间接受维修服务,从而增强客户的维修服务体验。预约时还要登记客户和车辆的基本信息,如客户名称,车牌号,作业分类(大、中、小修),结算方式(自付、三包、索赔)等。

2. 接待服务

(1) 接待准备
① 服务顾问按规范要求检查仪容、仪表。
② 准备好必要的表单、工具、材料。
③ 环境维护及清洁。

(2) 迎接顾客
① 主动迎接,并引导顾客停车。
② 使用标准问候语言。
③ 恰当称呼顾客。
④ 注意接待顺序。

(3) 环车检查
① 安装一次性三件套(转向盘套、座椅套和脚垫)。
② 基本信息登录。
③ 进行环车检查。
④ 详细、准确填写接车登记表。

(4) 现场问诊

了解顾客关心的问题,询问顾客的来意,仔细倾听顾客的要求及对车辆故障的描述。

(5) 故障确认

① 可以立即确定故障的,根据质量担保规定,向顾客说明车辆的维修项目和顾客的需求是否属于质量担保范围。

如果当时很难确定是否属于质量担保范围,应向顾客说明原因,待进一步进行诊断后做出结论。如仍无法断定,将情况上报轿车服务部待批准后做出结论。

② 不能立即确定故障的,向顾客解释须经全面仔细检查后才能确定。

(6) 获得并核实顾客及车辆信息
① 向顾客取得行驶证及车辆保养手册。
② 引导顾客到接待前台,请顾客坐下。

(7) 确认备品供应情况

查询备品库存,确定是否有所需备品。

(8) 估算备品及工时费用

① 查看DMS(汽车经销商管理系统,是汽车经销商管理其整车销售、配件销售和售后服务的系统)内顾客服务档案,以判断车辆是否还有其他可推荐的维修项目。
② 尽量准确地对维修费用进行估算,并将维修费用按工时费和备品费进行细化。
③ 将所有项目及所需备品录入DMS。
④ 如不能确定故障的,应告知顾客待检查结果出来后,再给出详细费用。

(9) 预估完工时间

根据对维修项目所需工时的估计及店内实际情况预估完工时间。

(10) 制作任务委托书

① 询问并向顾客说明公司接受的付费方式。

② 说明交车程序，询问顾客旧件处理方式。

③ 询问顾客是否接受免费洗车服务。

④ 将以上信息录入 DMS。

⑤ 告诉顾客在维修过程中如果发现新的维修项目会及时与其联系，在顾客同意并授权后才会进行维修。

⑥ 印制任务委托书，就任务委托书向顾客解释，并请顾客签字确认。

⑦ 将接车登记表、任务委托书客户联交顾客。

(11) 安排顾客休息

顾客在销售服务中心等待。

3. 作业管理

(1) 服务顾问与车间主管交接

① 服务顾问将车辆开至待修区，将车辆钥匙、任务委托书、接车登记表交给车间主管。

② 依任务委托书和接车登记表与车间主管进行车辆交接。

③ 向车间主管交代作业内容。

④ 向车间主管说明交车时间要求及其他须注意事项。

(2) 车间主管向班组长派工

① 车间主管确定派工优先度。

② 车间主管根据各班组的技术能力及工作状况向班组派工。

(3) 实施维修作业

① 班组接到任务后，根据接车登记表对车辆进行验收。

② 确认故障现象，必要时试车。

③ 根据任务委托书上的工作内容，进行维修或诊断。

④ 维修技师凭任务委托书领料，并在出库单上签字。

⑤ 非工作需要不得进入车内且不能开动顾客车上的电器设备。

⑥ 对于顾客留在车内的物品，维修技师应小心地加以保护，非工作需要严禁触动；因工作需要触动时，应通知服务顾问以征得顾客的同意。

(4) 作业过程中存在问题

① 作业进度发生变化时，维修技师必须及时报告车间主管及服务顾问，以便服务顾问及时与顾客联系，取得顾客的谅解或认可。

② 作业项目发生变化时（如增项）的处理。

(5) 自检及班组长检验

① 维修技师完成作业后，先进行自检。

② 自检完成后，交班组长检验。

③ 检查合格后，班组长在任务委托书写下车辆维修建议、注意事项等，并签名。

④ 交质检员或技术总监进行质量检验。

（6）总检

质检员或技术总监进行100％总检。

（7）车辆清洗

① 总检合格后，若顾客接受免费洗车服务，将车辆开至洗车工位，同时通知车间主管及服务顾问车已开始清洗。

② 清洗车辆外观，必须确保不出现漆面划伤、外力压陷等情况。

③ 彻底清洗驾驶室、行李箱、发动机舱等部位。烟灰缸、地毯、仪表等部位的灰尘都要清理干净，注意保护车内物品。

④ 清洁后将车辆停放到竣工停车区，车辆摆放整齐，车头朝向出口方向。

4. 交车服务

（1）通知服务顾问准备交车

① 将车钥匙、任务委托书、接车登记表等物品移交车间主管，并通知服务顾问车辆已修完。

② 通知服务顾问停车位置。

（2）服务顾问内部交车

① 检查任务委托书以确保顾客委托的所有维修保养项目的书面记录都已完成，并有质检员签字。

② 实车核对任务委托书以确保顾客委托的所有维修保养项目在车辆上都已完成。

③ 确认故障已消除，必要时试车。

④ 确认从车辆上更换下来的旧件。

⑤ 确认车辆内外清洁度（包括无灰尘、油污、油脂）。

⑥ 其他检查。除车辆外观外，不遗留抹布、工具、螺母、螺栓等。

（3）通知顾客，约定交车

① 检查完成后，立即与顾客取得联系，告知车已修好。

② 与顾客约定交车时间。

③ 大修车、事故车等不要在高峰时间交车。

（4）陪同顾客验车

① 服务顾问陪同顾客查看车辆的维修保养情况，依据任务委托书及接车登记表，实车向顾客说明。

② 向顾客展示更换下来的旧件。

③ 说明车辆维修建议及车辆使用注意事项。

④ 提醒顾客下次保养的时间和里程。

⑤ 说明备胎、随车工具已检查并说明检查结果。

⑥ 向顾客说明、展示车辆内外已清洁干净。

⑦ 告知顾客三日内销售服务中心将对顾客进行服务质量跟踪电话回访，询问顾客方便接听电话的时间。

⑧ 当顾客的面取下三件套，放于回收装置中。

（5）制作结算单

① 引导顾客到服务接待前台，请顾客坐下。

② 打印车辆维修结算单及出门证。

(6) 向顾客说明有关注意事项

① 根据任务委托书上的"建议维修项目"向顾客说明这些工作是被推荐的,并记录在车辆维修结算单上。特别是有关安全的建议维修项目,要向顾客说明必须维修的原因及不修复可能带来的严重后果。若顾客不同意修复,应请顾客注明并签字。

② 对保养手册上的记录(如果有)进行说明。

③ 对于首保顾客,说明首次保养是免费的保养项目,并简要介绍质量担保规定和定期维护保养的重要性。

④ 将下次保养的时间和里程记录在车辆维修结算单上,并提醒顾客留意。

⑤ 告知顾客会在下次保养到期前提醒、预约顾客来店保养。

⑥ 与顾客确认方便接听服务质量跟踪电话的时间并记录在车辆维修结算单上。

(7) 解释费用

① 依车辆维修结算单,向顾客解释收费情况。

② 请顾客在结算单上签字确认。

(8) 服务顾问陪同顾客结账

① 服务顾问陪同自费顾客到收银台结账。

② 结算员将结算单、发票等叠好,注意收费金额朝外。

③ 将找回的零钱及出门证放在叠好的发票等上面,双手递给顾客。

④ 收银员感谢顾客的光临,与顾客道别。

(9) 服务顾问将资料交还顾客

① 服务顾问将车钥匙、行驶证、保养手册等相关物品交还给顾客。

② 将能够随时与服务顾问取得联系的方式(电话号码等)告知顾客。

③ 询问顾客是否还有其他服务。

(10) 送顾客离开

送别顾客并对顾客的惠顾表示感谢。

5. 跟踪服务

建立顾客维修访问档案,询问客户的满意度,目的在于客户关系的持续发展。

▶ **实训总结**

本章小结

1．汽车整车电器设备通常由电源系统、起动系统、点火系统、照明与信号系统、仪表报警系统、辅助装置系统和电子控制系统组成。电源系统由蓄电池、发电机、调节器及充电指示装置等组成；起动系统由起动机、起动继电器、起动开关及起动保护电路组成，是汽油发动机汽车特有的系统；点火系统由点火线圈、分电器、点火控制器、火花塞及点火开关等组成；照明与信号系统由前照灯、雾灯、示廓灯、转向灯、制动灯、倒车灯、车内照明灯及有关控制继电器和开关等组成；仪表报警系统由仪表及其传感器、各种报警指示灯及控制器组成；辅助装置系统由为提高车辆安全性、舒适性等而设置的各种电器装置组成。

2．汽车电器检修常用仪表设备有万用表、示波器、万能电器试验台、制冷剂加注回收机、充电机、汽车故障电脑诊断仪等。

3．汽车故障的特点有元器件击穿、元器件老化或性能退化、线路故障。汽车电器的维修方法主要有直观诊断法、利用随车自诊断系统诊断、利用简单仪表诊断、利用专用诊断仪器诊断、断路法、短路法、试灯法、低压搭铁试火法、高压试火法。汽车电器维修的原则主要有先外后内、先简后繁、先熟后生、代码优先、先思后行、先备后用。

思 考 题

1．汽车电器设备的组成是什么？每个系统由哪些主要部件构成？
2．汽车电路的特点是什么？
3．汽车电器维修常用的仪表有哪些？
4．万用表如何分类？数字万用表如何使用？
5．示波器如何使用？
6．充电机如何使用？需要注意哪些事项？

模块 2　汽车电源系统

引　例

维修厂工作人员接到一辆故障车，故障表现为起动发动机后，仪表板的充电指示灯始终保持点亮状态（表明发电机不充电）。造成这一现象的主要原因如下：定子绕组断路、搭铁及短路情况发生；发电机磁场因为断路及短路或搭铁出现电流不通或者减小情况；电刷与集电环存在接触不良的问题；整流器出现故障或者调节器出现问题；发电机的传动带损坏打滑，发电机不能正常发电。上述所说的原因，同学们能看得懂吗？应该如何理解汽车电源系统的工作过程？

2.1　汽车电源系统的组成和特点

理论知识目标

1. 掌握汽车电源系统的组成。
2. 掌握汽车电源系统的特点。

2.1.1　汽车电源系统的组成

【电源系统动画】

汽车电源系统主要由蓄电池、交流发电机、电压调节器等组成，如图 2.1 所示。蓄电池与发电机并联向用电设备供电。交流发电机与发电机调节器互相配合工作，其主要任务是对除起动机以外的所有用电设备供电，并向蓄电池充电。

(a) 蓄电池

(b) 交流发电机

(c) 发电机调节器

图 2.1　汽车电源系统组成

2.1.2　汽车电源系统的特点

国内外各种类型的汽车均以蓄电池和发电机两个供电装置作为电源，组成汽车的供电系统，共同向各种用电设备供电。

汽车上的蓄电池和发电机是并联连接配合工作的,它们之间的电路如图 2.2 所示。蓄电池的主要作用是在起动发动机时向起动机供电。发电机是用电设备的主要电源,在汽车正常运行时,向除起动机之外的全部用电设备供电,同时对蓄电池进行充电,以补充蓄电池的能量。现在汽车普遍不用电流表,而是用充电指示灯来指示汽车的充、放电状态。

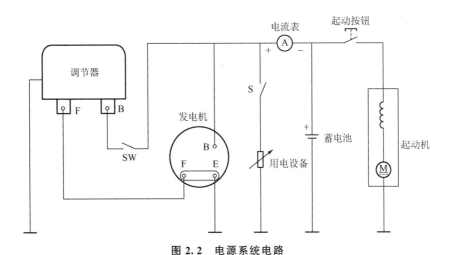

图 2.2　电源系统电路

实训能力目标

1. 初步了解汽车电源系统三大部件。
2. 正确连接汽车电源系统的蓄电池、发电机和调节器。

实训内容

1. 识别汽车电源系统

打开汽车的发动机盖,识别汽车电源系统的三大部件和仪表板上的电源指示灯,并填写表 2-1。

表 2-1　汽车电源系统

电源系统名称	在整车的位置

2. 电源系统的拆装

正确拆卸、安装汽车电源系统的三大部件,并填写表 2-2。

表 2-2 汽车电源系统的三大部件

部件名称	拆卸工具	拆卸准备工作	拆卸注意事项	拆卸流程
蓄电池				
发电机				
调节器				

▶ 实训总结

2.2 汽车蓄电池

【汽车电源系统微课】

 理论知识目标

1. 了解汽车蓄电池的构造与型号。
2. 掌握汽车蓄电池的工作原理。
3. 掌握汽车蓄电池的工作特性。

2.2.1 汽车蓄电池的构造与型号

1. 汽车蓄电池的构造

现代汽车蓄电池的构造基本相同,主要由极板、隔板、电解液和壳体四部分组成。干荷电蓄电池的主要特点是极板制造工艺有所不同,免维护蓄电池的主要特点是极板材料和隔板结构有所不同。乘用车用干荷电蓄电池的结构如图 2.3 所示。

① 极板。极板是蓄电池的核心部件,由栅架与活性物质组成。

② 隔板。为了减小蓄电池内阻和尺寸,正、负极板应尽可能靠近。隔板的功用就是将正极板和负极板隔开,防止相邻正、负极板接触而短路。

③ 电解液。电解液由纯硫酸与蒸馏水按一定比例配制而成,质量浓度为 $1.24\sim1.30\mathrm{g/cm^3}$。电解液纯度是影响蓄电池电气性能和使用寿命的重要因素。

④ 壳体。蓄电池的壳体由电池槽和电池盖两部分组成,其功用是盛装电解液和极板组。

⑤ 蓄电池技术状态指示器。目前，装备全密封型免维护蓄电池的小乘用车越来越多。由于全密封型免维护蓄电池盖上没有设加液孔，因此不能用密度计测量电解液的质量浓度，为此在这种蓄电池盖上设置了蓄电池技术状态指示器来指示蓄电池的技术状况。

【汽车蓄电池结构】

图 2.3　干荷电蓄电池的结构

1—整体槽；2—电池盖；3—正极柱；4—负极柱；5—排气栓；6—穿壁连接；
7—汇流条；8—负极板；9—隔板；10—正极板

2. 蓄电池的型号

根据机械工业部标准 JB/T 2599—2012《铅酸蓄电池名称、型号编制与命名办法》的规定，蓄电池型号由三部分组成，各部分之间用破折号分开，型号内容及排列情况如图 2.4 所示，各个特征代号见表 2-3。

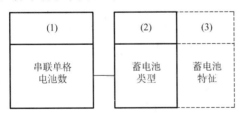

图 2.4　蓄电池产品型号编制方法

表 2-3　蓄电池特征代号

特征代号	蓄电池特征	特征代号	蓄电池特征	特征代号	蓄电池特征
A	干荷电	J	胶体电解液	D	带液式
H	湿荷电	M	密封式	Y	液密式
W	免维护	B	半密封式	Q	气密式
S	少维护	F	防酸式	I	激活式

例如：6-QA-105D

6——单格电池数；

QA——蓄电池的主要用途和类型；

105——20h放电率额定容量，即105A·h；

D——蓄电池的特殊性能。

蓄电池6-QAW-100S，表示由6个单格电池串联而成，额定电压为12V，干荷电式免维护蓄电池，采用塑料整体式外壳。

蓄电池6-QA-60，表示由6个单格电池串联而成，额定电压为12V，额定容量为60A·h。

2.2.2 汽车蓄电池的工作原理

1. 蓄电池的放电过程

蓄电池的化学能转化为电能的过程称为放电过程。当放电电路接通时，在电动势的作用下，电流从正极流出，经过灯丝流回负极。电流流过灯丝会使灯丝发热，当电流足够大时，灯丝炽热而使灯泡发出亮光。

如果电路保持接通，化学反应将继续进行，使正极板上的二氧化铅（PbO_2）和负极板上的纯铅（Pb）都逐渐转变为硫酸铅（$PbSO_4$），电解液中的硫酸（H_2SO_4）逐渐减少而水分逐渐增多，使电解液质量浓度逐渐减小。当电位差降低时，流过灯丝的电流就会减小，灯丝发热量相应减少，灯泡亮度变弱，直到不能发光为止，如图2.5所示。

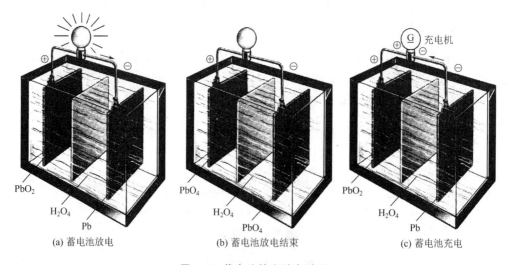

(a) 蓄电池放电　　(b) 蓄电池放电结束　　(c) 蓄电池充电

图2.5　蓄电池的充放电过程

2. 蓄电池的充电过程

将电能转化为蓄电池的化学能的过程称为充电过程。充电时，蓄电池应接直流电源，蓄电池正极接电源正极，蓄电池负极接电源负极。当电源电压高于蓄电池电动势时，在电源力的作用下，电流从蓄电池的正极流入，负极流出（即充电电流方向与放电电流方向相反）。此时正、负极板上发生的化学反应与放电过程正好相反，正、负极板上的硫酸铅将分别还原为二氧化铅和纯铅，电解液中硫酸成分逐渐增多而水分逐渐减少，电解液质量浓度逐渐增大。充电一直进行到极板上的活性物质完全恢复到放电前状态。

蓄电池充放电具体工作过程化学式为

$$PbO_2 + Pb + 2H_2SO_4 \underset{充电}{\overset{放电}{\rightleftharpoons}} 2PbSO_4 + 2H_2O$$

3. 蓄电池的充电方法

为使蓄电池保持一定的容量和延长其使用寿命，必须对蓄电池进行充电。车用充电设备是由发动机驱动的交流发电机，充电间采用的多为硅整流充电机、晶闸管整流充电机和智能充电机等。对蓄电池充电的方法有以下几种，每一种充电方法都有自己的特点，在为蓄电池充电时应该根据需要选择。

（1）恒压充电

恒压充电是指在充电过程中，充电电压恒定不变，如图 2.6 所示。

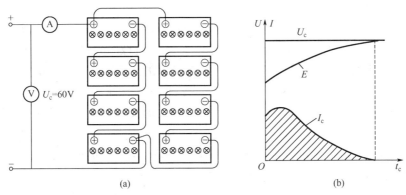

图 2.6 恒压充电

蓄电池在汽车上由发电机对其充电就属于恒压充电，其充电电压由充电系统的电压调节器控制。根据全车电系电压等级不同，其电压调节器控制的发电机输出电压分别为 14V 和 28V 左右。

恒压充电的优点：充电电流大、充电速度快、时间短，蓄电池充足电后便自动停止充电而不需人工调节。其缺点：电池不能彻底充足电，所以汽车使用的蓄电池规定每个月要拆下蓄电池，在充电间充电一次。

（2）恒流充电

在充电过程中，充电电流恒定不变的充电方式称为恒流充电。恒流充电时，被充电多个电池（电压可不同）可串接在一起充，如图 2.7 所示。

要想保持充电电流恒定，随着蓄电池电动势的上升，就必须调高充电电压。用充电机对蓄电池进行充电，就属于恒流充电。

恒流充电可以分两个阶段进行，充电第一阶段用较大电流进行恒流充电，当单格电池电压充到 2.4V 时，电解液中开始产生气泡时，将充电电流减少一半，进入第二阶段恒流充电，直到蓄电池完全充足电为止。

恒流充电的优点：充电电流可以任意选择，有益于延长蓄电池的使用寿命。由于充电电流可以任选，因此既适用于蓄电池的初充电，又适用于补充充电和去硫充电。其缺点：充电时间长，而且需经常调整充电电流。

蓄电池恒流充电分为初充电和补充充电两种。

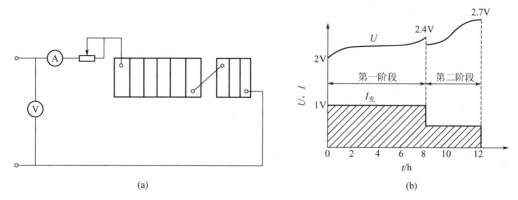

图 2.7 恒流充电

① 初充电即对新蓄电池进行首次充电,充电时首先加注质量浓度为 $1.28g/cm^3$ 的电解液,静置 4～6h,然后按第一阶段选定额定容量数值的 1/15,第二阶段为第一阶段的一半,即额定容量数值的 1/30,作为充电电流,将充电机和蓄电池的正极与正极、负极与负极相连,接通充电机电源,即可进行充电。初充电的充电时间为 45～65h。

② 补充充电是指蓄电池在使用中因电量的不足而及时进行的补充充电。充电电流的选择:第一阶段为蓄电池额定容量数值的 1/10,第二阶段为第一阶段的一半,即为额定容量数值的 1/20,补充充电时间为 13～16h。

恒流充电的优点:充电电流小,既可减小蓄电池活性物质脱落,又能保证蓄电池彻底充足电,因此被广泛采用。其缺点:充电电流需要经常调节。

(3) 改进恒流充电

改进恒流充电又称两阶段恒流充电。在充电第一阶段,用较大电流进行恒流充电,当单格电池电压充到 2.4V 左右,电解液中开始产生气泡时,将充电电流减小一半进入第二阶段恒流充电,直到蓄电池完全充足电为止。在实际充电中,大都采用改进恒流充电法。

改进恒流充电的优点:第二阶段充电电流较小,并具有恒流充电的优点,因此,此充电方式也被广泛采用。其缺点:充电电流需要经常调节。

(4) 智能快速充电

因广泛采用的改进恒流充电法完成一次初充电需要 60～70h,补充充电也需 20h 左右,充电时间太长,给使用带来很大不便。若用加大充电电流的方法缩短充电时间,会使极化增大和气泡增多,造成活性物质脱落而缩短蓄电池的使用寿命。国内从开始研究快速充电机理和技术以来,已研制生产出可控硅快速充电机和智能快速充电机,使蓄电池的初充电缩短到 5h,补充充电缩短到 0.5～1.5h。

智能快速充电的优点:充电速度快,空气污染少,省电节能,便于管理,对蓄电池集中、充电频繁的部门优越性尤为突出。其缺点:控制电路复杂,控制技术较高,价格普遍高于普通充电。

(5) 脉冲快速充电

充电初期采用大电流,使电池在较短的时间内达到额定容量的 60% 左右,当单格电压上升到 2.4V,电解液开始分解冒出气泡时,由于控制电路的作用,停止大电流充电,进入到脉冲期。在脉冲期,先停充 24～40ms,接着再放电或反充,使电池反向通过一个较大的脉冲电流，以消除浓差极化和极板孔隙形成的气泡，然后停放 25ms，最后按脉冲期循环充电直到充足。

脉冲快速充电的显著优点：充电速度快，即充电时间大大缩短。补充充电仅需 1h 左右。其缺点：由于充电速度快，析出的气体总量虽减少，但出气率高，对极板活性物质的冲刷力强，故使活性物质易脱落，因而对极板的使用寿命有一定的影响。

下列蓄电池不能进行快速脉冲充电。

① 未经使用的新蓄电池。
② 液面高度不正确的蓄电池。
③ 各单格电解液质量浓度不均匀的蓄电池，各单格电压差大于 0.2V。
④ 电解液混浊并带褐色的蓄电池。
⑤ 极板硫化。
⑥ 充电时电解液温度超过 50℃ 的蓄电池。

2.2.3 汽车蓄电池的工作特性

蓄电池的工作特性是指蓄电池的电动势、电流和电解液质量浓度随充放电时间而变化的规律。

1. 蓄电池的工作参数

蓄电池的工作参数主要有电解液质量浓度、静止电动势、内阻、容量、电压和电流等。

（1）电解液的质量浓度

电解液的质量浓度是指电解液中硫酸成分所占的比例（习惯称电解液相对密度，简称电解液密度）。

（2）静止电动势

静止电动势 E_s 是指蓄电池在静止状态（不充电也不放电）时，正、负极板之间的电位差（即开路电压）。

（3）内阻

蓄电池内阻的大小反映了蓄电池带负载的能力。在相同条件下，内阻越小，输出电流越大，带负载能力越强。蓄电池的内阻包括极板电阻、隔板电阻、电解液电阻、链条电阻和极柱电阻。

（4）容量

蓄电池的容量是反映蓄电池对外供电能力、衡量蓄电池质量优劣及选用蓄电池的重要指标。容量越大，可提供的电能越多，供电能力也就越大；反之，容量越小，供电能力就越小。

（5）电压

电压也称作电势差或电位差，是衡量单位电荷在静电场中由于电势不同所产生的能量差的物理量。其大小等于单位正电荷因受电场力作用从一点移动到另一点所做的功，方向规定为从高电位指向低电位。蓄电池电压则是在能量转换并非完全可逆的情况下得到的。当蓄电池接有负载时，电流流过负载，必然有能量损失，这是电池的工作电压。

（6）电流

电流是导体中的自由电荷在电场力的作用下做有规则的定向运动形成的，是指单位时间里通过导体任一横截面的电量。蓄电池放电电流是指放电率，针对蓄电池放电电流的大小分别有时间率和电流率。放电时间率是指在一定的放电条件下放电到终止电压的时间长短，如 20 小时率、10 小时率、5 小时率、3 小时率、2 小时率、1 小时率、0.5 小时率等。

2. 影响容量的使用因素

蓄电池容量与很多因素有关，归纳起来分为两类：一类是与生产工艺及产品结构有关，如活性物质的数量、极板的厚薄、活性物质的孔率等；另一类是使用条件，如放电电流、电解液温度和电解液质量浓度等。

（1）放电电流的影响

实验表明，放电电流越大，则电压下降越快，放电至终止电压的时间越短，因此容量越小。

（2）电解液温度的影响

温度降低则容量减小。这是由于温度降低时，电解液的黏度提高，渗入极板内部困难，使离子扩散速度和化学反应速度降低；同时电解液电阻也增大，使蓄电池内阻增加，电动势消耗在内阻上的压降增大，蓄电池端电压降低，允许放电时间缩短，因此容量减小。

（3）电解液质量浓度的影响

适当增大电解液质量浓度，可以提高电解液的渗透速度和蓄电池的电动势，延长放电时间，从而提高蓄电池的输出容量。但是，当电解液质量浓度超过一定值时，会使电解液黏度提高导致浸透速度降低，内阻和极板硫化增加，使蓄电池输出容量减小。

3. 蓄电池的充电特性

蓄电池的充电特性是指在恒流充电过程中，蓄电池的端电压 U_c 和电解液质量浓度 $\rho_{25℃}$ 等参数随充电时间 t_c 变化的规律。

蓄电池充电终了的特征：电解液中产生大量气泡，呈现"沸腾"现象；蓄电池端电压和电解液质量浓度上升到最大值，并且 2～3h 内保持不变。

4. 蓄电池的放电特性

蓄电池的放电特性是指在恒流放电过程中，蓄电池的端电压 U_f 和电解液质量浓度 $\rho_{25℃}$ 等参数随放电时间 t_f 变化的规律。

蓄电池放电终了的特征：电解液质量浓度降低到最小允许值，蓄电池端电压降到放电终止电压。

实训能力目标

1. 正确识别蓄电池的型号。
2. 掌握蓄电池的维护。
3. 掌握蓄电池的检查。
4. 对蓄电池的常见故障能够进行诊断及维修。

实训内容

1. 识别蓄电池

识别蓄电池的型号，并填写表 2-4。

表 2-4 蓄电池的型号及含义

蓄电池的品牌	蓄电池的型号	蓄电池的含义

2. 蓄电池的维护（图 2.8）

① 经常擦拭蓄电池表面，保持清洁，以防极间短路。
② 检查电极端子的连接情况，去掉氧化层，夹紧线夹。
③ 检查液面高度，以防极板硫化。
④ 根据季节变化及时调节电解液质量浓度。
⑤ 必须拧紧加液盖，以防电解液溢出；盖子上的通气孔必须保持畅通，防止充电时气体不能排出而造成壳体破裂。
⑥ 在起动时，每次起动时间不超过 5s，连续起动时间间隔大于 15s。

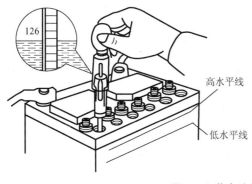
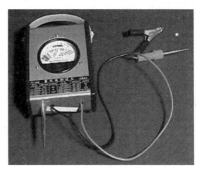

图 2.8 蓄电池的维护

3. 蓄电池的检查

（1）外观检查
① 外壳有无裂缝、破损及泄漏。
② 安装架是否夹紧，有无腐蚀。
③ 正、负极端子是否氧化及腐蚀，导线夹是否腐蚀，连接导线有无破损等。
④ 表面是否清洁，加液孔盖的通气孔是否畅通等。
（2）电解液液面的高度检查
电解液液面应高出极板 10~15mm，正常使用时应定期检查液面高度，必要时补充蒸馏水。
（3）放电程度的判断
① 根据电解液质量浓度的变化，判断放电程度。
② 用高率放电计模拟接起动机时的负载，测量单格蓄电池在大电流放电时的端电压来判断放电程度。

4. 蓄电池的常见故障及维修

（1）极板硫化

蓄电池长期处于充电、放电状态，在极板上会生成一层白色粗晶粒的硫酸铅，在正常充电时，不能转化为二氧化铅和铅，称为硫酸铅硬化，简称硫化。极板硫化的蓄电池的特征为充电快，放电也快。

（2）自行放电（自放电）

充足电的蓄电池，放置不用而逐渐失去电量，称为自行放电。如果每昼夜自行放电损失的容量小于2%，为正常自行放电；如果每昼夜自行放电损失的容量大于2%，则为自行放电故障。

产生自行放电的原因：电解液中含有杂质或极板材料中含有杂质，不同杂质之间形成电位差，引起局部放电；蓄电池盖上有电解液，使正、负极形成通路；长期不用，硫酸下沉，电解液上下部分浓度不等，形成电位差引起自行放电；极板上活性物质脱落而沉积在壳体的底部，造成极板之间短路。

（3）极板活性物质脱落

活性物质从正极板上脱落下来，沉积在蓄电池的底部，在充电时可以看到褐色物质从底部升起。正极板上的活性物质脱落后，使蓄电池的容量下降，并且充电时不易恢复，严重时会造成极板短路或自行放电。

造成正极板上活性物质脱落的原因：充电时电流过大，温度过高，经常过充电等使活性物质松浮而脱落；放电电流过大、过放电等使极板拱曲，也会造成活性物质脱落。

（4）内部短路

内部短路原因：当蓄电池隔板损坏或极板上脱落下来的大量活性物质沉积在蓄电池底部时，会造成蓄电池内部极板之间的短路。蓄电池内部极板的短路，使蓄电池的端电压明显下降，充电时电解液温度明显升高，而端电压和电解液质量浓度上升缓慢，充电末期气泡较少或产生气泡太迟。

实训总结

2.3 汽车交流发电机

理论知识目标

1. 了解汽车交流发电机的分类与型号。
2. 掌握汽车交流发电机的结构。
3. 掌握汽车交流发电机的工作原理。

【汽车交流发电机】

2.3.1 汽车交流发电机的分类与型号

汽车用发电机可分为直流发电机和交流发电机。由于交流发电机在许多方面优于直流发电机，故直流发电机已被淘汰。

1. 汽车交流发电机的分类

（1）按总体结构分

① 普通交流发电机。普通交流发电机又称硅整流发电机，使用时需要配装电压调节器，如 JF132。

② 整体式交流发电机。发电机和电压调节器制成一个整体的发电机。例如，别克乘用车发动机上装配的 CS 型发电机（包括 CS-121、CS-130 和 CS-144 三种不同的型号）。

③ 带泵交流发电机。带泵交流发电机采用的是真空泵不是真空助力泵，真空助力泵用于汽车制动系统。

④ 无刷交流发电机。不需要电刷的发电机，如 JFW1913。

⑤ 永磁交流发电机。磁极由永磁铁制成的发电机。

（2）按整流器结构分

① 六管交流发电机。例如，JF1522（东风汽车用）。

② 八管交流发电机。例如，JFZ1542（天津夏利汽车用）。

③ 九管交流发电机。例如，日本三菱、马自达汽车用发电机。

④ 十一管交流发电机。例如，JFZ1913Z（奥迪、桑塔纳汽车用）。

（3）按磁场绕组搭铁形式分

① 内搭铁型交流发电机。磁场绕组的一端（负极）直接搭铁（和壳体相连）。

② 外搭铁型交流发电机。磁场绕组的一端（负极）接入电压调节器，通过调节器后再搭铁。

2. 汽车交流发电机的型号

根据中华人民共和国汽车行业标准 QC/T 73—1993《汽车电气设备产品型号编制方法》的规定，汽车交流发电机型号组成如下。

（1）产品代号

产品代号用中文字母表示，如 JF 表示普通交流发电机，JFZ 表示整体式（调节器内置）交流发电机，JFB表示带泵的交流发电机，JFW表示无刷交流发电机。

（2）电压等级代号

电压等级代号用一位阿拉伯数字表示，如1表示12V系统，2表示24V系统，6表示6V系统。

（3）电流等级代号

交流发电机电流等级代号见表2-5。

表 2-5 交流发电机电流等级代号

电流等级代号	1	2	3	4	5	6	7	8	9
电流/A	≤19	20～29	30～39	40～49	50～59	60～69	70～79	80～89	≥90

（4）设计序号

设计序号按产品的先后顺序，用阿拉伯数字表示。

（5）变型代号

交流发电机以调整臂位置作为变型代号，从驱动端看，调整臂在左边用Z表示，调整臂在右端用Y表示，调整臂在中间不加标记。

注意：进口发电机不符合上述标准。

2.3.2 汽车交流发电机的结构

交流发电机在汽车上使用50多年以来，虽然局部结构有所改进，但是基本结构都是由定子、转子、整流器和端盖四部分组成的。整体式交流发电机的不同点是在基本结构的基础上增加了电压调节器，且都采用集成电路调节器。整体式交流发电机的解体图如图2.9所示。

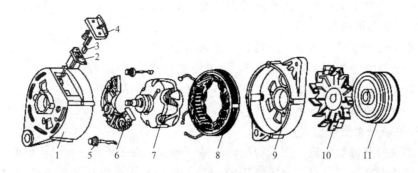

图 2.9 整体式交流发电机的解体图

1—后端盖；2—电刷架；3—电刷；4—电刷架外盖；5—整流二极管；6—元件板；
7—转子；8—定子；9—前端盖；10—风扇；11—V形带轮

1. 汽车交流发电机转子

汽车交流发电机为三相同步交流发电机，其转子的功用是产生磁场。转子由两块爪极、磁场绕组、铁心和集电环组成，如图2.10(a)所示。转子轴上压装两块爪极，两块爪极各有六个鸟嘴形磁极，爪极空腔内装有磁场绕组（转子线圈）和磁轭。

集电环由两个彼此绝缘的铜环组成。集电环压装在转子轴上并与轴绝缘。两个集电环分别与磁场绕组的两端相连，如图2.10(b)所示。

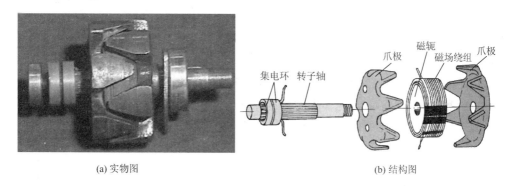

图 2.10 发电机转子

2. 汽车交流发电机定子

交流发电机定子的功用是产生交流电。定子（图2.11）由定子铁心与定子绕组组成。定子铁心由内圈带槽的硅钢片叠成。定子绕组的导线嵌放在铁心的槽中。定子绕组有三相，三相绕组采用星形接法［图2.12(a)］或三角形（大功率）接法［图2.12(b)］，都能产生三相交流电。三相绕组必须按一定的要求绕制，才能使之获得频率相同、幅值相等、相位互差120°的三相电动势。

图 2.11 发电机定子

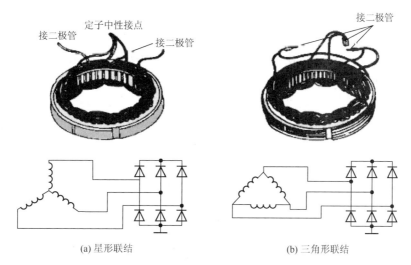

图 2.12 定子绕组的联结方式

3. 汽车交流发电机整流器

交流发电机整流器的作用是将三相定子绕组产生的交流电转变为直流电。整流器由整流二极管和二极管的散热板组成。奥迪与桑塔纳等乘用车用交流发电机整流器总成的结构如图 2.13 所示。

4. 汽车交流发电机端盖与电刷组件

交流发电机的前、后端盖均用铝合金压铸或用砂模铸造而成。采用铝合金材料的主要目的是减少漏磁，因为铝合金为非导磁材料，而且具有质量轻、散热性能好等优点。在后端盖上装有电刷组件。电刷组件由电刷、电刷架和电刷弹簧组成，如图 2.14 所示。

图 2.13 交流发电机整流器总成

图 2.14 电刷组件

2.3.3 汽车交流发电机的工作原理

【汽车交流发电机原理】

1. 发电原理

交流发电机产生交流电的基本原理是电磁感应原理，即利用产生磁场的转子旋转，使穿过定子绕组的磁通量发生变化，在定子绕组内产生感应电动势。

由交流发电机的结构特点可知，当点火开关接通时，两集电环通入直流电时（通过电刷），磁场绕组中就有电流通过，并产生轴向磁通，使爪极一块被磁化为 N 极，另一块被磁化为 S 极，从而形成六对相互交错的磁极。当转子转动时，就形成了旋转的磁场，从而使固定的定子绕组中的磁通量发生变化，在定子绕组上产生频率相同、幅值相等、相位互差 120°电角度的三相感应电动势，如图 2.15 所示。

2. 整流原理

（1）二极管的导通原则

二极管具有单向导电性，当给二极管加上正向电压时，二极管导通；当给二极管加上反向电压时，二极管截止。

① 正二极管导通原则。因为三只二极管的正极分别接在发电机三相绕组的始端

模块2 汽车电源系统

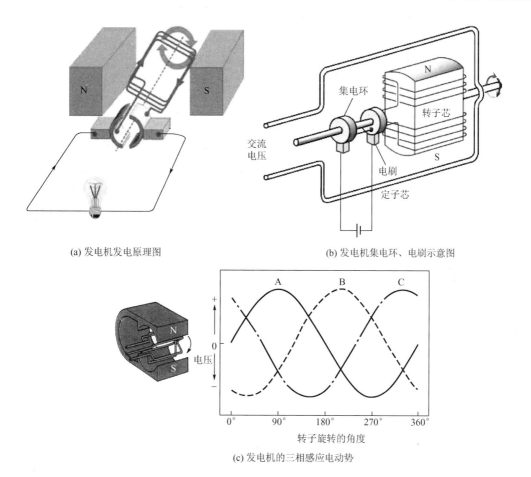

图 2.15 发电机发电原理

（图 2.16），它们的负极又连接在一起，所以三只二极管的导通原则是在某一瞬间，正极电位最高者导通。

② 负二极管的导通原则。因为三只二极管的负极分别接在发电机三相绕组的始端（图 2.16），它们的正极又连接在一起，所以三只二极管的导通原则是在某一瞬间，负极

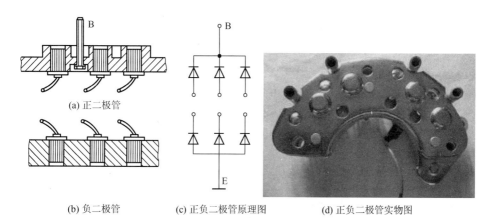

图 2.16 正负二极管

电位最低者导通。（注：这里所说正、负二极管均指三只二极管组成的二极管组。）

③ 同一时刻，导通的二极管总是两个，正二极管、负二极管中各一个。

（2）整流过程

① 六管交流发电机的整流［图2.17(a)］过程如下。

在 $t=0$ 到 t_1，发电机产生的三相电动势 $e_U>e_V>e_W$，U 相电位最高，V 相电位最低，与 U 相连接的正二极管 VD_1 导通，与 W 相连接的负二极管 VD_6 导通。在 $t_1 \sim t_2$，三相电动势 $e_V>e_U>e_W$，V 相电位最高，W 相电位最低，与 V 相连接的正二极管 VD_3 导通，与 W 相连接的负二极管 VD_6 导通。在 $t_2 \sim t_3$，三相电动势 $e_V>e_W>e_U$，V 相电位最高，U 相电位变为最低，与 V 相连接的正二极管 VD_3 导通，与 W 相连接的负二极管 VD_2 导通。在 $t_3 \sim t_4$，三相电动势 $e_W>e_V>e_U$，W 相电位最高，U 相电位变为最低，与 W 相连接的正二极管 VD_5 导通，与 U 相连接的负二极管 VD_2 导通。在 $t_4 \sim t_5$，三相电动势 $e_W>e_U>e_V$，W 相电位最高，V 相电位变为最低，与 W 相连接的正二极管 VD_5 导通，与 V 相连接的负二极管 VD_4 导通。在 $t_5 \sim t_6$，三相电动势 $e_U>e_W>e_V$，U 相电位最高，V 相电位变为最低，与 U 相连接的正二极管 VD_1 导通，与 V 相连接的负二极管 VD_4 导通。六只二极管导通与截止依次循环，周而复始，在负载电阻或蓄电池两端就可得到一个比较平稳的直流脉动电压 u_A，一个周期内有 6 个纹波，如图 2.17(b) 所示。

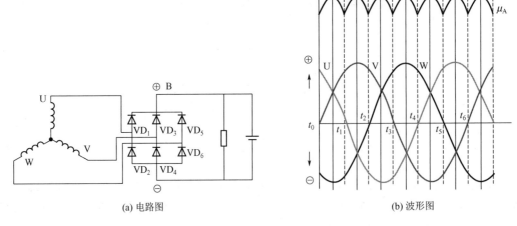

(a) 电路图　　　　　　　　　　(b) 波形图

图 2.17　六管交流发电机的整流原理

② 八管交流发电机可提高输出功率，其整流（图2.18）过程如下。

由于交流发电机星形联结的中性点 N 的电压是发电机直流输出电压的一半，该中性点电压实际上包含直流分量（三相基波电压整流得到）和交流分量（三次谐波）。交流分量以平均电压为中心交变振荡，其幅值随发电机转速的上升而增大。转速升高到一定程度时（超过 2000r/min），交流分量的最高瞬时值就可能超过发电机的直流输出电压，最低瞬时值则可能低于搭铁电压。

当中性点的瞬时电压高于输出电压平均值时，二极管 VD_7 导通，从中性点输出的电流方向为定子绕组→中性点二极管 VD_7→输出端"B"→负载和蓄电池→负二极管→定子绕组。

当中性点的瞬时电压低于输出电压平均值时,二极管 VD_8 导通,从中性点输出的电流方向为定子绕组→正二极管→输出端"B"→负载和蓄电池→中性点二极管 VD_8→定子绕组。

由此可见,在六管的基础上,只要在中性点连接两只整流二极管,利用中性点输出的交流电压来增加交流发电机的输出电流,就可提高发电机的输出功率。

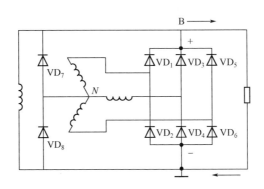

图 2.18　八管交流发电机的整流原理

③ 九管交流发电机的整流过程如下。

如图 2.19 所示,它是在六管交流发电机的基础上增设三只小功率二极管 VD_7、VD_8、VD_9,并与负二极管 VD_2、VD_4、VD_6 组成三相桥式整流电路,其产生的电流专门供给励磁绕组。当发电机工作时,定子绕组产生的三相电动势经 $VD_1 \sim VD_6$ 组成的三相桥式全波整流电路整流后,输出直流电向负载供电并向蓄电池充电,而发电机需要的励磁电流则由 VD_7、VD_8、VD_9 与负二极管 VD_2、VD_4、VD_6 组成的三相桥式整流电路整流后,通过 D 输出端子 D_F→调节器端子 D+→调节器内部→调节器端子 F→发电机端子 D+,直接供给励磁绕组。

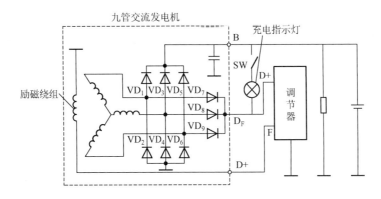

图 2.19　九管交流发电机的整流原理

充电指示灯的作用:一是提示驾驶人在发动机熄火后关掉点火开关;二是可以指示发电机是否有故障。其工作原理如下。

接通点火开关 SW,蓄电池电流为蓄电池正极→点火开关 SW→充电指示灯→调节器端子 D+→调节器内部大功率晶体管→调节器端子 F→发电机端子 D+→励磁绕组→搭铁→蓄电池负极。

其电路构成一个回路，此时充电指示灯发亮，指示励磁电流接通并由蓄电池供电。当发电机起动后，随着发电机转速的升高发电机 D_F 端子的电压升高，充电指示灯因两端的电位差降低，指示灯亮度变暗。当发电机电压升高到蓄电池端电压时，发电机 B 端电压与发电机 D_F 端电压相等，充电指示灯因两端电位差降低到零而熄灭，指示发电机已正常发电。当发电机高速运转、充电系统发生故障而导致发电机不发电时，充电指示灯因两端电位差增大而发亮，警告驾驶人及时排除故障。

④ 十一管交流发电机的整流过程如下。

如图 2.20 所示，它是在六管交流发电机的基础上同时增加三只磁场二极管和两只中性点二极管组成的。综合了八管交流发电机和九管交流发电机的优点，不仅具有提高输出功率的功能，而且具有反映充电系统工作情况的功能。

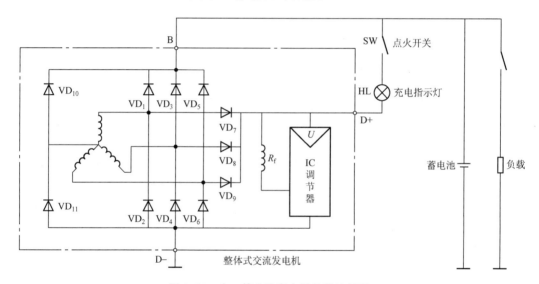

图 2.20　十一管交流发电机的整流原理

实训能力目标

掌握汽车交流发电机的拆装、检修。

实训内容

1. 交流发电机的分解

① 拆下固定电刷组件和调节器总成的两个固定螺钉，取下电刷组件和调节器。
② 分别用直径 14mm 和 8mm 的套筒扳手拆下发电机输出端子（B）和磁场输出端子上的固紧螺母。
③ 拆下绝缘架固定螺钉，取下绝缘架。
④ 拆下防干扰电容器固定螺钉，拔下电容器引线插头，取下电容器。

⑤ 拆下前、后端盖连接螺栓（6个），分离前、后端盖，并使定子与后端盖在一起。

⑥ 拆下整流器总成固定螺钉（6个），从后端盖上取下整流器与定子总成。

⑦ 用 30～50 W/220 V 电烙铁焊开定子绕组引线与整流二极管引出电极间的四个焊点使定子总成与整流器总成分离。

2. 交流发电机的组装

装复交流发电机各零部件之前，先将轴承填充规定型号的润滑脂（1～3号复合钙钠基润滑脂或2号低温润滑脂），填充量为轴承空间的2/3为宜。若过量则易溢出，溅到集电环上会导致电刷与集电环接触不良。装复发电机的步骤与分解时相反。装复完毕，用手转动驱动带轮，检查转动是否灵活自如；再用万用表检测各接线端子间的阻值是否符合标准值要求。如无异常，即可进行试验。

3. 交流发电机的检修

① 转子的检修（图2.21）。励磁绕组的检修，用万用表测量励磁绕组的电阻，应符合标准。每个集电环与转子轴之间的阻值都应该是无穷大。转子轴和集电环的检修，转子轴的弯曲会造成转子与定子之间间隙过小而摩擦或碰撞，如发现发电机运转时阻力过大或有异响，应检查转子轴是否弯曲，集电环应表面光滑，无烧蚀，厚度应大于1.5mm。轴承的检修，若发现发电机运转时有异响，应仔细检查是否因轴承的损坏而造成。

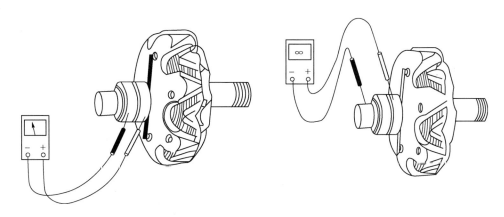

图 2.21 转子的检修

② 定子的检修。定子绕组的断路故障检测，用万用表测量 U、V、W 三相绕组的线圈（图2.22），正常时有一定的阻值，若为无穷大，则说明定子绕组断路。定子绕组的短路故障检测，用万用表测量某一绕组与定子线槽之间的电阻值，正常时阻值为无穷大，若为零，则说明定子绕组短路。

③ 整流器的检修。将二极管的引线与其他连接分离，用万用表的两个表笔分别接到二极管的引线与壳体上，测量二极管的正向与反向电阻。二极管的正向电阻应符合标准值，反向电阻应在10kΩ以上。

图2.23(a) 所示为检测正二极管的正向电阻，指针式万用表黑表笔（负极）接二极管的正极，红表笔（正极）接二极管的负极［注意：若用数字式万用表，则红表笔（正极）

接二极管的正极，黑表笔（负极）接二极管的负极］，此时正向导通，正向电阻很小，阻值为几十欧至几百欧。三只二极管检测三次。

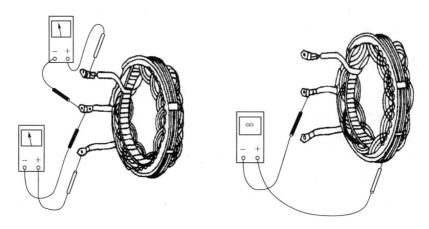

图 2.22　定子的检修

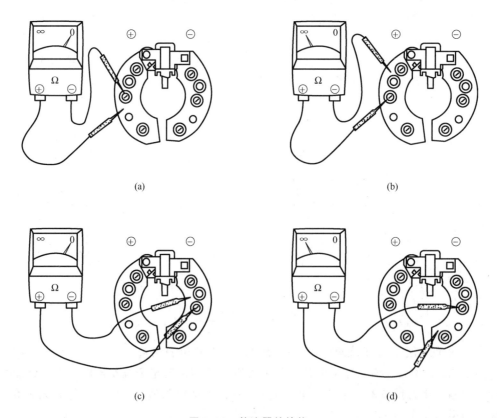

图 2.23　整流器的检修

图 2.23(b) 所示为检测正二极管的反向电阻，指针式万用表黑表笔（负极）接二极管的负极，红表笔（正极）接二极管的正极［注意：若用数字式万用表，则红表笔（正极）接二极管的负极，黑表笔（负极）接二极管的正极］，此时反向截止，反向电阻非常大，阻值为十千欧至无穷大。三只二极管检测三次。

图 2.23(c)、图 2.23(d) 所示分别为检测负二极管的正向电阻和反向电阻,检测步骤同正二极管。

 实训总结

_____
_____
_____
_____
_____
_____
_____
_____

2.4 汽车发电机调节器

理论知识目标

1. 掌握汽车发电机调节器的功用。
2. 掌握汽车发电机调节器的结构及原理。

2.4.1 汽车发电机调节器的功用

1. 交流发电机调节器的功用

汽车发电机调节器（图 2.24）的功用是调节发电机的发电量。由于在行驶过程中,汽车车速时快时慢,相应地汽车发动机转速也在不断地变化,而发电机是由发动机带动的,所以,发电机产生的电压是不稳定的。为了使发电机发出的电稳定在 14.0V 左右（蓄电池电压为 12V）,就需要发电机调节器,自动调节发电机输出电压,即发动机转速高时输出电压降低,发动机转速低时输出电压升高,最终使电压保持恒定,以防止输出电压过高而损坏用电设备和避免蓄电池过量充电。

汽车发电机电子调节器端口定义及解释如下。

B+（也称 A）：发电机的输出电压侦测端,连接于发电机的输出端,用于控制调节发电机的输出电压。

F：励磁电流控制端,连接于发电机励磁线圈,用于控制发电机的励磁电流占空比。

G：电源接地端,连接于发电机的地端,调节器电源的地端。

P：相线圈信号端,用于侦测发电机的转速信号。转速与极数有关。

S：蓄电池电压的侦测端,连接至蓄电池的正极,用于控制蓄电池的电压,避免因拉线造成发电机输出电压不够。

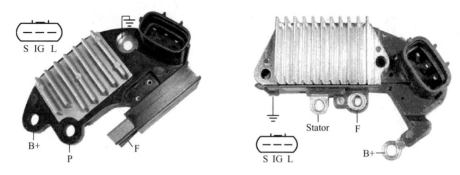

图 2.24　汽车发电机调节器

C：计算机控制端，连接于汽车发动机控制器，用于降低发电机的输出电压值（减轻发动机负载）。

L：指示灯控制端，连接于汽车上的蓄电池指示灯，独立控制指示灯亮或暗，或作为提供发电机起动时的励磁电流端，或启动调节器控制端。

IG：点火开关侦测端，连接于汽车上的点火开关，用于启动调节器的动作。

FR：模拟 F 端子的状态，连接至车上的怠速控制器，用于避免因发电机负荷增大，造成发动机的怠速下降而使发动机发生抖动。

R：简称 R 端子，外部与 L 接在一起，经过点火开关连接于 B+，用于提供发电机起动时的励磁电流。

上述是日本汽车常用的发电机调节器的端口定义，欧洲汽车用发电机端口还有 D+端，它是磁场二极管的输出端，充电指示灯的控制端，预励磁电流提供端，也是输出电压侦测端（调节器电压取样端）。还有 E 端，E=G；W 端，W=P。

2. 交流发电机调节器型号

根据汽车行业标准 QC/T 73—1993《汽车电气设备产品型号编制方法》的规定，交流发电机调节器的型号如图 2.25 所示。

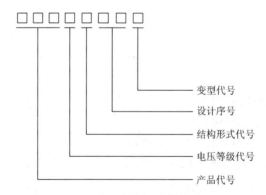

图 2.25　交流发电机调节器的型号

汽车交流发电机调节器的型号组成中代号的含义如下。

① 产品代号：交流发电机调节器的产品代号分为 FT、FTD 两种，分别表示发电机调节器和电子式发电机调节器（字母"F""T""D"分别为"发""调""电"字汉语拼音第一个大写字母）。

② 电压等级代号：与交流发电机电压等级代号相同。
③ 结构形式代号：用一位阿拉伯数字表示。
④ 设计序号：按产品设计先后顺序，用 1～2 位阿拉伯数字表示。
⑤ 变型代号：以汉语拼音大写字母 A、B、C…顺序表示。

例如，FTD152 表示电压等级为 12V 的集成电路式调节器，第二次设计。

【汽车发电机调节器】

2.4.2 汽车发电机调节器的结构及原理

汽车发电机的感应电动势 E_Φ 正比于发电机转速 n 与每极磁通 Φ，即

$$E_\Phi = Cn\Phi$$

C 为常数，因此，当发电机转速 n 变化时，相应地改变每极磁通 Φ 才能达到保持电压恒定的目的。而磁通的大小取决于发电机励磁电流的大小，故在发电机转速变化时，只要相应调节发电机的励磁电流便可保持输出电压恒定。电压调节器就是利用这一原理工作的。

各种调节器都是通过调节磁场电流使磁极磁通改变来控制发电机的输出电压的。电子式调节器调节磁场电流的方法是利用晶体管的开关特性，使磁场电流接通、切断来调节发电机的磁场电流。

汽车交流发电机有外搭铁型和内搭铁型之分，与之相对应的电子式调节器也分为外搭铁型和内搭铁型两种。外搭铁型调节器，是指与外搭铁型交流发电机配套使用的调节器；内搭铁型调节器，是指与内搭铁型交流发电机配套使用的调节器。

如图 2.26 所示，外搭铁型调节器的内部工作原理如下。

① 点火开关 SW 刚接通时，发动机不转，发电机不发电，蓄电池电压加在分压器 R_1、R_2 上，此时因 U_{R1} 较低不能使稳压管 VS 反向击穿，故 VT_1 截止。VT_1 截止使得 VT_2 导通，发电机磁场电路接通，此时由蓄电池供给磁场电流。随着发动机的起动，发电机转速升高，发电机他励发电，电压上升。

② 当发电机电压升高到大于蓄电池电压时，发电机自励发电并开始对外蓄电池充电。如果此时发电机输出电压 U_B 小于调节器调节上限电压 U_{B2}，VT_1 继续截止，VT_2 继续导通，但此时的磁场电流由发电机供给，发电机电压随转速升高迅速升高。

③ 当发电机电压升高到等于调节上限电压 U_{B2} 时，调节器开始对电压进行调节。此时

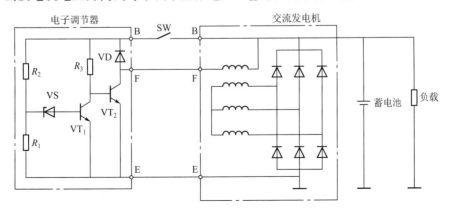

图 2.26　外搭铁型调节器的内部工作原理

VS 导通，VT_1 导通，VT_2 截止，发电机磁场电路被切断。由于磁场被断路，磁通下降，发电机输出电压下降。

④ 当发电机电压下降到等于调节下限电压 U_{B1} 时，VS 截止，VT_1 截止，VT_2 重新导通，磁场电路重新被接通，发电机电压上升。周而复始，发电机输出电压 U_B 被控制在一定范围内。

内搭铁型调节器的内部工作原理如图 2.27 所示。

内搭铁型调节器基本电路的特点是晶体管 VT_1、VT_2 采用 PNP 型，发电机的励磁绕组连接在 VT_2 的集电极和搭铁端之间，与外搭铁型调节器的电路显著不同，但电路工作原理和结构与外搭铁型调节器类似。

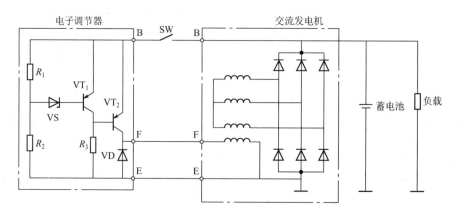

图 2.27 内搭铁型调节器的内部工作原理

实训能力目标

1. 正确识别发电机调节器搭铁形式及好坏。
2. 掌握交流发电机的正确使用与维护。
3. 掌握发电机调节器的正确使用与维护。
4. 对汽车电源系统的常见故障能够进行诊断及维修。

实训内容

【调节器搭铁形式的识别】

1. 汽车发电机调节器搭铁形式及好坏的识别

将两只小灯泡和一个可调电源按图 2.28 所示连接调节器的端子 B、F、E；将电源电压 U 由小到大调至 12V（28V 调节器则调到 24V）。若小灯泡 B 发亮，则为外搭铁型调节器；若小灯泡 A 发亮，则该调节器为内搭铁型调节器；若两只小灯泡全亮或全灭，则说明该调节器已损坏。

2. 交流发电机的正确使用与维护

① 汽车交流发电机均为负极搭铁，蓄电池搭铁极性也必须与此相同，否则会使交流发电机的整流二极管烧坏。在蓄电池更换或补充充电后装车时，要格外注意。

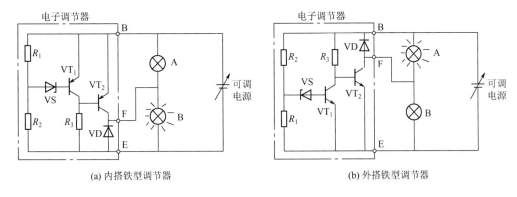

图 2.28 调节器搭铁形式的识别

② 发电机必须与专用调节器配套使用，如用别的调节器临时代换则必须满足代换条件。

③ 发动机熄灭后，应将点火开关（或电源开关）断开，否则蓄电池将长时间向励磁绕组和调节器磁化线圈放电，易烧坏线圈和浪费电能（有磁场继电器者除外）。

④ 发电机运转时，不能用刮火（短路试火）的方法检查发电机是否发电。否则将损坏整流二极管及其他电子元件。

⑤ 当整流二极管与定子绕组相接时，不能用兆欧表或 220V 交流电检查发电机的绝缘情况。

⑥ 发现发电机不发电或发电量减小时，应及时检修。若有一只二极管短路，而发电机仍继续运转，则会烧坏其他二极管及定子绕组。

⑦ 发电机与蓄电池之间的导线一定要连接可靠（特别是蓄电池极桩处），如突然断开，将会产生过电压，易损坏电子元件。

3. 发电机调节器的正确使用与维护

① 更换调节器时，应使用与发电机配套的调节器。如果用其他调节器代替，其搭铁形式、电压等级等应与发电机相匹配（当调节器与发电机的搭铁形式不匹配而急于使用时，可通过改变发电机励磁绕组的搭铁形式来应急处理）。

② 调节器与发电机之间的线路连接必须正确。使用与维修时，必须根据说明书给出的接线要求正确连接，否则电源系统不能正常工作，甚至会损坏调节器和发电机等部件，如电子调节器"＋"与"－"接反，控制励磁电流的大功率晶体管的发射极成为反偏，极易被击穿损坏。另外，如有过电压保护的稳压管，此管会正向导通而被大电流烧坏。

③ 发电机以中速以上转速运转时，不能用短接发电机的"＋"与"F"（或调节器的"＋"与"F"）接线柱的方法检查发电机是否发电，以避免电压过高（发电机无故障时）而损坏整流二极管及其他电子元件。

④ 配用双级式电压调节器时，当检查充电系统有无充电故障时，在没有断开发电机与调节器接线之前，不允许将发电机的"＋"与"F"（或调节器的"＋"与"F"）接线柱短接，否则将会烧坏调节器的高速触点。

⑤ 调节器必须受点火开关控制。因为调节器控制励磁电流的大功率晶体管在发电机输出电压较低时就始终导通，如果不受点火开关控制，当汽车停车时，大功率晶体管一直导通，会发热烧坏或使用寿命缩短，而且会导致蓄电池亏电（试验证明，不受点火开关控制而连通时，使用5～7天，蓄电池就不能起动发动机，调节器的使用寿命也将缩短到100天左右）。

4. 正确识别汽车电源系统的常见故障及维修

汽车电源系统的常见故障及维修见表2-6。

表2-6 汽车电源系统的常见故障及维修

故障名称	故 障 现 象	故 障 原 因	故 障 排 除
充电系统不充电	当充电系统正常时，发动机转速升高到比怠速转速稍高时，发电机输出电压即可达到调节电压并对蓄电池充电。若发电机中速运转，电流表仍指示放电或充电指示灯仍发亮，则说明充电系统不充电	① 交流发电机驱动带过松。 ② 充电系统线路故障。 A. 发电机输出端子（B）至电流表之间的连线断路或松脱。 B. 发电机与调节器之间的连线接错。 C. 发电机与调节器之间的连线断路或松脱。 ③ 发电机故障。 ④ 电子调节器故障。 A. 控制磁场电流的大功率晶体管（达林顿晶体管）断路。 B. 调节器前级驱动电路的晶体管短路	① 检查交流发电机驱动带轮与发动机曲轴驱动带轮之间的驱动带挠度是否符合规定。 ② 检查交流发电机输出端子至蓄电池之间的线路导线是无松脱或断路。 ③ 检查发电机与调节器之间的接线是否正确，导线端子是无松脱或断路。 ④ 检查发电机是否发电
充电电流过小	在蓄电池存电不足的情况下，当发电机以中速以上转速运转时，电流表指示充电电流过小，说明充电系统有故障	① 发电机驱动带挠度过大而出现打滑现象。 ② 充电线路或磁场线路接线端子松动而接触不良。 ③ 发电机故障。 A. 个别整流二极管断路。 B. 一相定子绕组连接不良或断路。 C. 电刷磨损过多、集电环油污或锈蚀而导致电刷与集电环接触不良。 D. 磁场绕组匝间短路。 ④ 调节器调节电压过低	① 检查交流发电机驱动带挠度是否符合规定。 ② 检查充电线路和磁场线路连接是否牢靠。 ③ 利用直流电压表（量程不小于30V）和直流电流表（量程不小于30A）就车检测发电机输出功率是否达到额定输出功率

（续）

故障名称	故 障 现 象	故 障 原 因	故 障 排 除
充电电流过大	① 汽车行驶时，充电电流始终保持在 10A 以上且不减小。 ② 蓄电池耗水量增大，即液面降低快。 ③ 灯泡经常烧坏	① 电子调节器内部电路参数匹配不当（主要是分压电阻和稳压管匹配不当）造成调压器调节电压过高。 ② 控制磁场电流的大功率晶体管短路。 ③ 调节器前级驱动电路断路造成发电机电压失控	由于电子调节器采用树脂封装，不能检修，因此确认调节器故障后，只能更换新品
充电电流不稳	汽车行驶时，电流表或充电指示灯指示充电，但电流表指针左右摆动或充电指示灯闪烁，则说明充电电流不稳定	① 发电机驱动带过松而打滑。 ② 充电线路连接松动、接触不良。 ③ 发电机内部接触不良。如电刷弹簧弹力过弱，电刷磨损过度，磁场绕组端头焊点松脱，集电环表面过脏。 ④ 电子调节器内部元件虚焊	① 检查交流发电机驱动带挠度是否符合规定。 ② 检查充电线路和磁场线路连接是否牢靠。 ③ 用试灯代替磁场绕组，以便检查、诊断发电机与线路故障。 ④ 逐渐升高发动机转速，查看试灯发亮情况及电流表或充电指示灯指示情况

▶ 实训总结

_____
_____
_____
_____
_____
_____
_____

本 章 小 结

1. 汽车电源系统主要由蓄电池、交流发电机、电压调节器等组成。蓄电池与发电机并联向用电设备供电。交流发电机与发电机调节器互相配合工作，其主要任务是对除起动机以外的所有用电设备供电，并向蓄电池充电。

2. 现代汽车蓄电池的构造基本相同，主要由极板、隔板、电解液和壳体四部分组成。

3. 汽车用发电机是交流发电机，基本结构都是由定子、转子、整流器和端盖四部分组成的。

4. 汽车发电机调节器的功用是调节发电机的发电量。由于在行驶过程中，汽车车速时快时慢，相应地汽车发动机转速也在不断地变化，而发电机是由发动机带动的，所以，发电机产生的电压是不稳定。为了使发电机发出的电稳定在14.0V左右（蓄电池电压为12V），就需要发电机调节器，自动调节发电机输出电压，即发动机转速高时输出电压降低，发动机转速低时输出电压升高，最终使电压保持恒定，以防止输出电压过高而损坏用电设备和避免蓄电池过量充电。

思 考 题

1. 汽车电源系统的功用是什么？
2. 汽车电源系统的组成是什么？
3. 汽车蓄电池的组成是什么？
4. 蓄电池的充电方法有哪些？
5. 交流发电机的组成是什么？
6. 汽车发电机调节器的功用是什么？

模块 3 汽车起动系统

  引 例

起动机是短时间断续工作的电器设备,并且工作电流很大,每次连续工作不能超过5s,重复起动时应停歇 2min。冬季和低温地区冷车起动时,应先使发动机预热后再使用起动机。起动机在连续几次起动不着时,不可继续起动,这时应对汽车起动系统(包括起动机、蓄电池及连接线)进行检查,找出故障并予以排除,然后方可继续使用起动机。同学们应该怎么样检测起动系统故障呢?

3.1 汽车起动系统的功用、组成及工作过程

 理论知识目标

1. 掌握汽车起动系统的功用和组成。
2. 掌握汽车起动系统的工作过程。

【汽车起动系统微课】

3.1.1 汽车起动系统的功用和组成

1. 起动系统的功用

起动机在点火开关和起动继电器的控制下,将蓄电池的电能转化为机械能,带动飞轮齿圈使发动机曲轴转动,完成发动机的起动。发动机起动后,起动机便立即停止工作。

2. 起动系统的组成

起动系统一般由蓄电池、起动机、起动继电器、点火开关等组成,如图 3.1 所示。起动机是起动系统的核心部件。

3.1.2 起动系统的工作过程

【起动系统动画】

汽车起动系统的控制电路常见的有直接控制式、带起动继电器控制式和带组合继电器控制式等几种形式。

1. 直接控制式起动系统

桑塔纳乘用车起动系统属于直接控制式起动系统,如图 3.2 所示。该起动系统的工作过程如下。

当点火开关接通后,蓄电池电流的一条支路从蓄电池的正极经过点火开关,进入起动机的 S 端子,起动机中的保持线圈和吸引线圈得电,产生电磁吸力,使得主触头 1 和主触头 2 接触;蓄电池电流的另一条支路从蓄电池的正极进入起动机 B 端子,经过主触头 1 和

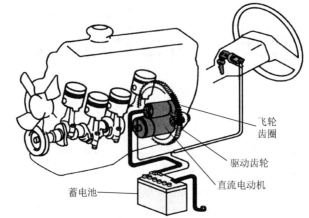

【起动系统的组成】

图 3.1 起动系统的组成

主触头 2，给直流电动机供电，电动机再把电能转化为机械能，带动发动机飞轮转动。起动后，起动机的主触头 1 和主触头 2 自动断开，起动机的直流电动机失电而停止工作，此时，完成起动任务。

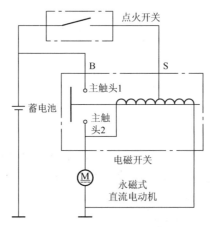

图 3.2 桑塔纳乘用车起动系统电路

2. 带起动继电器控制式起动系统

东风 EQ1090 型汽车起动系统属于带起动继电器控制式起动系统，如图 3.3 所示。此控制方式可将控制起动机的电路（主要原因是起动机需要的电流非常大）与其他电路分离，从而可有效保护其他电器设备。其工作过程如下。

当点火开关接通后，蓄电池的电流分三个支路流通。第一条支路从蓄电池的正极经过电流表 A、点火开关，进入起动继电器的电磁线圈，再经过搭铁，回到蓄电池的负极，形成一电路回路，从而使得起动继电器产生吸引力，继电器的主触头闭合。

第二条支路从蓄电池的正极直接进入起动继电器的蓄电池端子，经过继电器的内部主触头，从继电器的起动机端子出来，进入起动机的端子 S，起动机中的保持线圈和吸引线圈得电，产生电磁吸力，使得主触头接通。

第三条支路是从蓄电池的正极进入起动机端子 B，经过起动机的主触头，给直流电动机供电,电动机再把电能转化为机械能,带动发动机飞轮转动。

起动后,起动机的主触头自动断开,起动机的直流电动机失电而停止工作,此时,完成起动任务。

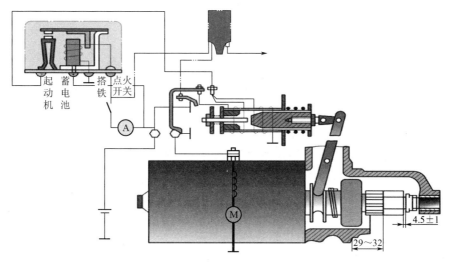

图 3.3　东风 EQ1090 型汽车起动系统电路

3. 带组合继电器控制式起动系统

东风 EQ1092、解放 CA1092 型汽车起动系统属于带组合继电器控制式起动系统,如图 3.4 所示。该控制式起动系统最大的特点就是带有起动组合继电器,具有起动保护作用,即发动机在运行状态下,如果因误操作而将点火开关转到起动挡,起动机不会工作,这样避免了飞轮在调整运转时,起动机驱动齿轮的啮入(因线速度不一致,很难啮入)而造成打齿的现象。

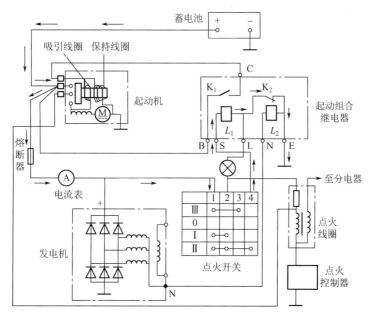

图 3.4　东风 EQ1092、解放 CA1092 型汽车起动系统电路

该电路与图 3.3 相比，起动继电器采用了组合继电器。起动继电器的线圈 L_1 受另外一个继电器的常闭触点 K_2 的控制，发动机运转时，发电机中性点的电压加在继电器的线圈 L_2 上，吸下常闭触点 K_2，使起动继电器的线圈 L_1 处于断路状态，即使此时将点火开关转到起动挡，因 L_1 中没有电流，也不会将触点 K_1 吸合，起动机无法工作，起到了保护作用。

图 3.4 所示起动系统的工作过程如下。

接通点火开关，即将点火开关旋转到 Ⅱ 位置，此时点火开关的端子 1、2、4 相互接通，蓄电池的电流从蓄电池的正极经起动机的端子 30、熔断器、电流表进入点火开关的端子 1，从端子 4 流出进入起动组合继电器的端子 S，经过组合继电器的 1 号继电器的线圈 L_1 和 2 号继电器的常闭触点 K_2，从组合继电器的端子 E 流出，搭铁回到蓄电池的负极形成电流回路。此时，组合继电器的 1 号继电器的线圈 L_1 得电，其常开触点闭合。之后，蓄电池电流的其中一分支经起动机的端子 30 进入组合继电器的端子 B，再通过组合继电器的 1 号继电器的常开触点 K_1，从组合继电器的端子 C 流出进入起动机的端子 50，给吸引线圈和保持线圈供电，促使电动机的主触头接通。最后，蓄电池电流的另一分支从起动机的端子 30 经过起动机的主触头、起动机的端子 C，直接供给起动机的直流电动机，实现电能到机械能的转化，带动发动机的飞轮转动，实现发动机的起动。起动后，起动机的主触头会自动断开，起动机的直流电动机失电而停止工作，此时，完成起动任务。

发动机起动后，汽车电源系统中的发电机也开始工作，发电机的中性点会产生电流，流经组合继电器的端子 N、组合继电器的 2 号继电器的线圈 L_2、组合继电器的端子 E、搭铁，从而使得组合继电器的 2 号继电器的常闭触点 K_2 断开，1 号继电器的常开触点 K_1 因其线圈 L_1 失电而断开。此时，无论点火开关是否处于 Ⅱ 状态，起动机再也无法起动。

实训能力目标

1. 正确识别汽车起动系统各部件在汽车上的位置。
2. 正确识别汽车起动系统的各零部件及各接线端子的名称和含义。
3. 正确连接起动控制电路。

实训内容

1. 识别汽车起动系统各部件在汽车上的位置

识别汽车起动系统各部件在汽车上的位置，并填写表 3-1。

表 3-1　汽车起动系统的位置

起动系统各部件名称	整车上的位置
蓄电池	
点火开关	
继电器	
起动机	

模块3 汽车起动系统

2. 识别汽车起动系统的各零部件及各接线端子名称和含义

识别蓄电池、点火开关、继电器、起动机，找出各零部件的接线端子，并识别其名称和含义。用导线将图3.5中四个零部件连成起动系统，并通电试验。

【起动系统的各零部件】

图3.5 起动系统的各零部件

接线端子的说明如下。

15a：起动机开关上接点火线圈的端子。

30：电源输入端子，直接与蓄电池连接。

31a：带有12V/24V电压转换开关时，电压转换开关上接蓄电池正极的端子。

31：12V/24V电压转换开关上接蓄电池负极的端子。

48：起动继电器上或12V/24V电压转换开关上控制起动机电压开关上的输出端子；起动机电压开关上的相应端子。

50：点火开关上、预热起动开关上用于起动的输出端子；起动按钮的输出端子；机械式起动开关上的相应端子；带有12V/24V电压转换开关时，电压转换开关上控制车身输入的端子。

  61a：起动组合继电器上接充电指示灯的端子。

  85：起动继电器上线圈末端端子。

  86：起动继电器上线圈始端端子。

  87：起动继电器常开触点端子。

  87a：起动继电器常闭触点端子。

  A：起动继电器上接交流发电机A的端子。

  N：起动组合继电器上接交流发电机N或类似作用的端子。

3. 起动控制电路的接线训练

（1）直接起动型（图3.2），如德国大众车系。接线及检修提示：直接起动型共有连接线四条，蓄电池正极接点火开关"Ⅰ"，参考电流6A；点火开关"Ⅲ"接起动机端子50，参考电流6A；蓄电池正极接起动机端子30，参考电流200A；起动机外壳作搭铁（无需接线），参考电流210A。

（2）间接起动型，即带起动继电器控制式起动型或带组合继电器控制式起动型（图3.4和图3.5）。接线及检修提示：间接起动型共有连接线七条，蓄电池正极接点火开关"Ⅰ"，参考电流0.5A；点火开关"Ⅲ"接起动继电器端子85，参考电流0.5A；起动继电器端子86接搭铁，参考电流0.5A；蓄电池正极接继电器端子30，参考电流6.0A；继电器端子87接起动机端子50，参考电流6.0A；蓄电池正极接起动机端子30，参考电流200A；起动机外壳作搭铁（无需接线），参考电流210A。

▶ **实训总结**

_____
_____
_____
_____
_____
_____
_____
_____
_____
_____
_____
_____
_____

3.2 起动机及其机械传动装置

理论知识目标

1. 了解起动机的分类与型号。
2. 掌握起动机的结构和工作原理。
3. 掌握传动机构、控制装置的结构和工作原理。

3.2.1 起动机的分类与型号

1. 起动机的分类

按总体结构不同，起动机可分为以下三种。
① 电磁式起动机：电动机的磁场为电磁场的起动机。
② 减速式起动机：传动机构设有减速装置的起动机。
③ 永磁式起动机：电动机的磁场由永久磁铁产生的起动机。

按传动机构啮入方式不同，起动机可分为以下三种。
① 强制啮合式起动机：利用电磁力拉动杠杆机构，使驱动齿轮强制啮入飞轮齿圈的起动机。
② 电枢移动式起动机：利用磁极产生的电磁力使电枢产生轴向移动，从而将驱动齿轮啮入飞轮齿圈的起动机。
③ 同轴齿轮移动式起动机：利用电磁开关推动电枢轴孔内的啮合推杆移动，使驱动齿轮啮入飞轮齿圈的起动机。

2. 起动机的型号

根据中华人民共和国汽车行业标准 QC/T 73—1993《汽车电气设备产品型号编制方法》的规定，汽车起动机型号组成如图 3.6 所示。

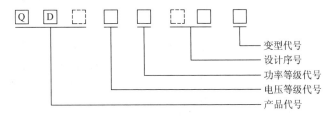

图 3.6 起动机的型号

起动机各代号的含义如下。
① 产品代号：有 QD、QDJ、QDY 三种，分别表示普通电磁式起动机、减速式起动机、永磁式起动机或永磁式减速起动机。字母"Q""D""J""Y"分别为汉字"起""动""减""永"汉语拼音的第一个字母大写。
② 电压等级代号：用一位阿拉伯数字表示。
③ 功率等级代号：用一位阿拉伯数字表示。

④ 设计序号：按产品设计先后顺序，以 1～2 位阿拉伯数字组成。

⑤ 变型代号：主要电气参数和基本结构不变的情况下，一般电气参数的变化和结构有某些改变称为变型，以汉语拼音大写字母 A、B、C…顺序表示。

3.2.2 起动机的结构和工作原理

【起动机的结构】

1. 起动机的结构组成

起动机的结构如图 3.7 所示，一般由直流电动机、传动机构（或称啮合机构）和控制机构（也称电磁开关）三部分组成。

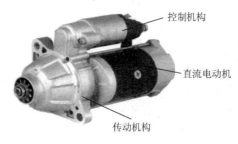

图 3.7 起动机的组成

① 直流电动机：将电能转化为机械能，产生转矩。

② 传动机构：在起动发动机时，使起动机驱动齿轮啮入飞轮齿圈，将起动机的转矩传递给发动机曲轴。在发动机运转后，使驱动齿轮打滑或与飞轮齿圈自动脱开，单向传递起动机的转矩。

③ 控制机构：接通和切断直流串励式电动机与蓄电池之间的电路，并将传动机构的驱动齿轮啮入或退出飞轮齿圈。

2. 直流电动机的结构

直流电动机一般由电枢、磁极、电刷和壳体等组成，如图 3.8 所示。

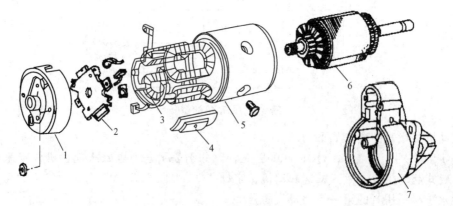

图 3.8 直流电动机的组成

1—电刷端盖；2—电刷和电刷架；3—励磁线圈；4—磁极铁心；5—壳体；6—电枢；7—驱动端盖

(1) 电枢

电枢的作用是产生电磁转矩。电枢线圈是用扁铜线绕成的,较粗且匝数少。电枢轴中部位置制有螺旋齿槽,用以装置啮合器。有些起动机除两端装有衬套外,中间还装有支承衬套。为了防止轴向窜动,轴的前端制有槽,用于装置锁板机构,轴的后端制有槽,用于装置止动挡圈及弹性挡圈,如图3.9所示。

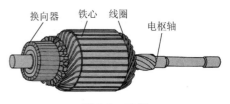

图 3.9 电枢

(2) 磁极

磁极由外壳、磁极、励磁线圈等部分组成。外壳内壁装了四个磁极(有些是两个磁极),磁极上面装置励磁线圈,相对的是同极,相邻的是异极。励磁线圈用扁而粗的铜线(或小铜线并联的方法)绕成。励磁线圈采用串联或并联,一端与外壳上的绝缘接线柱(即磁场接线柱)相连,另一端与正电刷相连,线路连接如图3.10所示。

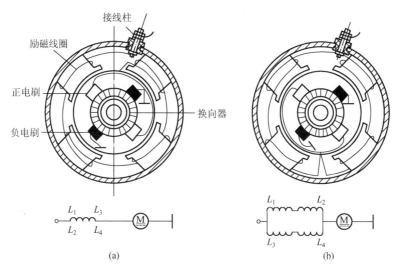

图 3.10 磁极

(3) 电刷组件及换向器

电刷组件是用铜粉和炭粉(或石墨)压制而成的,一般有四个,相对的电刷为同极,两个负电刷搭铁,两个正电刷接励磁线圈,它们在压簧的作用下紧密地与换向器接触,如图3.11所示。

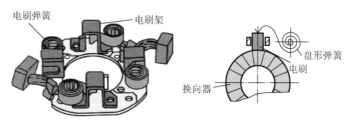

图 3.11 电刷组件及换向器

3. 直流电动机的工作原理

直流电动机是将电能转化为机械能的设备。它是根据载流导体在磁场中受电磁力作用而发生运动这一原理制成的。如图 3.12 所示，电流流向为正极→换向片 A→a→b→c→d；转 180°后，电流流向为正极换向片 B→d→c→b→a。

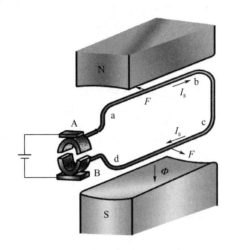

图 3.12 直流电动机工作原理

4. 直流电动机的工作特性

直流串励式电动机的工作特性主要包括转矩特性、转速特性和功率特性，如图 3.13 所示。

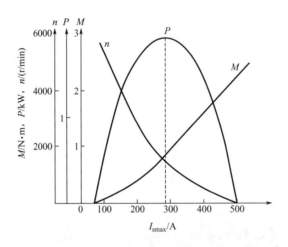

图 3.13 直流电动机的工作特性

（1）转矩特性

在磁路未饱和的情况下，电磁转矩 M 与电枢电流 I_s 的平方成正比。起动发动机的瞬间，$n=0$，$E=0$，M 最大，易于起动。

（2）转速特性

转速 n 随电流的增大而下降很快，有软的机械特性，而且轻载转速高，重载转速低。不允许空载或轻载运行。

（3）功率特性

完全制动状态（$n=0$）和空载（$M=0$）时，起动机的功率等于零；电枢电流接近制动电流的一半时，电动机输出功率最大。由于起动机起动时间很短，起动机可以最大功率运转，因此将其最大功率作为额定功率。

5. 影响起动机功率的因素

① 接触电阻（电刷与换向器）和导线的影响：电阻 R 越大，导线长度 L 越长，横截面积 A 越小，起动机功率 P 越小。

② 蓄电池容量的影响：容量越小，功率越小。

③ 温度的影响：直接影响蓄电池的内阻。温度 T 减小，内阻 r 增加，起动机功率 P 减小。

3.2.3 传动机构的结构和工作原理

起动机的传动装置由单向离合器和移动叉组成。起动机采用的离合器有滚柱式、摩擦片式和弹簧式三种。滚柱式离合器和弹簧式离合器主要用于功率较小的汽油发动机起动机，摩擦片式离合器可以传递较大转矩，主要用于柴油发动机起动机。

1. 滚柱式单向离合器

滚柱式单向离合器（图 3.14）的特点是结构简单，传递中、小转矩，用在 CA1091、CA141、BJ2023、奥迪、桑塔纳、捷达、丰田、日产等汽车上。其力传递路径为电枢轴→传动套筒及十字块（主动部分）→滚柱（滚向窄端卡死）→十字块与外壳（成一体）→外壳→驱动齿轮，然后通过啮合形式传给飞轮。

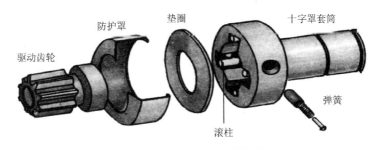

图 3.14 滚柱式单向离合器

2. 摩擦片式单向离合器

摩擦片式单向离合器（图3.15）的工作原理：通过主、从动摩擦片的压紧和放松来实现离合。主动摩擦片装在内接合毂的切槽中，组成了离合器主动部分。外接合毂和驱动齿轮是一个整体。带凹坑的从动摩擦片装在外接合毂的切槽中，形成了离合器的从动部分。主、从动摩擦片相错安装，并通过特殊螺母、弹性圈和压环进行限位，在压环和摩擦片间安装了调整垫片。

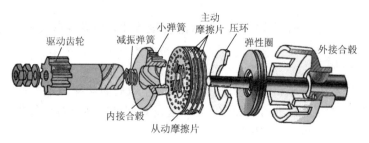

图 3.15　摩擦片式单向离合器

3. 弹簧式单向离合器

弹簧式单向离合器（图 3.16）的工作原理：电枢旋转时，传动套筒旋转，扭力弹簧扭紧，将两个套筒抱死，起动机转矩经扭力弹簧传给驱动齿轮再传给飞轮。起动后，驱动齿轮飞轮被齿圈拖动，同时驱动齿轮与传动套的主、从动关系也发生改变。这种变化使扭力弹簧旋松而打滑，从而使电枢轴避免了超速运转的危险。

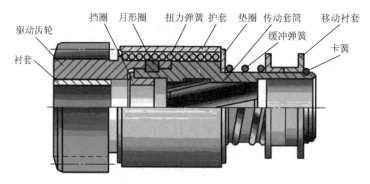

图 3.16　弹簧式单向离合器

3.2.4　控制装置的结构和工作原理

控制装置也称电磁开关，作用是控制驱动齿轮与飞轮齿圈的啮合与分离，并控制电动机电路的接通与切断。

1. 电磁控制装置的组成

电磁控制装置主要由吸引线圈、保持线圈、复位弹簧、活动铁心、接触片等组成，如图 3.17 所示。其中，端子 C 接点火开关，通过点火开关再接电源；端子 30 直接接电源。

2. 电磁控制装置工作过程

（1）接通起动开关时

如图 3.18 所示，当点火开关接通后，保持线圈的电流经起动机端子 50 进入，经线圈后直接搭铁，吸引线圈的电流也经起动机端子 50 进入，但通过线圈后未搭铁，而是进入电动机的励磁线圈和电枢后再搭铁。两线圈通电后产生较强的电磁力，克服复位弹簧弹力使活动铁心移动，一方面通过拨叉带动驱动齿轮移向飞轮齿圈并与之啮合，另一方面推动

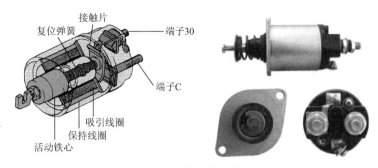

图 3.17 电磁控制装置

接触片移向端子 30 和端子 C 的触点，在驱动齿轮与飞轮齿圈进入啮合后，接触片将两个主触点接通，使电动机通电运转。在驱动齿轮进入啮合之前，由于吸引线圈的电流经过了电动机，所以电动机在这个电流的作用下会产生缓慢旋转，以驱动齿轮与飞轮齿圈进入啮合。

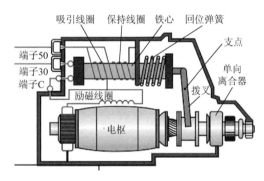

图 3.18 电磁控制装置

（2）起动时

在两个主接线柱触点接通后，蓄电池的电流直接通过主触点和接触片进入电动机，使电动机进入正常运转，此时通过吸引线圈的电路被短路。因此，吸引线圈中无电流通过，主触点接通的位置靠保持线圈来保持。

（3）松开点火开关

发动机起动后，切断起动电路，保持线圈断电，在弹簧的作用下，活动铁心回位，切断了电动机的电路，同时也使驱动齿轮与飞轮齿圈脱离啮合。

实训能力目标

1. 掌握起动机的正确使用。
2. 掌握起动机的拆装与维护。

实训内容

1. 起动机的正确使用

① 起动机的每次起动时间不得超过 5s；再次起动时应停息 2min 左右或待起动机电

枢与驱动齿轮完全静止后；连续三次起动时，应在检查排除故障的基础上停歇 15min 后再使用。

② 冬季和低温情况下起动时，应先将发动机手摇预热后，再使用起动机起动。

③ 发动机起动后，必须立即切断起动机控制电路，使起动机停止工作。

④ 发动机旋转时，严禁将起动机投入工作。

【起动机的拆卸及检测】

2. 起动机的拆装与维护

（1）起动机的拆卸

① 旋出防尘盖固定螺钉，取下防尘盖，用专用钢丝钩取出电刷，拆下轴上止推环处的卡簧，如图 3.19 所示。

② 用扳手旋出两紧固穿心螺栓，取下电刷端盖，旋出拨叉销螺钉，抽出电枢。

③ 拆下电磁开关。

④ 拆下传动机构。

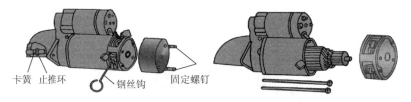

图 3.19 起动机的拆卸

（2）起动机零部件的检测与维修

① 直流电动机的检修。

A. 定子的检修如图 3.20 所示。用万用表测量励磁绕组两端的导通情况。若不导通，说明有断路。电刷与外壳的检查，测量电刷与外壳之间的电阻，应为无穷大。

B. 电枢的检修如图 3.21 所示。检查搭铁情况：电阻应为无穷大；否则，说明电枢绕组与轴之间绝缘不良，有搭铁处。检查是否断路：用 $R\times 1$ 挡，将两表笔分别接触换向器相邻铜片，若指示零，说明电枢绕组无断路；若指针在某处不摆动（无穷），说明此处有断路故障，应换电枢。

图 3.20 定子的检修

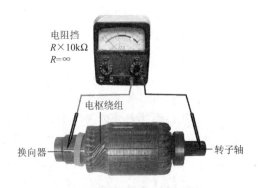

图 3.21 电枢的检修

C. 电刷及电刷弹簧的检修。检查电刷长度：标准长度为 16mm，极限长度为 10.5mm。若磨损严重，应更换。

② 传动机构的检修（图 3.22）。握住电枢，当转动单向离合器外座圈时，驱动齿轮总成应能沿电枢轴自如滑动，检查小齿轮和花键及飞轮齿圈有无磨损和损坏。在确保驱动齿轮无损坏的情况下，握住单向离合器外座圈，应能自由转动，反转时应锁住，否则应更换单向离合器。

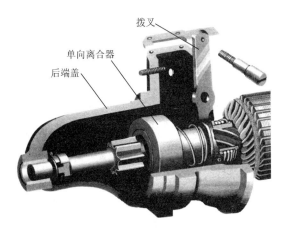

图 3.22　传动机构的检修

（3）起动机简易测试

起动机简易测试就是起动机的不解体检测。在起动机解体之前，先进行不解体检测。通过不解体性能检测可以大致检测判断起动机的性能，并判断故障部位。起动机组装完毕也应进行性能检测，以保证起动机正常运行。

① 吸引线圈的性能测试［图 3.23(a)］。将电磁开关上与起动机连接的端子 C 断开，与蓄电池负极连接，电磁开关壳体与蓄电池负极连接；将电磁开关上与点火开关连接的端子 50 与蓄电池正极连接。此时，起动机驱动齿轮应向外移出，否则说明电磁开关有故障，应予以修理或更换。

② 保持线圈的性能测试［图 3.23(b)］。在吸引线圈性能测试的基础上，拆下电磁开关端子 C 上的线。此时，驱动齿轮应保持在伸出位置不动，否则说明保持线圈损坏或搭铁不正常，应修理或更换电磁开关。

③ 复位性能测试［图 3.23(c)］。在保持线圈性能测试的基础上，拆下壳体上的连接线。此时驱动齿轮应迅速复位，若不能复位，则说明复位弹簧失效，应予以更换。

④ 驱动齿轮间隙的检查。按照图 3.23 所示连接蓄电池和电磁开关，并进行驱动齿轮间隙的测量。测量时，先把驱动齿轮推向电枢方向，消除间隙后测量驱动齿轮端和止动套圈间的间隙，并和标准值进行比较。

（4）起动机的试验

起动机测试如图 3.24 所示。具体步骤如下。

① 固定起动机，按照图 3.24(a) 所示的方法连接导线。

② 检查起动机，应平稳运转，同时驱动齿轮应移出。

③ 读取电流表的数值，应与标准值相符。

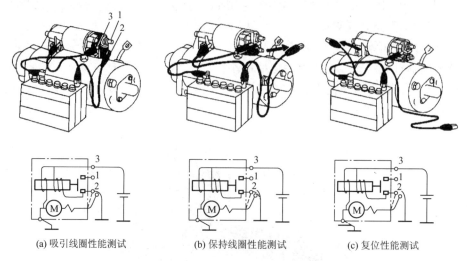

(a) 吸引线圈性能测试　　　(b) 保持线圈性能测试　　　(c) 复位性能测试

图 3.23　起动机电磁开关性能测试

1—主接线柱；2—端子 C；3—端子 50（电磁开关接线柱）

④ 断开端子后，起动机应立即停止转动，同时驱动齿轮缩回。

⑤ 固定驱动齿轮，如图 3.24(b) 所示，再读取电流表的数值，应与标准值相符。

⑥ 断开端子后，起动机应立即停止转动，同时驱动齿轮缩回。

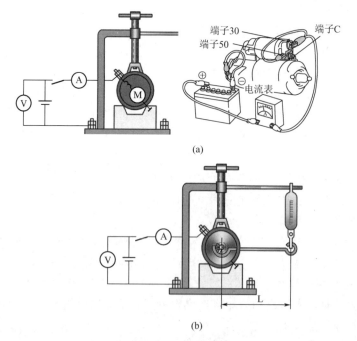

图 3.24　起动机测试

(5) 起动系统的故障诊断

① 起动机不转。

A. 故障现象：将点火开关旋至起动挡，起动机驱动齿轮不向外伸出，起动机不转。

B. 诊断思路与方法：此种故障可能由蓄电池及电路连接造成，也有可能由起动机本身造成，首先应进行区分。具体做法是用螺钉旋具或导线短接起动机电磁开关上的端子30和端子 C 两个接线柱。若起动机不转，说明电动机有故障，应解体检修；若起动机运转，说明电动机正常，故障在起动机本身以外的电路。诊断流程如图 3.25 所示。

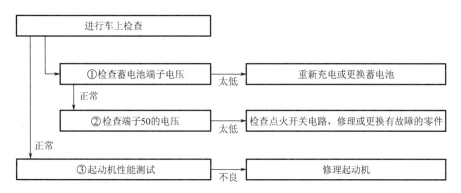

图 3.25　起动机不转故障诊断

② 起动机转动无力。

A. 故障现象：将点火开关旋至起动挡，驱动齿轮发出"咔嗒"声向外移出，但是起动机不转动或转动缓慢无力。

B. 诊断思路与方法如图 3.26 所示。

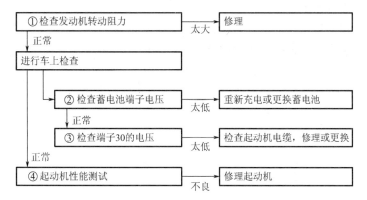

图 3.26　起动机转动无力

> 实训总结

本 章 小 结

1. 汽车起动系统的功用是在点火开关和起动继电器的控制下，将蓄电池的电能转化为机械能，带动飞轮齿圈使发动机曲轴转动，完成发动机的起动。发动机起动后，起动机便立即停止工作。起动系统一般由蓄电池、起动机、起动继电器、点火开关等组成。起动机是起动系统的核心部件。

2. 起动机一般由直流电动机、传动机构（或称啮合机构）、控制机构（也称电磁开关）组成。直流电动机一般由电枢、磁极、电刷和壳体等组成。起动机的传动装置由单向离合器和移动叉组成。电磁控制装置主要由吸引线圈、保持线圈、复位弹簧、活动铁心、接触片等组成。其中，端子 C 接点火开关，通过点火开关再接电源；端子 30 直接接电源。

思 考 题

1. 汽车起动系统的功用是什么？
2. 汽车起动系统的组成是什么？
3. 带起动继电器控制式起动系统的工作原理是什么？
4. 简述起动机的结构。
5. 简述起动机电磁控制装置的组成。

模块 4　汽车点火系统

引　例

点火系统是汽油机的一个主要系统。点火系统工作的情况好坏直接影响发动机的性能。因此，人们希望点火系统具有准确、可靠的点火。但是，随着车辆运行时间的增加，点火系统会出现诸多故障。点火系统的常见故障一般有发动机点火系统的点火时间过早、点火过迟、火花塞堵塞、发动机失灵、发动机爆燃、不能正常起动、功率意外降低、耗油量提升、无法加速、点火失灵等。那么，汽车点火系统究竟是如何工作的呢？

4.1　汽车点火系统整体概况

理论知识目标

1. 了解汽车点火系统的功能。
2. 了解汽车点火系统的发展历程。
3. 掌握汽车点火系统的分类。

4.1.1　汽车点火系统的功能

在汽油发动机中，气缸内的混合气是由高压电火花点燃的，而产生电火花的功能是由点火系统来完成的。点火系统的功用是将电源的低电压变成高电压，再按照发动机点火顺序轮流送至各气缸，点燃压缩混合气；并能适应发动机工况和使用条件的变化，自动调节点火时刻，实现可靠而准确的点火；还能在更换燃油或安装分电器时进行人工校准点火时刻。

4.1.2　汽车点火系统的发展历程

1. 传统点火系统

传统点火系统以蓄电池和发电机为电源，1907 年，美国人首先在汽车上使用，经过不断改进，其结构性能逐渐完善，长期以来得到广泛应用。

传统点火系统也称蓄电池点火系统、触点式点火系统。这种点火系统具有最基本的结构。在该系统中，通过机械凸轮接通和断开触点，使点火线圈的初级电流间歇流动，从而在点火线圈次级产生点火高压，如图 4.1 所示。

传统点火系统由于产生的高压电比较低、高速时工作不可靠、需要经常检查和维护等许多缺点，目前正在被电子点火系统和微机控制点火系统所替代，只是在一些载货汽车和农用车上还有少量使用。

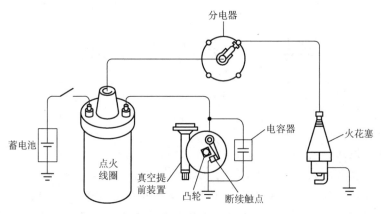

图 4.1 传统点火系统结构

2. 无触点电子点火系统

20 世纪 60 年代,出现了晶体管,它代替触点控制点火线圈的通断,解决了传统点火系统工作时由于触点火花较大而带来的一系列问题,使点火性能得到较大提高。20 世纪 70 年代,无触点电子点火系统开始应用,消除了传统点火系统由于触点所带来的一切弊端,是目前国内外汽车上广泛应用的点火系统。

在无触点电子点火系统中,用信号发生器取代了凸轮触点机构,利用电子控制的方法使点火线圈的初级电流间歇流动,从而在点火线圈次级产生点火高压,如图 4.2 所示。

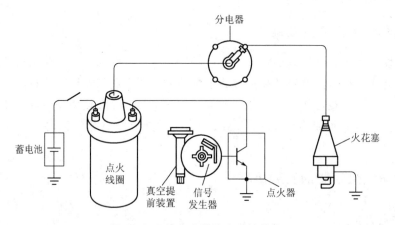

图 4.2 无触点电子点火系统结构

3. 电控电子点火系统

20 世纪 70 年代末期,以微机控制点火时刻的电子控制系统开始在汽车上使用。它由 ECU 根据各种传感器提供的反映发动机工况的信号确定点火时刻,并发出点火控制信号,通过点火线圈将电源的低压电转变为高压电,由配电器将高压电分配到各缸火花塞或由微机控制系统直接进行高压电的分配,是现代最新型的点火系统,已广泛应用在各种高级乘用车上。这种点火系统解决了传统分电器真空和离心点火提前调节装置不能适应发动机工况和状态改变时对点火提前角的实际需要问题，使发动机的油耗和排污进一步降低。

在电控电子点火系统中，电控点火提前装置取代了传统的点火提前机构（真空及离心提前机构），并开始利用发动机 ECU 控制点火提前角，如图 4.3 所示。

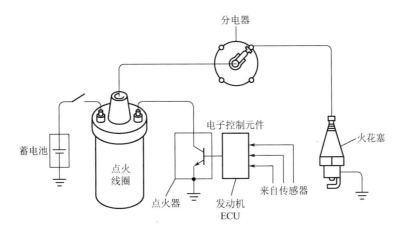

图 4.3　电控电子点火系统结构

4.1.3　汽车点火系统的分类

1. 按点火能量的储存方式分类

① 电感储能式电子点火系统（也称电感放电式电子点火系统）。在这类点火系统中，电火花的点火能量以磁场的形式储存在点火线圈中。

② 电容储能式电子点火系统（也称电容放电式电子点火系统）。在这类点火系统中，电火花的点火能量以电场的形式储存在专门的储能电容器中。

2. 按点火信号发生原理分类

① 电磁感应式电子点火系统，如一汽解放车系、丰田车系。

② 霍尔效应式电子点火系统，如德国大众车系。

③ 光电式电子点火系统，如日本日产车系。

3. 按初级电路的控制方式分类

① 传统点火系统。传统点火系统只在早期生产的汽车上使用，现已淘汰。

② 电子点火系统。电子点火系统多应用于采用化油器供油的发动机上，如解放 CA1092、东风 EQ1091 及早期生产的普通桑塔纳、捷达、奥迪 100、红旗等车型。

③ 电控电子点火系统。目前，电控电子点火系统广泛应用于电控发动机上。

4. 按高压电的配电方式分类

① 机械配电式点火系统（有分电器点火系统）。

② 计算机配电式点火系统（无分电器点火系统）。

在以上各种点火装置中，相对于电容储能式点火系统，电感储能式点火系统应用广泛；而在电感储能式点火系统中，以电磁感应式和霍尔效应式点火系统的应用最广泛；对于高压电的配电方式而言，有分电器点火系统在中低档车型中应用较多，无分电器点火系统在中高档车型中应用较多。总体来说，采用电子控制无分电器点火系统是汽车点火技术的发展趋势。

实训能力目标

掌握汽车点火系统的分类。

实训内容

准备不同品牌的汽车，打开各车的发动机盖，区别汽车点火系统的类型，并填写表 4 - 1。

表 4 - 1　汽车点火系统

汽车品牌	汽车型号	汽车点火系统的分类

实训总结

_____
_____
_____
_____
_____
_____
_____
_____

模块4 汽车点火系统

4.2 汽车传统点火系统结构及原理

理论知识目标

1. 掌握汽车传统点火系统的结构。
2. 掌握汽车传统点火系统的原理。
3. 熟悉汽车传统点火系统的零部件。

4.2.1 汽车传统点火系统的结构

传统点火系统主要由电源（蓄电池、发电机），点火开关，点火线圈，分电器（断电器、配电器、电容器），火花塞，高压导线，附加电阻器等组成，如图4.4所示。

【汽车传统点火系统结构及微课】

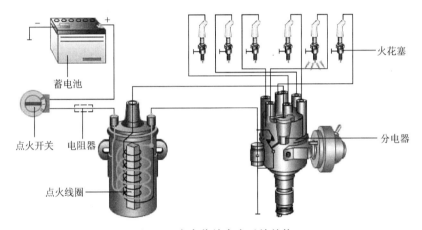

图 4.4　汽车传统点火系统结构

4.2.2 汽车传统点火系统的原理

1. 点火系统的基本组成

无触点电子点火系统一般由点火信号发生器、点火控制器、点火线圈、火花塞等组成，如图4.5所示。

2. 点火系统的基本原理

无触点电子点火系统的基本原理：转动分电器使点火信号发生器产生脉冲电压信号，此脉冲电压信号经点火控制器大功率晶体管前置电路的放大、整形等处理后，控制串联于点火线圈初级回路的大功率晶体管的导通和截止。

大功率晶体管导通时，点火线圈初级电路通路，点火系统储能；当输入点火控制器的点火信号脉冲使大功率晶体管截止时，点火线圈初级电路断开，次级线圈便产生高压电。

在点火系统中，电源（蓄电池或发电机）供给的12V低压电，经点火线圈和点火控制

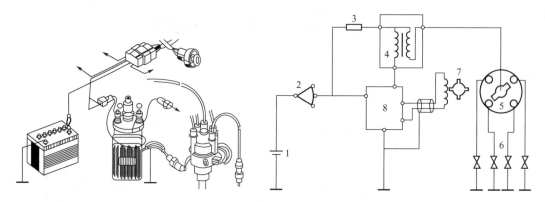

图 4.5 无触点电子点火系统组成

1—电源；2—点火开关；3—附加电阻器；4—点火线圈；5—分电器；
6—火花塞；7—点火信号发生器；8—点火控制器

器转变为高压电，再经配电器分送到各缸火花塞，使其电极间产生电火花。其工作原理如图 4.6 所示。

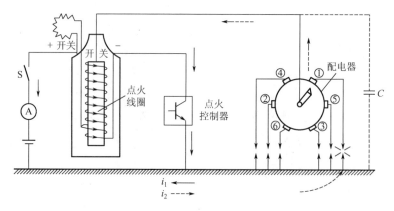

图 4.6 点火系统工作原理

3. 点火系统工作过程分析

① 大功率晶体管导通，初级电路电流增长。

② 大功率晶体管截止，次级线圈中产生高压电。

③ 火花塞电极间隙被击穿，产生电火花，点燃混合气。

火花塞电极间隙被击穿后，储存在电容器 C 中的电场能首先放出。这部分由电容器储存的能量维持的放电称为"电容放电"。其特点是放电时间极短，放电电流很大。由于电火花是在次级电压达到最大值以前发生的，所以电容放电只消耗了磁场能的一部分。

火花塞电极间隙被击穿后，阻力大大减小，铁心中剩余的磁场能将沿着电离了的火花塞电极间隙缓慢放电，形成"电感放电"（又称"火花尾"）。其特点是放电时间较长，放电电流较小，放电电压较低。实验证明，电感放电的持续时间越长，点火性能越好。

发动机工作期间，点火信号发生器转子每转一周各缸按点火顺序轮流点火一次。若要停止发动机的工作，只要断开点火开关，切断初级电路即可。

4.2.3 汽车传统点火系统的零部件

1. 点火线圈

点火线圈（ignition coil）由初级线圈、次级线圈和铁心等组成。按磁路的结构形式不同，可将点火线圈分为开磁路式点火线圈和闭磁路式点火线圈。

（1）开磁路式点火线圈

开磁路式点火线圈的外形和结构分别如图 4.7 和图 4.8 所示。

图 4.7 开磁路式点火线圈的外形

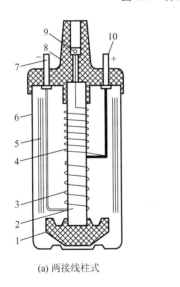
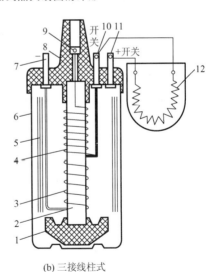

(a) 两接线柱式　　　　　(b) 三接线柱式

图 4.8 开磁路式点火线圈的结构

1—瓷杯；2—铁心；3—初级线圈；4—次级线圈；5—导磁钢套；6—外壳；7—低压接线柱负极；
8—绝缘胶木盖；9—高压接线柱；10—低压接线柱正极或"开关"；
11—低压接线柱"＋开关"；12—附加电阻器

当初级电流流过开磁路式点火线圈的初级线圈时，铁心磁化，其磁路如图 4.9 所示。由于磁路的上、下部分都是从空气中通过的，初级线圈在铁心中产生的磁通，需经壳体内的导磁钢套形成回路，磁路的磁阻大，漏磁较多，能量损失较大。

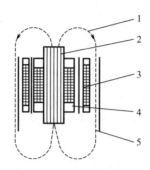

图 4.9 开磁路式点火线圈的磁路

1—磁力线；2—铁心；3—初级线圈；4—次级线圈；5—导磁钢套

（2）闭磁路式点火线圈

闭磁路式点火线圈的磁路如图 4.10 所示。

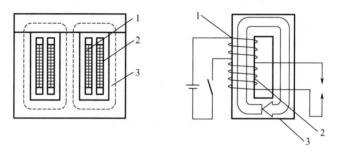

图 4.10 闭磁路式点火线圈的磁路

1—初级线圈；2—次级线圈；3—铁心

与开磁路式点火线圈相比，闭磁路式点火线圈具有漏磁少、转换效率高、体积小、质量轻、铁心裸露易于散热等优点，故已在高能电子点火系统中广泛应用。

（3）点火线圈的型号规格及其适用车型

根据汽车行业标准 QC/T 73—1993《汽车电气设备产品型号编制方法》的规定，点火线圈的型号组成如下。

① 产品代号：分为 DQ、DQG、DQD 三种，分别表示点火线圈、干式点火线圈和电子点火系统用点火线圈（早期代号为 JDQ，表示晶体管点火用线圈）。

② 电压等级代号："1" 表示 12V，"2" 表示 23V，"6" 表示 6V。

③ 用途代号：用一位阿拉伯数字表示，含义如下。

1：单、双缸发动机用。

2：四、六缸发动机用。

3：四、六缸发动机用（带附加电阻器）。

4：六、八缸发动机用（带附加电阻器）。

5：六、八缸发动机用。

6：八缸以上发动机用。

7：无触点点火系统用。

8：高能点火系统用。

9：其他（包括三、五、七缸发动机）点火系统用。

④ 设计序号：按产品设计先后顺序，用 1~2 位阿拉伯数字表示。

⑤ 变型代号：用汉语拼音大写字母 A、B、C…顺序表示（但不能用 O 和 I 两个字母）。

2. 分电器

分电器由配电器、点火信号发生器和点火提前机构等组成，如图 4.11 所示。分电器的壳体通常用铝合金或铸铁制成，下部压装石墨青铜衬套，分电器轴由发动机曲轴直接或间接驱动。

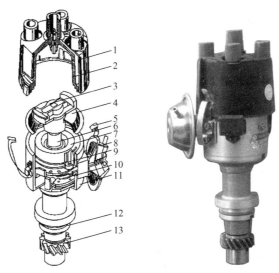

图 4.11 分电器

1—屏蔽罩；2—分电器盖；3—分火头；4—防尘罩；5—弹簧夹；6—分电器轴；
7—点火信号转子；8—真空提前装置；9—点火信号发生器；10—离心提前装置；
11—分电器壳体；12—橡胶密封圈；13—驱动齿轮

（1）配电器

配电器安装在点火信号转子的上方，由绝缘材料制造的分电器盖和分火头组成，如图 4.12 所示。分电器盖的中央有一高压线（中央电极）座孔，内部安装带弹簧的炭柱，

图 4.12 配电器

压在分火头的导电片上。分电器盖的四周均布与发动机气缸数相等的旁电极,可通过高压分线与各缸火花塞相连。

分火头装在分电器轴的顶端,随分电器轴一起旋转,当点火控制器大功率晶体管截止(点火线圈初级电路断开)时,分火头上的导电片总是正对某一旁电极。

发动机工作时,在点火线圈初级电路断开的瞬间,来自点火线圈的高压电经中央电极的炭柱、分火头上的导电片,以火花形式跳到旁电极上,再经高压分线送往相应的火花塞。

(2) 点火信号发生器

常用的点火信号发生器有三种类型,分别是电磁感应式、霍尔效应式和光电式。当分电器轴转动时,点火信号发生器转子连同分火头随分电器轴一起转动。这时,在点火信号发生器内产生反映曲轴位置的电信号,点火信号发生器将该信号送入点火控制器,以控制点火线圈产生高压电,进行点火。

① 霍尔式信号发生器。霍尔式信号发生器的基本结构如图 4.13 所示,主要由触发叶轮、霍尔集成电路、导磁钢片与永久磁铁等组成。

② 点火提前调节机构。在分电器中一般设有两套自动调节点火提前角的装置。一套是能随发动机转速的变化自动调节点火提前角的离心式点火提前角调节装置,另一套是能按发动机负荷不同自动调节点火提前角的真空式点火提前角调节装置。

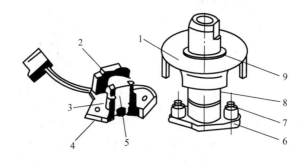

图 4.13 霍尔式信号发生器

1—触发叶轮;2—霍尔集成电路;3—永久磁铁;4—铸塑填料;5—导磁钢片;
6—离心提前装置凸轮;7—离心提前装置弹簧销;8—信号转子轴;9—卡环

但在电控电子点火系统中,取消了这两套自动调节点火提前角的装置,改由发动机 ECU 直接控制点火提前角。因已不再使用,所以这里不再详细解说。

3. 火花塞

(1) 火花塞的工作条件及对火花塞的要求

火花塞(俗称火嘴)的工作条件极其恶劣,要受到高压(5.88~6.86MPa)、高温及燃烧产物的强烈腐蚀。因此,火花塞必须具有足够的力学强度,能够承受冲击性高压电的作用,能承受剧烈的温度变化(混合气燃烧时承受1500~2000℃高温燃气的炙烤,而在进气时要承受50~60℃的进气突然冷却),并具有良好的热特性,并要求火花塞的材料能抵抗燃气的腐蚀。

(2) 火花塞的结构

在钢制壳体的内部固定了高氧化铝陶瓷绝缘体,使中心电极与侧电极之间保持足够的绝缘强度，绝缘体孔的上部装了导电金属杆，通过接线柱与高压分线相连，下部装了中心电极，如图4.14所示。

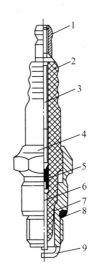

图4.14　火花塞

1—高压分线接线柱；2—陶瓷绝缘体；3—导电金属杆；4—壳体；5—导电玻璃；
6—中心电极；7—纯铜垫圈；8—密封垫圈；9—侧电极

金属杆与中心电极之间用导电玻璃密封。中心电极用镍锰合金制成，具有良好的耐高温、耐腐蚀和导电性能。

中心电极与侧电极之间的间隙一般为0.6～0.7mm。与高能点火系统配套的火花塞，其间隙可达1.0～1.2mm。

火花塞借壳体下部的螺纹旋入气缸盖中，旋紧时密封垫圈受压变形，以保证壳体与缸盖之间密封良好。

为了适应不同发动机的需要，火花塞因下部的形状和绝缘体裙部长度的不同有多种形式，如图4.15所示。

(a) 低热值火花塞(热型火花塞)　　(b) 中热值火花塞(中型火花塞)　　(c) 高热值火花塞(冷型火花塞)

图4.15　不同热值和绝缘体裙部长度的火花塞

（3）火花塞的散热

火花塞工作时，周期性地受到高温燃气作用，使绝缘体裙部温度升高。这部分热量主要通过壳体、绝缘体、中心电极、金属杆等传至缸体或散发到空气中。当吸收和散发的热量达到平衡时，火花塞的各个部分将保持一定的温度，如图4.16和图4.17所示。

（4）火花塞的热特性

火花塞的发火部位吸热并向发动机冷却系统散发热量的性能，称为火花塞的热特性。实践证明，当火花塞绝缘体裙部的温度保持在500~600℃时，落在绝缘体上的油滴能立即烧掉，不会形成积炭，这个温度称为火花塞的自净温度。

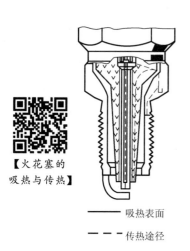

图 4.16　火花塞的吸热与传热

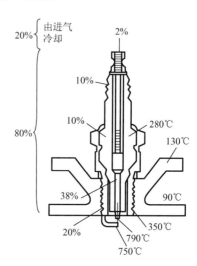

图 4.17　火花塞各部分的温度及散热途径

低于自净温度时，火花塞常因产生积炭而漏电，导致不点火；高于自净温度时，则当混合气与炽热的绝缘体接触时，可能早燃而引起爆燃，甚至在进气行程中燃烧，产生进气管回火。

火花塞的热特性主要取决于绝缘体裙部的长度。绝缘体裙部长的火花塞，受热面积大，传热距离长，散热困难，裙部温度高，称为热型火花塞；反之，裙部短的火花塞，受热面积小，传热距离短，散热容易，裙部温度低，称为冷型火花塞。

热型火花塞适用于低速、低压缩比、小功率发动机；冷型火花塞适用于高速、高压缩比、大功率发动机。

火花塞的热特性常用热值或炽热数表示。我国以绝缘体裙部长度标定的热值（1~11）来表征火花塞的热特性。热值代号1、2、3表示热型火花塞；4、5、6表示中型火花塞；7、8、9、10、11表示冷型火花塞。

（5）火花塞的选用

火花塞热值根据发动机及汽车设计、试验结果而定，在各车型的说明书中都对此做了明确规定。火花塞的热特性选用是否合适，判断方法：若火花塞经常由于积炭而导致断火，说明火花塞偏冷，热值选用过高；若经常发生炽热点火而引发早燃，则说明火花塞偏热，热值选用过低。

（6）火花塞的型号编制规则

根据我国现行标准QC/T 430—2014《道路车辆　火花塞产品型号编制方法》的规定，国产火花塞型号由以下几部分组成，如图4.18所示。

第一部分为汉语拼音字母（单字母或双字母），表示火花塞的结构类型及主要形式尺寸。

第二部分为阿拉伯数字，表示火花塞热值。由热型至冷型，分别以1~11表示。热值

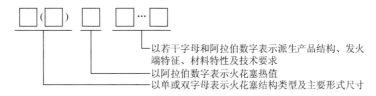

图 4.18 火花塞编制规则

代号越大则越冷，热值代号越小则越热。火花塞热值代号与绝缘体裙部长度及热特性的对应关系见表 4-2。

表 4-2 火花塞热值代号与绝缘体裙部长度及热特性的对应关系

裙部长度/mm	15.5	13.5	11.5	9.5	7.5	5.5	3.5
热值	3	4	5	6	7	8	9
热特性	热 →→ 冷						

第三部分为若干字母和阿拉伯数字，表示火花塞派生产品结构、发火端特性、材料特性及技术要求。

示例 1：A7-3 型火花塞为螺纹旋合长度为 12.7mm，壳体六角对边为 16mm，热值代号为 7，螺纹规格为 M10×1，瓷绝缘体涂硅胶的平座火花塞。

示例 2：DF7REC2 型火花塞为螺纹旋合长度为 19mm，壳体六角对边为 16mm，热值代号为 7，螺纹规格为 M12×1.25，带电阻，Ni-Cu 复合中心电极，快热结构，绝缘体突出型点火位置为 3mm 的平座火花塞。

示例 3：VH6RLPPX4 型火花塞为螺纹旋合长度为 26.5mm，壳体六角对边为 14mm，热值代号为 6，螺纹规格为 M12×1.25，带电阻，中心电极和侧电极均为铂金，绝缘体突出型点火位置为 4mm，点火间隙为 1.1mm，整体接线螺杆的平座火花塞。

(7) 常见的火花塞

常见的火花塞如图 4.19 所示。

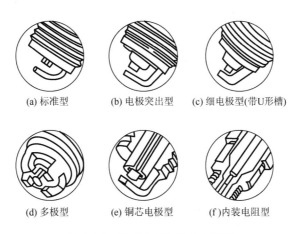

(a) 标准型　(b) 电极突出型　(c) 细电极型(带U形槽)

(d) 多极型　(e) 铜芯电极型　(f) 内装电阻型

图 4.19 常用火花塞的结构类型

① 标准型火花塞。标准型火花塞的绝缘体裙部缩入壳体端面，侧电极在壳体端面以外。

② 电极突出型火花塞。电极突出型火花塞的绝缘体裙部较长，突出于壳体端面之外。它具有吸热量大、抗污能力好的优点，而且能直接受到进气的冷却而降低温度，因而也不易引起炽热点火，故热适应范围宽，是应用最广泛的火花塞。

③ 细电极型火花塞。细电极型火花塞的电极很细，特点是火花强烈，点火能力好，在严寒季节也能保证发动机迅速可靠地起动，热范围较宽，能满足各种用途。

④ 铜芯电极型火花塞。高速发动机普遍采用铜芯电极型火花塞。这种火花塞把抗蚀性优良的镍合金与传导性好的无氧铜结合在一起，因铜导热性好，热值上限提高，高速时能限制炽热点火，裙部的加长热、室容积的扩大，使得热值下限拓宽，提高了电极耐油污、抗烧蚀的能力。

⑤ 多极型火花塞。多极型火花塞的侧电极一般为两个或两个以上，优点是点火可靠，间隙不需要经常调整，故在电极容易烧蚀和火花塞间隙不能经常调整的一些汽油机上采用。例如，神龙富康乘用车采用了二电极型火花塞，上海桑塔纳乘用车采用了四电极型火花塞。

⑥ 电阻型火花塞。电阻型火花塞是在电阻内装有 5~10kΩ 的电阻，可以抑制汽车点火系统对无线电的干扰。

⑦ 屏蔽型火花塞。屏蔽型火花塞利用金属壳体把整个火花塞屏蔽起来，不仅可以防止无线电干扰，而且可以用于防水、防爆的场合。

4. 高压导线

带阻尼的高压导线（图 4.20）可抑制和衰减点火系统产生的高频电磁波，降低对无线电设备及电控装置的干扰。

图 4.20　高压导线

实训能力目标

1. 正确识别汽车点火系统各部件。
2. 正确区别汽车传统点火系统与汽车电子点火系统。
3. 正确连接汽车点火系统的电路。

实训内容

① 打开汽车的发动机盖，识别汽车点火系统各部件，并填写表 4-3。

模块4 汽车点火系统

表4-3 汽车点火系统各部件的位置

点火系统部件名称	在整车的位置

② 正确区别汽车传统点火系统与汽车电子点火系统，并填写表4-4。

表4-4 两类点火系统的相同点与不同点

	汽车传统点火系统	汽车电子点火系统
两者之间的相同点		
两者之间的不同点		

③ 正确连接汽车点火系统的电路。实物如图4.21所示。

图4.21 汽车点火系统的电路

▶ 实训总结

4.3 汽车电子点火系统

 理论知识目标

1. 了解汽车电子点火系统的分类。
2. 熟悉汽车点火信号发生器。
3. 熟悉汽车点火控制器。
4. 掌握汽车电子点火系统的使用与维护。

4.3.1 汽车电子点火系统的分类

电子点火系统又称晶体管点火系统或半导体点火系统,分为电感储能式点火系统和电容储能式点火系统两种。

1. 电感储能式点火系统

在无触点电子点火系统中,由装在分电器内的点火信号发生器取代了传统点火系统的断电凸轮和断电器触点。点火信号发生器能产生电压信号,接通点火控制器的大功率晶体管,以断开点火线圈的初级电流,完全可以实现传统断电器的功能。

2. 电容储能式点火系统

电容储能式点火系统又称电容放电式点火系统,主要由电源(蓄电池)、点火开关、直流升压器、储能电容器、晶闸管、触发器（点火信号发生器）、点火线圈、分电器、高压线、火花塞等组成，如图4.22所示。

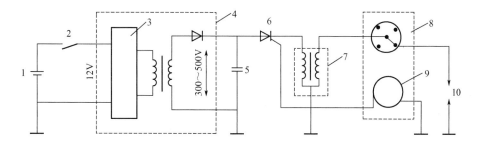

图4.22 电容储能式点火系统组成及工作原理图
1—蓄电池；2—点火开关；3—振荡器；4—直流升压器；5—储能电容器；
6—晶闸管；7—点火线圈；8—分电器；9—触发器；10—火花塞

电容储能式点火系每个工作循环包括三个阶段：晶闸管截止（关断），直流升压器为储能电容器充电；晶闸管在触发器信号触发下导通，储能电容器经点火线圈初级线圈放电；火花塞跳火，直流升压器的振荡器停止振荡。与电感储能式点火系相比，电容储能式点火系的主要特点如下。

① 次级电压上升速率极大、上升时间极短，使次级电压对火花塞积炭或污染不敏感，提高了火花塞抗污染的能力。

② 次级电压高且不受转速影响，可保证转速高达10000r/min的四缸四冲程发动机和转速高达5000r/min的八缸四冲程发动机可靠工作。

③ 各转速下点火能量恒定，并且能量利用率高，使点火线圈的工作温度明显降低，有利于延长点火线圈的使用寿命。

④ 耗电量随点火频率（发动机转速）增大而增大，但一般情况下，最大电流不超过2A，有利于保持蓄电池处于良好的工作状态，延长蓄电池使用寿命。

⑤ 放电持续时间（火花持续时间）太短，容易造成发动机起动和低速时点火不良，引起发动机起动和低速时的有害排放物增多。

⑥ 由于次级电压上升速率很高，电磁波相对较强，因此对无线电产生严重干扰。

⑦ 结构比较复杂，成本较高。

所以，电容储能式点火系在一般汽油机上应用较少，在高速大功率汽油机（如赛车发动机）上应用较多。由于抗火花塞积炭和污染的能力强，使电容储能式点火系在二冲程汽油机上的应用比较广泛。

4.3.2 汽车点火信号发生器

点火信号发生器的作用是产生与气缸数及曲轴位置相对应的电压信号，用以触发点火控制器按发动机各缸的点火需要，及时通、断点火线圈的初级回路，使次级回路产生高压。常见的点火信号发生器有电磁感应式、霍尔效应式、光电式等几种。

【汽车电子点火系统】

【点火系统动画】

1. 电磁感应式点火信号发生器

（1）电磁感应式点火信号发生器的结构

电磁感应式点火信号发生器由靠分电器轴带动且转速与之相等的信号转子、安装在分电器底板上的永久磁铁和绕在导磁铁心上的传感线圈等组成，如图4.23(a)所示。信号转子有数目与发动机气缸数相等的凸齿。永久磁铁的磁通经转子的凸齿、传感线圈的铁心、永久磁铁构成回路。当转子转动时，转子凸齿与线圈铁心间的空气间隙不断发生变化，穿过线圈铁心中的磁通也不断变化，如图4.23(b)所示。

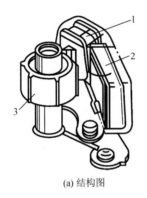
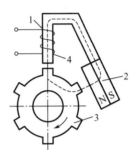

(a) 结构图　　　　　(b) 工作原理图

图4.23　电磁感应式信号发生器
1—传感线圈；2—永久磁铁；3—信号转子；4—导磁铁心

根据电磁感应原理，当穿过线圈的磁通量发生变化时，线圈中将产生感应电动势，感应电动势的大小与磁通的变化率成正比，如图4.24和图4.25所示。

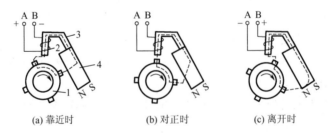

(a) 靠近时　　　(b) 对正时　　　(c) 离开时

图4.24　电磁感应式信号发生器的磁路变化
1—信号转子；2—传感线圈；3—铁心；4—永久磁铁

（2）电磁感应式电子点火系统

电磁感应式无触点电子点火系统的电路如图4.26所示。其工作原理是汽油机工作时，点火开关S闭合；当传感线圈输出正向脉冲电压（A正B负）时，VT_1集电极反向偏置而截止，P点保持高电位，VT_2导通，VT_3截止，VT_4、VT_5导通，初级线圈接通。初级回路为蓄电池正极→点火开关S→附加电阻R_f→初级线圈→晶体管VT_5集电极→晶体管VT_5发射极→蓄电池负极。初级线圈N_1有电流通过，储存磁场能。当传感线圈输出负向脉冲电压（B正A负）时，VT_1导通，P点电位被负向脉冲拉低，VT_2截止，VT_3导

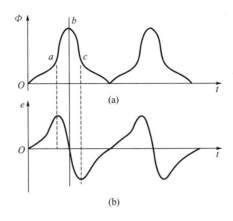

图 4.25 穿过线圈的磁通及线圈中的感应电动势

通,VT_4 因基极电位下降而截止,VT_5 无正向偏流也截止,初级电流中断,使次级线圈 N_2 中产生点火高压。

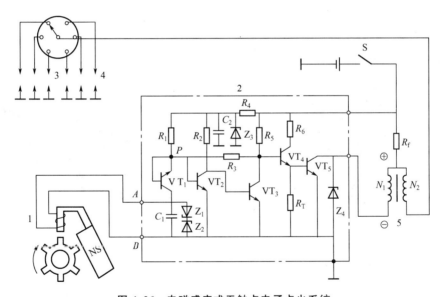

图 4.26 电磁感应式无触点电子点火系统
1—点火信号发生器;2—点火器;3—分电器;4—火花塞;5—点火线圈

2. 霍尔效应式点火信号发生器

(1) 霍尔效应

霍尔效应的原理如图 4.27 所示。

霍尔效应的公式表示为

$$U_H = \frac{R_H}{d} = IB$$

式中　U_H——霍尔电压,单位为 V;
　　　R_H——霍尔系数;

d——半导体基片厚度,单位为 m;
I——电流,单位为 A;
B——磁感应强度,单位为 T。

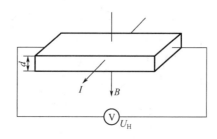

图 4.27 霍尔效应的原理

由上述公式可知,当通过的电流为一定值时,霍尔电压随磁感应强度的大小而变化;同时也可看出,霍尔电压的高低与磁通的变化速率无关。

(2) 霍尔式点火信号发生器的结构

霍尔式点火信号发生器的外形结构如图 4.28 所示。

霍尔式点火信号发生器主要由霍尔触发器、带窗口的信号转子和永久磁铁组成,信号转子与分电器同步转动,如图 4.29 所示。

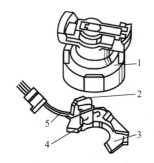

图 4.28 霍尔式点火信号发生器的外形结构
1—触发叶轮;2—霍尔集成电路;3—触发开关;
4—永久磁铁;5—点火信号输出线

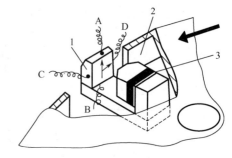

图 4.29 霍尔效应式信号发生器的结构原理
1—霍尔触发器;2—信号转子;3—永久磁铁

(3) 霍尔式点火信号发生器的工作原理

如图 4.30(a)所示,信号转子的叶片处在霍尔触发器和永久磁铁之间时,永久磁铁的磁场被信号转子的叶片旁路而迅速减弱,磁感应强度 B 随之迅速下降,导致霍尔电压趋近于零。

如图 4.30(b)所示,信号转子的窗口和霍尔触发器正对时,永久磁铁的磁感应强度 B 最大,使霍尔电压瞬时达到最大值。

当霍尔电压为零时,霍尔集成电路使霍尔发生器的输出电压急剧上升至数伏;而当产生霍尔电压时,霍尔信号发生器的输出电压则降至 0.4~0.5V。霍尔集成电路的工作原理框图如图 4.31 所示。

霍尔信号发生器的优点是点火正时性能稳定,精度高,耐久性好,不受灰尘、油污的影响,并且霍尔电压与转速无关,所以低速性能好。

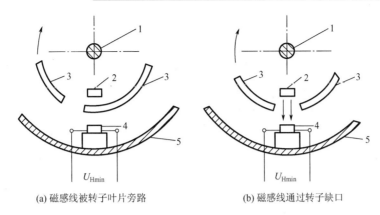

(a) 磁感线被转子叶片旁路　　　(b) 磁感线通过转子缺口

图 4.30　霍尔效应式信号发生器工作原理

1—分电器轴；2—永久磁铁；3—信号转子叶片；4—霍尔触发器；5—分电器外壳

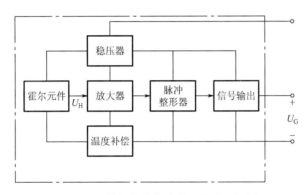

图 4.31　霍尔集成电路的工作原理框图

U_H—霍尔电压；U_G—霍尔信号发生器输出电压

3. 光电式点火信号发生器

(1) 光电式点火信号发生器的结构

光电式点火信号发生器通常由光源、光接收器和遮光盘三部分组成。光源是一只砷化镓发光二极管，发出红外线光束，用一只近似半球形的透镜聚焦。该发光二极管比白炽灯泡耐振，并能耐较高的温度，在 150℃ 的环境温度下能连续工作，工作寿命很长。光接收器是一只硅光敏晶体管，与光源相对，并相距一定距离，以使红外线光束聚焦后照射到光敏晶体管上。光敏晶体管的工作与普通晶体管的不同之处是，它的基极电流由光产生，因此不必在基极上输入电信号，也无需基极引线。

遮光盘用金属或塑料制成，装在分电器轴上，位于分火头下面。遮光盘的外缘伸入光源与光接收器之间，而且外缘上开设缺口，缺口数与气缸数相等。遮光盘缺口处允许红外线光束通过，其余实体部分则能挡住光束。当遮光盘随分电器轴转动时，即按一定位置产生光电点火信号，如图 4.32 所示。

(2) 光电式点火信号发生器的工作原理

砷化镓红外线二极管 GA 为红外线光源，硅光敏晶体管 VT_C 为接收器。发动机工作时，遮光盘随分电器轴转动，当遮光盘上的缺口通过光源时，红外线通过缺口照到硅光敏

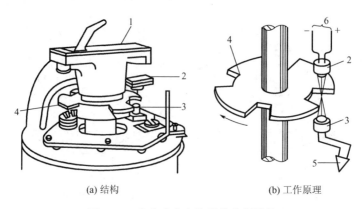

(a) 结构　　　　　　　　　　(b) 工作原理

图 4.32　光电式点火信号发生器结构

1—分火头；2—光源（发光元件）；3—光接收器（光敏元件）；
4—遮光盘（遮光转子）；5—输出信号；6—电源

晶体管 VT_C 上，使其导通，VT_1 随之导通。VT_1 导通后，给 VT_2 提供基极电流，使 VT_2 导通。VT_2 导通时，VT_3 由于发射结被短路而截止。VT_3 截止时，VT_4 由于电阻 R_8、R_6 的分压获得基极电流而导通，于是接通了点火线圈的初级电路。当遮光盘的实体部分遮住红外线时，VT_1、VT_2 截止，VT_3 导通，VT_4 截止，初级电流中断，在点火线圈的次级线圈中产生高压电动势，如图 4.33 所示。

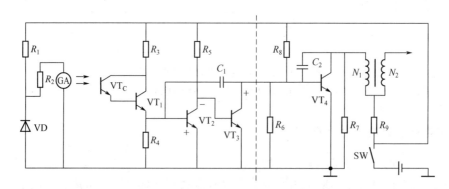

图 4.33　光电式电子点火系统的工作原理

GA—光源（发光二极管）；VT_C—光接收器（硅光敏晶体管）

稳压管 VD 使砷化镓红外线二极管工作电压维持在 3V 左右。R_7 的作用是当 VT_4 截止时，给初级线圈中的自感电动势提供通路，从而起保护 VT_4 的作用。电阻 R_9 为附加电阻。C_1 对 VT_2 构成正反馈，使 VT_2、VT_3 加速翻转。

图 4.33 中虚线左边的元件和线路做在一块混合厚膜集成电路上，装在分电器内；VT_4 和 C_2、R_6、R_7 装在放大器的铝质散热器外壳中。该点火系统次级电压可达 28～30kV，次级电压上升时间只有 $25\mu s$，每个火花输入能量为 50mJ。

上述光电式点火系统的优点是，触发器的触发信号完全由遮光盘的位置（也即曲轴的位置）决定而与转速无关，故在分电器转速很低时仍能正常发出触发信号，并且在分电器内积水冰冻时仍能正常工作；此外，其结构简单，对制造精度要求不高且成本低。但其缺点是弄脏后灵敏度将会降低，受灰尘影响较大，密封性要求高。

4.3.3 汽车点火控制器

1. 点火控制器的作用

点火控制器又称点火器、电子点火器、电子点火组件、点火模块。它的基本作用是对输入的点火触发信号进行处理后，准确、可靠地控制大功率晶体管的导通与截止，及时通、断点火线圈的初级电流，使点火线圈次级适时地产生高压。点火控制器外形如图4.34所示。

图 4.34 点火控制器外形

2. 点火控制器的电路结构

点火控制器的电路结构多种多样，基本功能电路如图4.35所示，包括信号放大电路、整形电路、直流放大电路和功率输出电路，另外，一些点火控制器增加了闭合角控制、停车断电保护、点火能量恒定控制等功能电路。

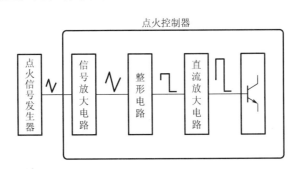

图 4.35 点火控制器基本功能电路

4.3.4 汽车电子点火系统的使用与维护

1. 注意事项

① 当点火开关处于接通位置或发动机正在运转时，不得断开或连接任何线束或点火控制器的插接器。

② 中央高压线必须可靠地插在点火线圈的插孔中，如果高压线在孔中插不到底或脱开，点火线圈次级线圈将产生过高的电压，容易造成点火线圈击穿，并且初级线圈中的自感电动势也会增大，对点火控制器的工作寿命将产生不利影响。

③ 当用起动机带动发动机转动而又不希望发动机起动时，应从分电器盖的中心插孔中拔下中央高压线，并将中央高压线端部与发动机机体接触（搭铁），以防中央高压线悬空、次级电压过高，产生不良后果。

④ 发动机运转时，不要用手接触点火控制器，否则可能造成触电。
⑤ 如需要拆接点火系统导线或元件，应首先关闭点火开关。
⑥ 使用中接线应正确无误，特别是蓄电池搭铁极性不能接错，导线及线束的插接器不应松脱，点火控制器要可靠搭铁。
⑦ 洗车时不得用水冲洗点火控制器和分电器。

2. 维护项目

① 检查分电器盖是否有裂缝，盖内各电极是否有严重烧蚀情况。如发现上述任一情况，应及时更换。
② 检查分火头端部是否严重烧蚀。若端部烧蚀，应及时更换。
③ 检查点火线圈和各高压线是否有积垢或油污。若有积垢或油污，应用酒精清洗。
④ 检查所有的高压线是否连接适当。
⑤ 电子点火控制器与传感线圈的插接器应保持清洁。
⑥ 定期往分电器轴与分电器轴套间加少许机油润滑。
⑦ 定期检查火花塞。

实训能力目标

1. 正确区分三种无触点电子点火系统。
2. 正确连接电子点火系统的各个部件。
3. 掌握汽车电子点火系统的检测与维修。
4. 掌握点火正时的检测与调整。

实训内容

① 正确区分三种无触点电子点火系统，并填写表4-5。

表4-5 三种无触点电子点火系统

汽车品牌	汽车车型	汽车电子点火系统种类	汽车电子点火系统部件

② 独立正确连接电子点火系统的各个部件（图4.21）。
③ 掌握汽车电子点火系统的检测与维修，并根据表4-6所示的维修思路进行检测与维修。

模块4　汽车点火系统

表 4-6　电子点火系统的检测

常见故障	故障现象	故障原因	故障排除
点火系统无高压火	接通点火开关，起动机能带动发动机曲轴运转，点火系统无高压火	① 曲轴位置传感器（点火信号发生器）连接电路短路或断路。 ② 曲轴位置传感器（点火信号发生器）工作性能不良。 ③ 点火控制模块性能失效或连接线束松脱、短路或断路。 ④ 点火线圈的初级线圈断路。 ⑤ 点火线圈的次级线圈断路。 ⑥ 高压线断路。 ⑦ 火花塞工作不良	① 检查连接线束和高压线是否短路或断路。 ② 检查曲轴位置传感器（点火信号发生器）的好坏。 ③ 检查点火控制器的好坏。 ④ 检查点火线圈的好坏
点火系统高压配电部分常见故障	点火系统火花减弱或无火、点火窜缸等，造成发动机工作不正常、功率下降、排气污染和油耗增加或不能起动等现象	① 分电器盖有裂纹、脏污等导致漏电、窜电。 ② 分火头有裂纹而漏电。 ③ 高压导线破损而漏电，导电性能下降。 ④ 分电器盖炭柱磨损严重或电刷弹簧失效	如怀疑高压配电部分有问题，可先打开分电器盖，观察分电器盖有无明显裂纹，炭柱是否太短及有无弹性。若有问题，可用测量绝缘电阻的方法来鉴别其好坏，一般绝缘电阻应在 50MΩ 以上。也可以用高压试火的方法来检查其是否漏电。如果可以看到跳火，说明分火头已漏电，需更换分火头。对于高压导线的检查，一是看是否破损，二是用欧姆表测量导线的电阻值
火花塞常见故障	点火系统断火、缺火，使发动机运转不平稳或不能工作	火花塞电极烧损、电极熔断、积炭、积油、积灰而漏电，绝缘磁体破裂而漏电，电极间隙不当等	拆下火花塞，可以用肉眼大致判断出火花塞是否正常工作。火花塞的电极间绝缘性能可以用欧姆表来检测。一般其绝缘电阻值应在 10MΩ 以上。低于 10MΩ 的，即使无积炭、积油等不良外观状态，也应更换火花塞。火花塞的电极间隙要用圆形塞规检测。电极间隙不正常，应用专用工具将其调整到正常值。更换其他型号的火花塞时，火花塞的热特性一定要与发动机匹配，否则，会引起发动机早燃或火花塞严重积炭

(续)

常见故障	故障现象	故障原因	故障排除
电磁感应式点火信号发生器的故障	信号减弱或无信号而不能触发电子点火控制器（或ECU）工作，点火系统不能产生火花	信号感应线圈短路、断路，转子轴磨损偏摆或定子（感应线圈与导磁铁心组件）移动，使转子和定子之间的气隙不当	磁感应式点火信号发生器的检查主要是以下两项。①检查导磁转子与定子之间的气隙，若气隙不合适，可用与触点式分电器调整触点间隙类似的方法来调整。有些气隙是不可调的，若间隙不合适，只能更换信号发生器总成。②检查感应线圈的电阻，若电阻为无穷大，则说明线圈断路，过大或过小都需更换信号发生器总成
光电式信号发生器的故障	信号减弱或无信号产生，造成发动机不能工作	光敏元件、发光元件脏污、损坏，内部电路断路或接触不良等	打开分电器盖，检查光敏元件、发光元件表面是否脏污，线路连接是否良好。若没问题，则从发动机上拆下分电器，拆开分电器线路插接器，用导线将插接器两端的电源插孔连接起来，并将分电器外壳搭铁，打开点火开关（不起动），然后慢慢转动分电器轴，从插接器信号插孔测信号电压。如果电压表指示电压在0~1V摆动，说明信号发生器良好，否则需更换分电器
霍尔效应式点火信号发生器的故障	不能产生点火电压信号或信号太弱，不能使电子点火器触发工作	内部集成块烧坏，线路断脱	将信号发生器接上电源后转动分电器轴，测量信号输出电压，但电压波动的范围不一样。对于霍尔电压来说，导磁转子叶片插入缝隙时，霍尔元件上磁通量减弱，霍尔电压很微弱；而叶片离开缝隙时，霍尔元件磁场加强，霍尔电压较高。由于霍尔电压较弱，不足以触发电子点火器工作，所以信号发生器内部加了信号放大器和相反器。信号发生器输出的信号电压在转子叶片插入缝隙时是高电平，在转子叶片离开时是低电平

④ 点火正时的检测与调整。

A. 点火正时检查。一般检查时，起动发动机，使冷却液温度上升到80℃，急加速，若转速不能随之立即增高，感到发闷，或在排气管中有"突突"声，说明点火过迟；若出现类似金属敲击声，说明点火过早。使用点火正时灯（仪）检查时，查找并验证飞轮或曲轴前端带盘上1缸压缩终了上止点标记和点火提前角标记，擦拭使之清晰可见，如标记不清晰，最好用粉笔或油漆将标记描白。将点火正时灯（仪）正确连接到汽车发动机上，将传感器插接在1缸火花塞与高压线之间。必要时，接上转速表和真空表。起动发动机，至正常工作温度状态，保持在急速下稳定运转。打开正时灯并对准正时标记（正时刻度盘或正时指针），调整正时灯电位器，使正时标记清晰可见，就如同固定不动一样。此时表头读数即为发动机急速运转时的点火提前角。用同样的方法可分别测出不同工况、转速时的点火提前角并记录；在拆下真空管接头并堵住（点火提前机构不起作用）的情况下，急速时测出的点火提前角为初始提前角（基本点火正时）。实际上，在急速时由于离心式和真空式调节器未起作用或作用很小，在上述急速时测得的提前角基本就等于初始提前角。在拆下真空管的情况下，发动机在某一转速下测得的提前角减去初始提前角，即可得到该转速下的离心提前角；在连接真空管的情况下，发动机在同样转速下测得的提前角减去离心提前角和初始提前角，则可以得到真空提前角。用同样的方法可分别测出初始提前角及不同工况、转速、负荷时的离心提前角和真空提前角并记录。测出的点火提前角应与规定标准值进行对照，判断点火提前角的大小是否符合要求。不符合要求的，应调整点火正时。

B. 点火正时调整。调整点火提前角的基本方法是转动分电器壳体。点火过早时应顺着分电器轴旋转方向转动分电器壳体，点火过迟时则反向转动分电器壳体。点火正时的调整有静态正时和动态正时。

a. 静态正时调整时，查间隙（电子点火式可略过）。用塞规检查断电器的触点间隙，正常应为0.35～0.45mm。调整时，用螺钉旋具松开锁紧螺钉，转动调整螺钉使之符合要求。

b. 找记号。转动曲轴，将1缸活塞转到压缩行程上止点附近（向火花塞孔塞棉丝或用手指感觉到有压力以验证），对准飞轮或带轮上的初始点火正时标记。

c. 调零位。有辛烷值调节器的应将其调整在零位。

d. 对分火头。检查分火头是否正对着分电器盖上的1缸高压线插孔，否则予以调整。松开分电器固定螺栓并适当转动，使分火头对准1缸分缸线插孔位置。对准后初步固定。

e. 查跳火。检查分电器是否正处于恰好高压跳火位置（初级电流恰好切断位置），否则转动分电器外壳位置进行调整，然后固定分电器。

f. 对分缸线次序。按点火次序，顺分火头转动方向，插上各缸分缸线。3缸机是1—2—3；4缸机是1—3—4—2（桑塔纳、奥迪、切诺基轿车等）或1—2—4—3（BJ2021）；6缸机一般是1—5—3—6—2—4。

路试检查。发动机走热后，在平坦、坚硬路面上以最高挡最低稳定车速行驶。急加速时，若听到轻微的突爆声且瞬间消失（装有爆燃限制器的发动机就没有突爆声），车速迅速提高，则为点火正时正确；若突爆声强烈且长时间不消失，则为点火过早；若听不到突爆声，而且加速缓慢，排气管有"突突"声，则为点火过迟。

> 实训总结

4.4 汽车电控点火系统

理论知识目标

1. 了解汽车电控点火系统的分类。
2. 熟悉汽车电控点火系统的组成。
3. 掌握汽车电控点火系统的工作原理。

4.4.1 汽车电控点火系统的分类

汽车电控点火系统可分为有分电器电控点火系统和无分电器电控点火系统。其中，无分电器电控点火系统根据点火线圈的数量和高压电分配方式的不同，分为独立点火方式、同时点火方式两种。

【汽车电控点火系统】

4.4.2 汽车电控点火系统的组成

1. 有分电器电控点火系统

有分电器电控点火系统主要由电源、传感器、ECU、点火控制器、点火线圈、分电器和火花塞等组成，如图4.36所示。它的主要特点是只有一个点火线圈。

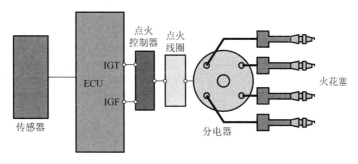

图 4.36　有分电器电控点火系统组成

2. 无分电器电控点火系统

独立点火方式无分电器电控点火系统主要由电源、传感器、ECU、点火控制器、点火线圈和火花塞等组成，如图 4.37 所示。它的特点是每个缸都有一个点火线圈，即点火线圈数与气缸数相等，因此，即使发动机转速很高，点火线圈也有较长的通电时间，可提供足够高的点火能量。此方式省去了高压线，点火能量损失少。而且，高压部分安装在发动机气缸盖上的金属罩内，减少了对无线电设备的干扰。

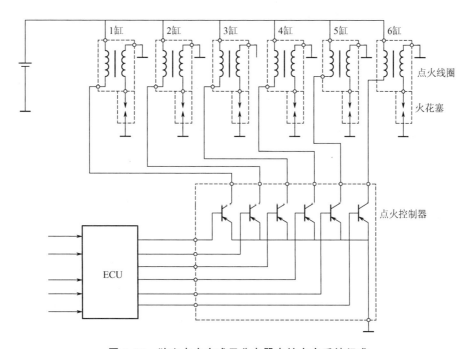

图 4.37　独立点火方式无分电器电控点火系统组成

同时点火方式无分电器电控点火系统主要由电源、传感器、ECU、点火控制器、点火线圈和火花塞等组成，如图 4.38 所示。它的特点是点火线圈数等于气缸数的一半。当两同步缸同时到达上止点时，火花塞跳火，其中一缸接近压缩行程上止点，为有效点火，另一缸接近排气行程上止点，为无效点火。

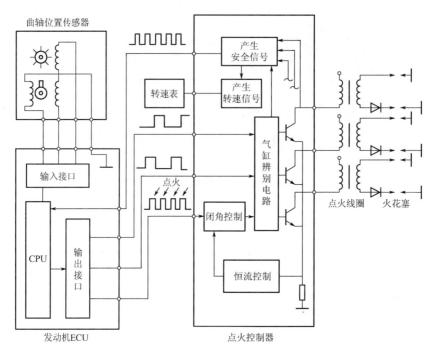

图 4.38 同时点火方式无分电器电控点火系统的组成

4.4.3 汽车电控点火系统的工作原理

发动机工作时，ECU 根据传感器信号（凸轮轴位置传感器及曲轴位置传感器的 G、Ne 信号等），确定最佳点火提前角和通电时间，并以此向点火器发出指令。点火器根据指令，控制点火线圈初级电路的导通和截止。当电路导通时，点火线圈初级电路导通。当初级电路被切断时，次级线圈中感应出高电压，经分电器或直接送至工作气缸的火花塞。

 实训能力目标

1. 正确识别电控点火系统的种类及各个组成部件。
2. 学会汽车电控点火系统的检测与维修。

实训内容

① 正确识别电控点火系统的种类及各个组成部件，并填写表 4-7。

表 4-7 电控点火系统的种类及各个组成部件

汽车品牌	汽车车型	电控点火系统种类	电控点火系统的部件

模块4 汽车点火系统

② 掌握汽车电控点火系统的检测与维修，维修思路可参考表 4-8。

表 4-8 汽车电控点火系统的检测与维修

常见故障	故障现象	故障原因	检测方法
发动机不点火	发动机不能起动且无任何着车迹象，无高压火花	① 点火线圈、点火控制器损坏。 ② 曲轴位置传感器、曲轴转角与转速传感器及其电路不良。 ③ ECU 本身故障	① 从分电器上拔出中央高压线对缸体做跳火实验，若有火花，检查分电器至各气缸的分火装置及高压线、火花塞等有无故障。 ② 检查点火线圈正极的电源电压，若不正常，检查电源电路，更换点火线圈。 ③ 检查点火控制器及其电源电压，若不正常，检查电源电路，更换点火控制器。 ④ 检查 ECU 输出的控制信号，若正常，检查 ECU 至点火控制器之间的电路。 ⑤ 检查曲轴位置传感器及其电路，若正常，更换 ECU 再测试
火花弱	跳火试验高压火花弱，发动机起动困难，怠速不稳，排气冒黑烟，加速性及中高速较差等现象	① 点火控制器、点火线圈不良。 ② 高压线电阻过大。 ③ 火花塞漏电或积炭。 ④ 点火系统供电电压不足或搭铁不良	① 本故障一般与点火控制系统关系较小，应重点检查点火控制器和点火线圈工作状况是否良好，供电电压是否正常。 ② 检查各插接件及导线连接是否牢固，点火控制器搭铁是否可靠；检测高压线电阻是否过大。 ③ 清除火花塞积炭，更换漏电的火花塞
点火正时不准	发动机不易起动，怠速不稳；发动机动力不足，冷却液温度偏高；发动机易爆燃	初始点火提前角调整不当；点火基准传感器和曲轴位置传感器、曲轴转角与转速传感器不良或安装位置不正确	① 检查初始点火提前角并按规定予以调整。影响发动机点火正时失准的主要部件是曲轴位置传感器和曲轴转角与转速传感器，因此，应特别检查信号转子是否有变形、歪斜，信号采集与输出部分安装是否不当，装置间隙是否合适等。 ② 对于点火提前角控制系统故障，应先用故障诊断仪调出故障码，再根据故障码的含义排除其故障，重点检查发动机冷却液温度传感器、爆燃传感器。 ③ 进气管压力传感器、空气流量传感器、节气门位置传感器等不良时，也会造成点火正时不准

103

(续)

常见故障	故障现象	故障原因	检测方法
点火性能随工况变化	低速时工作正常，高速时失速；温度低时正常，温度高时不正常；刚起动时正常，工作一段时间后出现故障，等等	曲轴位置传感器、曲轴转角与转速传感器等安装松动；电路插接器接触不良；点火控制器热稳定性差；点火线圈局部损坏或击穿；高压线电阻过大，等等	① 检查各有关部件安装是否松动，电路连接是否牢固、可靠。 ② 检查点火控制器、点火线圈温度是否异常。 ③ 检查或更换高压线、火花塞

▶ **实训总结**

_____
_____
_____
_____
_____
_____
_____
_____
_____
_____
_____
_____
_____
_____
_____

本 章 小 结

1. 点火系统是将电源的低电压转变为高电压，再按照发动机点火顺序轮流送至各气缸，点燃压缩混合气；并能适应发动机工况和使用条件的变化，自动调节点火时刻，实现可靠而准确的点火；还能在更换燃油或安装分电器时进行人工校准点火时刻。

2. 汽车点火系统的发展历程经历了传统点火系统、无触点电子点火系统、电控电子点火系统。传统点火系统的结构主要由电源（蓄电池、发电机），点火开关，点火线圈，分电器（断电器、配电器、电容器）、火花塞、高压导线、附加电阻等组成。无触点电子点火系统一般由点火信号发生器、点火控制器、点火线圈、火花塞等组成。电子点火系统又称晶体管点火系统或半导体点火系统，分为电感储能式点火系统和电容储能式电子点火系统两种。

3. 点火信号发生器的作用是产生与气缸数及曲轴位置相对应的电压信号，用以触发点火控制器按发动机各缸的点火需要，及时通、断点火线圈的初级回路，使次级产生高压。常见的点火信号发生器有电磁感应式、霍尔效应式、光电式等几种。

4. 点火控制器又称点火器、电子点火器、电子点火组件、点火模块。它的基本作用是对输入的点火触发信号进行处理后，准确、可靠地控制大功率晶体管的导通与截止，及时通、断点火线圈的初级电流，使点火线圈次级适时地产生高压。其结构包括了信号放大电路、整形电路、直流放大电路和功率输出电路。另外，一些点火控制器增加了闭合角控制、停车断电保护、点火能量恒定控制等功能电路。

思 考 题

1. 汽车点火系统的功用是什么？怎样分类？
2. 汽车传统点火系统的组成是什么？
3. 火花塞的型号编制规则是什么？
4. 常见的点火信号发生器有几种？

模块 5 汽车照明及信号系统

引 例

维修厂工作人员接到一辆故障车,故障表现为汽车制动灯工作不正常。汽车制动灯俗称刹车灯,安装在车尾两边,其作用是在减速行驶或要停车时,向后车发出灯光信号,以提醒尾随的车辆注意,防止追尾。制动灯灯光为红色,功率在20W以上。汽车制动灯工作不正常,很容易发生交通事故。制动灯故障原因可能为熔断器断路,灯泡断路,连接线路断路或插接件松脱,等等。同学们能看得懂吗?应该如何理解汽车制动灯的工作过程?

5.1 汽车照明系统概述

理论知识目标

1. 了解汽车灯具的种类与用途。
2. 了解对汽车灯具的要求。
3. 掌握汽车照明系统控制电路。

5.1.1 汽车灯具的种类与用途

汽车照明灯是汽车夜间行驶必不可少的照明设备。为了提高汽车的行驶速度,确保夜间行车的安全,汽车装有多种照明设备。汽车灯具按功能可分为照明灯具和信号灯具两大类;按安装位置可分为外部灯具和内部灯具。

【照明仪表系动画】

1. 外部灯具

如图5.1所示,外部灯具光色一般采用白色、橙黄色和红色;执行特殊任务的车辆,如消防车、警车、救护车、工程抢修车,则采用具有优先通过权的红色、黄色或蓝色闪光警告灯。

机动车应按时参加安全检测和综合检测,确保外部灯具齐全有效。我国对各种汽车灯具的使用也有明确规定。

(1)前照灯

前照灯装在汽车头部两侧,用来照明车前道路,有两灯制、四灯制之分。四灯制前照灯并排安装时,装于外侧的一对应为近、远光双光束灯;装于内侧的一对应为远光单光束灯。远光灯功率一般为40~60W,近光灯功率一般为35~55W。

(2)雾灯

雾灯安装在汽车头部或尾部。在雾天、下雪、暴雨或尘埃弥漫等情况下,用来改善车

模块5 汽车照明及信号系统

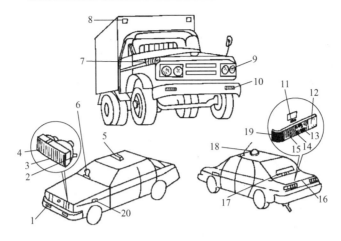

图 5.1 外部灯具

1—前转向灯；2—前示位灯；3、9—前照灯；4、10—前雾灯；5—出租车标志灯；
6—出租车空车灯；7—转向示位组合灯；8—示廓灯；11—行李箱灯；
12—倒车灯；13—后雾灯；14—后示位灯；15—制动灯；16—牌照灯；
17—高位制动灯；18—警告灯；19—后转向灯；20—侧示位灯

前道路的照明情况。前雾灯功率为45～55W，光色为橙黄色。后雾灯功率为21W或6W，光色为红色，以警示尾随车辆保持安全间距。

（3）牌照灯

牌照灯装于汽车尾部牌照上方或左右两侧，用来照明后牌照，功率一般为5～10W，以确保行人在车后20m处看清牌照上的文字及数字。

（4）倒车灯

倒车灯安装在汽车尾部，当变速器挂倒挡时，自动发亮，照明车后侧，同时警示后方车辆、行人注意安全，功率一般为20～25W，光色为白色。

（5）制动灯

制动灯安装在汽车尾部，在踩下制动踏板时，发出较强红光，以示制动，功率为20～25W，灯罩显示面积较后示位灯大。为避免尾随大型车对乘用车碰撞的危险，乘用车后窗内可加装由发光二极管成排显示的高位制动灯。

（6）转向灯

转向灯一般安装在汽车头、尾部的左右两侧，用来指示车辆行驶趋向。一般在汽车车侧中间位置还装有侧转向灯。近年来，在小型车上，把侧转向灯安装到左右后视镜上，如图5.2所示。

主转向灯功率一般为20～25W，侧转向灯为5W，光色为琥珀色。转向时，灯光呈闪烁状，频率规定为(1.5±0.5)Hz，启动时间不大于1.5s。在紧急遇险状态需其他车辆注意避让时，全部转向灯可通过危险警告灯开关接通同时闪烁。

图 5.2 安装在后视镜上的侧转向灯

(7) 示位灯

示位灯又称示宽灯、位置灯，安装在汽车前面、后面和侧面，夜间行驶接通前照灯时，示位灯、仪表照明灯和牌照灯同时发亮，以标志车辆的形位等，功率一般为5～20W。前示位灯俗称小灯，光色为白色或黄色；后示位灯俗称尾灯，光色为红色；侧位灯光色为琥珀色。

(8) 示廓灯

示廓灯俗称角标灯，空载车高3.0m以上的车辆均应安装示廓灯，标示车辆轮廓，功率一般为5W。

(9) 驻车灯

驻车灯装于车头和车尾两侧，要求从车前和车尾150m远处能确认灯光信号，要求车前处光色为白色，车尾处为红色。夜间驻车时，将驻车灯接通，标志车辆形位。

(10) 警示灯

警示灯一般装于车顶部，用来标示车辆特殊类型，功率一般为40～45W。消防车、警车用红色，救护车为蓝色，旋转速度为每秒2～6次；公交车和出租车为白色、黄色。出租车空车标示灯装在仪表台上，功率为5～15W，光色为红底白字。

(11) 组合灯具

目前，大多数汽车都采用组合灯具，即把前照灯、前转向灯、前示位灯等组合在一起，构成前组合灯，如图5.3所示；把倒车灯、制动灯、后转向灯、后示位灯等组合在一起，构成后组合灯，如图5.4所示。

图5.3 前组合灯

图5.4 后组合灯

鉴于发光二极管具有省电、环保、寿命长等优点，近年来发光二极管在汽车后组合灯中的应用日渐广泛。

2. 内部灯具

常见的内部灯具有顶灯、阅读灯、行李箱灯、门灯、踏步、仪表照明灯、报警指示灯、工作灯等，如图5.5所示。

模块5　汽车照明及信号系统

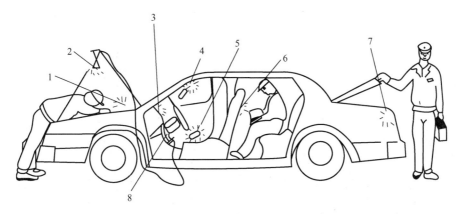

图 5.5　常见汽车内部灯具

1—发动机罩下灯；2—工作灯；3—仪表照明灯、报警指示灯；
4—顶灯；5—门灯；6—阅读灯；7—行李箱灯；8—开关照明灯

5.1.2　对汽车灯具的要求

照明灯具与信号装置应安装可靠、完好有效，不得因车辆振动而松脱、损坏、失去作用或改变光照方向；所有灯光的开关应安装牢固、开关自如，不得因车辆振动而自行开关；开关的位置应便于驾驶人操纵。

除前照灯的远光外，所有灯光均不得炫目，左右两边布置的灯具光色、规格必须一致，安装位置应对称。

前示位灯、后示位灯、示廓灯、牌照灯和仪表灯应能同时启闭，当前照灯关闭或发动机熄火时仍能点亮。

危险警告灯、指示灯的操纵装置应不受点火开关和灯光总开关的控制。汽车转向信号灯在侧面可见时视为满足要求，否则应安装侧转向信号灯。照明和信号装置的任意一条线路出现故障，不得干扰其他线路的工作。前、后转向信号灯，危险报警闪光灯及制动灯白天距 100m 可见；侧转向信号灯白天距 30m 可见；前、后示位灯和示廓灯夜间良好天气距 300m 可见。

5.1.3　汽车照明系统控制电路

为了提高工作可靠性，车灯均采用并联电路。如图 5.6 所示的北京切诺基汽车照明电路，在每个灯具支路上还安装了熔断器，以确保某支路出现故障时，不会影响其他支路电器的工作。

为了确保照明及信号系统正常工作，许多汽车上不但配备了灯光开关、变光开关、雾灯开关、转向灯开关、制动灯开关、倒车灯开关，还加装了后位灯继电器、前照灯继电器、雾灯继电器。灯具开关也由分散的独立式开关发展为组合式开关。为确保灯具的发光强度，许多汽车前照灯、雾灯等灯具搭铁线的搭铁部位逐渐移到了发动机、变速器等金属机体上。

照明系统工作情况一般服从如下规律。

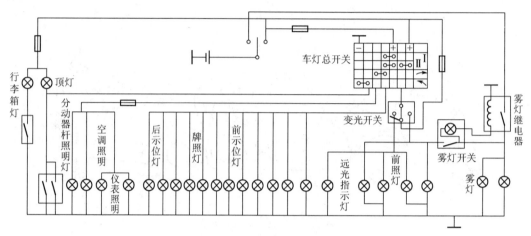

图 5.6 北京切诺基汽车照明电路

① 前照灯位于二挡,示位灯、仪表板照明灯及牌照灯位于一挡。二挡接通时,一挡接通的灯具仍发亮。

② 通过变光开关可使前照灯远光与近光交替通电闪烁,作为超车用灯光信号,变光开关一般控制前照灯相线支路。

③ 雾灯不但受雾灯开关控制,其电源电路还受车灯开关控制。

④ 顶灯还兼有监视车门关闭的作用,当车门未关严时顶灯会发亮以示警告。

实训能力目标

1. 初步了解汽车照明系统。
2. 懂得所有车灯的控制原理。

实训内容

① 识别汽车内外照明系统所有灯光的名称,并填写表 5-1。

表 5-1 汽车内外照明系统所有灯光的名称

汽车品牌类型	汽车车灯位置	汽车车灯名称	汽车车灯颜色	汽车车灯功率

② 学生能读懂汽车电路并找出所有车灯的开关与保险装置等元件,并填写表5-2。

表 5-2 车灯的开关与保险装置

汽车品牌类型	汽车车灯开关位置	汽车车灯断电器名称	汽车车灯保险装置

▶ 实训总结

5.2 汽车前照灯

📖 **理论知识目标**

1. 了解汽车前照灯的基本要求。
2. 掌握汽车前照灯的结构和调整方法。
3. 掌握汽车照明系统电路。

【汽车前照灯微课】

【汽车前照灯】

5.2.1 汽车前照灯的基本要求

前照灯的基本要求如下。

① 前照灯的上缘距地面高度不大于 1.2m，外缘距车外侧不大于 0.4m。

② 汽车的前照灯应有远、近光变换装置，并且当远光变为近光时，所有远光应能同时熄灭。

③ 四灯制前照灯并排安装时，装于外侧的一对应为远、近光双光束灯，装于内侧的一对应为远光单光束灯。

④ 夜间远光灯亮时，应能至少照清前方 100m 远的道路，近光灯亮时，应能照清前方 40m 远的道路并不得炫目。

5.2.2 汽车前照灯的结构和调整方法

前照灯的光学系统包括反射镜、配光镜和前照灯灯泡三部分。

1. 反射镜

图 5.7 反射镜

如图 5.7 所示，反射镜的作用是将灯泡的光线聚合并导向前方。反射镜的表面形状呈旋转抛物面。由于前照灯灯泡灯丝发出的光亮有限，功率仅 40～60W，因此如无反射镜，只能照清车前 6m 左右的路面。有了反射镜之后，前照灯照距可达 150m 或更远。

2. 配光镜

配光镜又称散光玻璃，其作用是将反射镜反射出来的平行光束进行折射（图 5.8），使车前路面和路缘都有良好而均匀的照明（图 5.9）。

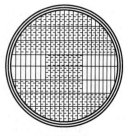
(a) 圆形配光镜

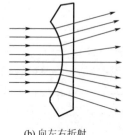
(b) 向左右折射

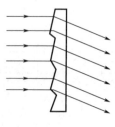
(c) 向下折射

图 5.8 配光镜的结构与作用

模块5 汽车照明及信号系统

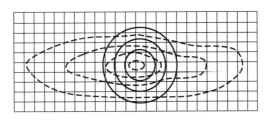

----- 带散光玻璃的前照灯光束分布曲线
——— 无散光玻璃的前照灯光束分布曲线

图5.9 有无配光镜（散光玻璃）的光形对比

3. 前照灯灯泡

目前，常用的汽车前照灯的灯泡有白炽灯泡、卤素灯泡和高亮度气体放电灯泡（氙气灯泡）等几种。

（1）白炽灯泡

白炽灯泡（图5.10）的灯丝用熔点高、发光强的钨丝制成。由于钨丝受热后会蒸发，将缩短灯泡的使用寿命，因此在制造时先从玻璃泡内抽出空气形成真空，然后充入惰性气体。由于惰性气体受热后膨胀而产生一定的压力，抑制了钨丝的蒸发，延长使用寿命，增强发光效率。虽然，白炽灯泡内被抽成真空并充入惰性气体，但钨丝仍然存在一定量的蒸发，使灯丝损耗，蒸发出的钨覆盖在灯泡玻璃上，使灯泡玻璃发黑，降低发光效率。

（2）卤素灯泡

卤族元素是指碘、溴、氯、氟等元素。现在灯泡使用的卤族元素一般为碘或溴，叫作碘钨灯泡或溴钨灯泡。我国目前生产的是溴钨灯泡。

卤素灯泡（图5.11）是利用卤钨再生循环反应的原理制成的。卤钨再生循环的基本作用过程：从灯丝蒸发出来的气态钨与卤族反应生成了一种挥发性的卤化钨，卤化钨扩散到灯丝附近的高温区又受热分解，使钨重新回到灯丝上，被释放出来的卤素继续扩散参与下一次循环反应，如此周而复始地循环下去，从而防止了钨的蒸发和灯泡的发黑现象。

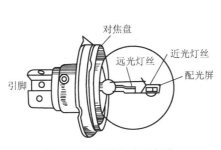

图5.10 前照灯白炽灯泡

图5.11 卤素灯泡

（3）高亮度气体放电灯泡

高亮度气体放电灯泡（High Intensity Discharge Lamp，HID）的放电气体是氙气，故也称氙气灯泡。其构造如图5.12所示。

113

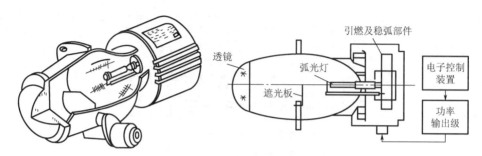

图 5.12 高亮度气体放电灯泡的构造

高亮度气体放电灯泡里没有传统灯泡的灯丝,取而代之的是装在石英管内的两个电极,管内充有氙气及微量金属(或金属卤化物)。在电极上加上足够高的触发电压后,气体开始电离而导电发光。

高亮度气体放电灯泡发出的光色成分和荧光灯非常相似,亮度是卤素灯泡的2.5倍,寿命可达卤素灯泡的5倍,如图5.13和图5.14所示。

图 5.13 高亮度气体放电灯泡实物

图 5.14 高亮度气体放电灯的灯光

高亮度气体放电灯以汽车12V蓄电池为电源,利用一个特制的镇流器(图5.15)在极短的时间内产生约23kV的触发电压(也称引弧电压),点亮灯泡。

图 5.15 气体放电灯镇流器

气体放电灯通电 0.8s 亮度可达额定亮度的 20%（等同于同功率卤素灯的亮度），通电 4s 以内达到额定亮度的 80% 以上。在达到灯泡正常工作温度后，镇流器只需提供约 80V 供电电压（功耗仅为 35W）即可保持正常工作，可节约 40% 的电能。

4. 前照灯的防炫目装置

（1）采用远、近光束变换

为了防炫目，前照灯灯泡中装有远光与近光两根灯丝，由变光开关控制其电路，如图 5.16 所示。夜间公路行车且对面无来车时，使用远光灯，以增大照明距离，保证行车安全。

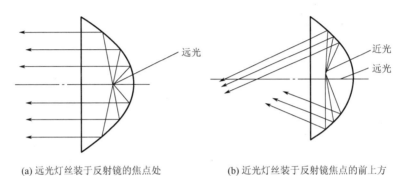

(a) 远光灯丝装于反射镜的焦点处　　(b) 近光灯丝装于反射镜焦点的前上方

图 5.16　近、远光灯光束

（2）近光灯丝加装配光屏

上述防炫目措施只能减轻炫目，还不能彻底避免炫目，因为近光灯丝射向反射镜下部的光线经反射后，将倾斜向上照射，仍会使对面交会汽车的驾驶人炫目。

为此，现代汽车前照灯的近光灯丝下方均装设配光屏（又称遮光罩、护罩或光束偏转器），用以遮挡近光灯丝射向反射镜下半部的光线，消除反射后向上照射的光束，提高防炫目效果，如图 5.17 所示。

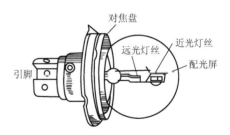

图 5.17　加装配光屏

有些进口汽车的前照灯，还在近光灯丝的前方装设一个配光屏，遮挡近光灯丝的直射光线，防止炫目。

（3）采用不对称光形（E 形或 Z 形）

为了达到既能防止炫目，又能以较高车速会车的目的，我国汽车的前照灯近光采用 E 形不对称光形，如图 5.18(b) 所示，将近光灯右侧亮区倾斜升高 15°，即将本车行进方向光束照射距离延长。不对称光形是将配光屏单边倾斜 15° 形成的。

有些汽车使用了 Z 形不对称近光光形 [图 5.18(c)]。该光形明暗截止线呈反 Z 形，如图 5.19 所示，故称 Z 形配光。

Z 形近光光形更加优越，不仅可以避免迎面来车驾驶人的炫目，还可以防止迎面而来的行人和非机动车使用者的炫目，进一步提高了汽车夜间行驶的安全。

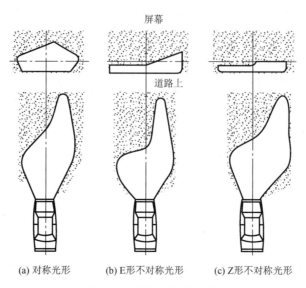

(a) 对称光形　　(b) E形不对称光形　　(c) Z形不对称光形

图 5.18　前照灯配光光形

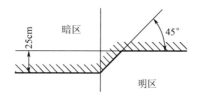

图 5.19　Z形不对称近光光形明暗截止线呈反 Z 形

5. 前照灯类型

按光学组件的结构不同，可将前照灯分为半封闭式和封闭式两种。

（1）半封闭式前照灯

半封闭式前照灯的结构如图 5.20(a)、图 5.21 和图 5.22 所示。其配光镜是靠卷曲反射镜边缘上的牙齿而紧固在反射镜上的，两者之间垫有橡胶密封圈，灯泡只能从反射镜后端装入。

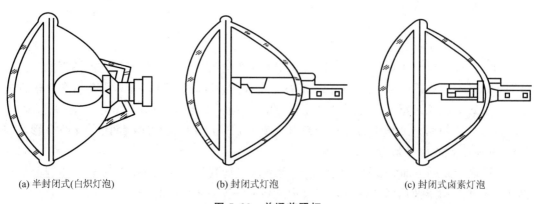

(a) 半封闭式(白炽灯泡)　　(b) 封闭式灯泡　　(c) 封闭式卤素灯泡

图 5.20　单通前照灯

模块5 汽车照明及信号系统

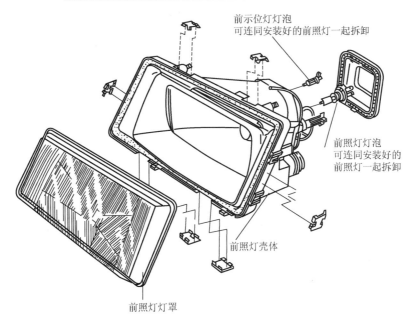

图 5.21 矩形半封闭式前照灯

（2）封闭式前照灯

封闭式前照灯的反射镜和配光镜用玻璃制成一体，里面充以惰性气体，灯丝焊在反射镜底座的灯丝支架上，反射镜的反射面经真空镀铝。其结构如图 5.20(b) 和图 5.20(c) 所示。

为实现前照灯更亮、更远、更美观的要求，许多乘用车上采用了投射式前照灯、气体放电灯。

投射式前照灯（图 5.23）的外形特点是装了很厚的无刻纹的凸形散光镜。由于反射镜是椭圆形的，所以外径很小。

反射镜有两个焦点，第一焦点处放置灯泡，第二焦点在灯光中形成。凸形散光镜的焦点与第二焦点重合。来自灯泡的光利用反射镜聚成第二焦点，再通过散光镜将聚集的光投射到前方。投射式前照灯采用的光源为卤素灯泡。

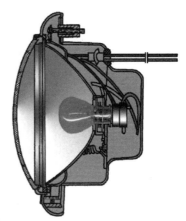

图 5.22 圆形半封闭式前照灯

在第二焦点附近设有遮光板可遮挡上半部分光，形成明暗分明的配光。这种配光特性可适用于前照灯近、远光灯，也可用于雾灯。

6. 前照灯的检测与调整

为保证前照灯的性能，应及时对前照灯进行检测和调整。前照灯的检测可采用屏幕法检测和前照灯检测仪检测两种方法。

检测调整前汽车应空载停放在平整的场地上，前照灯总成应清洁，屏幕与场地应垂直，轮胎气压符合规定，并且驾驶室内只允许乘坐一名驾驶人。

【前照灯的检测与调整】

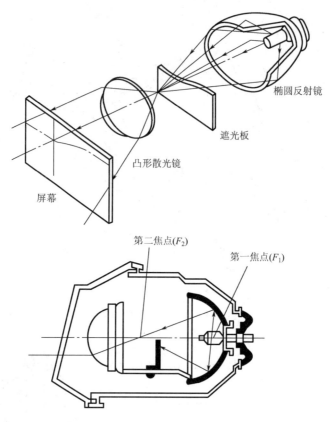

图 5.23 投射式前照灯

根据 GB 7258—2017《机动车运行安全技术条件》的规定，机动车在检测前照灯的近光光束照射位置时，前照灯在距离屏幕 10m 处，光束明暗截止线转角或中点高度应为 $(0.6\sim 0.8)H$（H 为前照灯基准中心高度），其水平方向位置向左、向右偏差均不得大于 100mm。

四灯制前照灯其远光单光束灯的调整，要求在屏幕上光束中心离地高度为 $(0.85\sim 0.90)H$，水平位置要求左灯向左偏差不得大于 100mm，左灯向右偏差和右灯向左、向右偏差均不得大于 170mm。

对于安装两只前照灯的机动车，每只灯的发光强度在用车应为 12000cd 以上，新车应为 15000cd 以上；对于安装四只前照灯的机动车，每只灯的发光强度在用车应为 10000cd 以上，新车应为 15000cd 以上。

(1) 用屏幕法检测前照灯的配光性能

正确停止车辆，使车头正对幕布或墙壁，并使前照灯距离幕布或墙壁 10m，如图 5.24 所示。在屏幕上距地面高度 1086mm 的地方画一条水平线 AA；在此线下 262mm 处画一条水平线 BB；再在屏幕上画三条垂直线，一条为中垂线，使它与汽车的中心线对正，另外两条分别位于中垂线的两侧，它们与中垂线的距离均为两前照灯中心距离的一半（515mm），这两条垂直线分别与水平线 BB 相交于 a 和 b 点，再画出明暗截线。

① 测光束。应分别检测左右前照灯的光束，具体方法（以测左前照灯光束为例）是

模块5 汽车前照明及信号系统

将右前照灯遮住；接通近光灯丝电源，左前照灯的近光光束中心应对准 a 点，使明暗截止线相重合，如不合规定应调整。

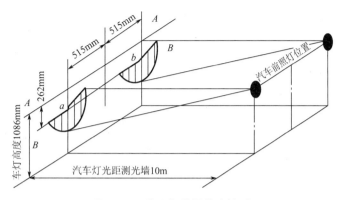

图 5.24 前照灯的屏幕法检测

② 调整光束。拆下前照灯罩板，调整光束的高低位置，可调整正上方的调整螺钉；调整光束的左右位置，可调整罩板左右的调整螺钉，如图 5.25 所示。

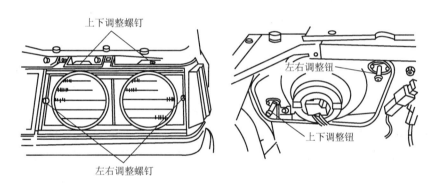

图 5.25 前照灯调整部位

（2）用检测仪检测前照灯的发光强度和配光性能

前照灯检测仪大多采用光电池感光。把光电池与光度计（电流表）连接起来，在适当的距离内使前照灯照射光电池，光电池会产生相应大小的电流，使光度计动作，便可测出前照灯的发光强度。

把光电池分割成上、下、左、右四块，经前照灯照射后，各块光电池分别产生电动势，其差值可以使上下偏斜指示计或左右偏斜指示计产生动作，从而判断出光轴的位置，如图 5.26 所示。

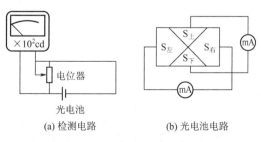

图 5.26 前照灯检测原理

5.2.3 汽车照明系统电路

1. 前照灯的控制电路

【汽车照明系统电路】

图 5.27 所示为汽车前照灯的控制电路。其电路主要由灯光开关、变光开关、前照灯继电器和前照灯等组成。

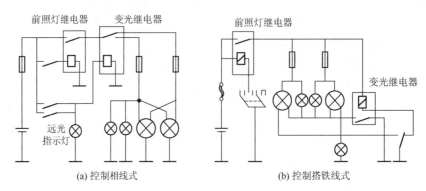

图 5.27 前照灯的控制电路

（1）灯光开关

灯光开关的形式有拉钮式、旋转式和组合式等多种。现代汽车上使用较多的是将前照灯、尾灯、转向灯及变光开关等制成一体的组合式开关，如图 5.28 所示。

（2）变光开关

变光开关可以根据需要切换远光和近光。它有脚踏变光开关（图 5.29）和组合式变光开关两种。目前车辆上多采用组合式变光开关，安装在转向盘下方，便于驾驶人操作。

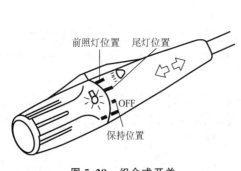

图 5.28 组合式开关

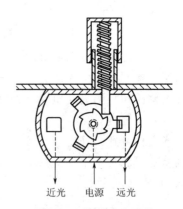

图 5.29 脚踏变光开关

（3）前照灯继电器

前照灯的工作电流较大，特别是四灯制的汽车，若用车灯开关直接控制前照灯，车灯开关易烧坏，因此在灯光电路中设有前照灯继电器（图 5.30）。

由前照灯电路可知，灯光开关和变光开关都不搭铁，而是采用灯丝搭铁，且前照灯都是并联的，这样可防止一个灯丝烧断导致全车的前照灯都不亮。

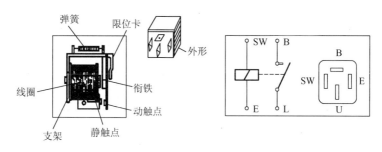

图 5.30 前照灯继电器的结构与引线端子

2. 前照灯自动变光电路

当对方车辆有灯光信号时（在 200m 以外），自动变光电路能够自动地将本车的远光变为近光，避免了给对方驾驶人带来的炫目；两车交会后，又可自动恢复为远光，同时仍保留脚踏式机械变光开关的功能。其工作原理如图 5.31 所示。

在使用前照灯时，把远光灯工作作为初始状态，此时在继电器的作用下将 12V 电源正极与远光灯连通。当迎面来车灯光照射于光敏电阻（传感器）PC_1 上，PC_1 的阻值将减小，晶体管 VT_1 获得正向偏压而导通，VT_2 亦导通，使得 VT_3 截止而 VT_4 导通，并把低电平信号送至功率晶体管 VT_5 使其导通，功率继电器得电动作，断开远光灯丝接线柱而接通近光灯丝接线柱，此时汽车前照灯由远光转换成近光照明。工作电流为 12V 电源→R_{16}→VT_5→脚踏变光开关 S_1→功率继电器线圈→搭铁。

当两车交会后，光敏电阻 PC_1 上的光信号消失，PC_1 阻值增大，晶体管 VT_1 截止，VT_2 亦截止；多谐振荡器翻转一次；VT_3 导通，而 VT_4 截止，输出高电平至 VT_5 的基极，VT_5 截止，切断功率继电器线圈中的电流，其触点恢复接通远光灯丝接线柱，即恢复前照灯远光照明。

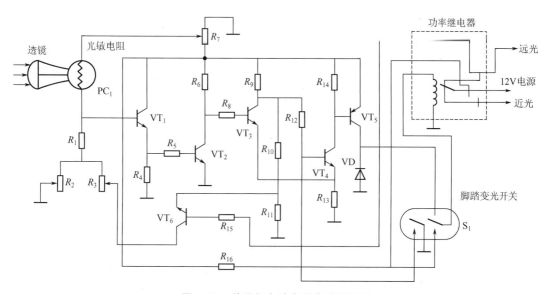

图 5.31 前照灯自动变光电路原理图

3. 前照灯自动延时关闭电路

前照灯自动关闭延时器是一种自动关闭前照灯的控制装置。前照灯自动关闭延时控制装置的主要功能是当汽车夜间停入车库后，为驾驶人下车离开车库提供一段时间的照明，以免驾驶人摸黑走出车库时造成事故。延时关闭时间一般为50s。其控制电路如图5.32所示。

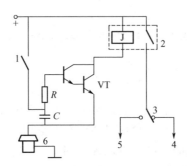

图5.32 前照灯延时关闭控制电路
1—延时按钮；2—延时继电器；3—前照灯变光开关；
4、5—接前照灯；6—机油压力开关

发动机熄火后，机油压力开关触点闭合。此时按下延时按钮，电源对电容C充电，VT基极电位逐渐升高，VT导通，延时继电器通电，前照灯亮；松开延时按钮后，电容C放电保持照明，直到电容C的电压下降到使VT截止。

4. 前照灯昏暗自动发光控制电路

前照灯昏暗自动发光控制电路的作用：在汽车行驶过程中（并非夜间行驶），汽车前方的自然光的强度降低到一定程度时，如汽车通过隧道、高架桥、林荫路、树林或天空突然乌云密布等，该电路便自动将前照灯电路接通，打开前照灯可以确保行车安全。

5. 智能化灯光系统

智能化灯光系统能使汽车前照灯随行驶状况的变化而实时变化，将会出现具有10～15种不同光束的前照灯灯光，相对行驶速度和路面"随机应变"。例如，在高速公路上，汽车前照灯会照亮前方不宽的区域，且更远一点。当汽车转弯时，外侧亮度要亮些，能让驾驶人看清楚弯道情况；而内侧要暗些，目的是不要使对面会车的驾驶人炫目。

智能化灯光系统的代表性产品是随动转向灯光系统（AFS），其前照灯的灯光分布明显优越于普通灯光系统，如图5.33所示。

氙气前照灯的随动转向功能使前照灯可以做上、下、左、右四向运动，光束随转向盘的转动而转动。此外，光轴自动调整系统能根据车速及转向盘转向角度，自动调整近光灯的照射中心，自动指向入弯，确保弯道中的高能见度。

在后排载重较大导致车身角度上扬时，系统将自动调整光轴倾角，避免光轴上扬对对面来车驾驶人的干扰。与此同时，集成于保险杠上的前雾灯具有转弯照明功能，转向时弯道内侧的雾灯将亮起，照明弯道死角，提高安全性。

模块5　汽车照明及信号系统

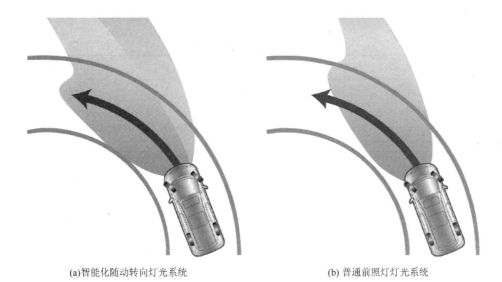

(a)智能化随动转向灯光系统　　　　　(b)普通前照灯灯光系统

图 5.33　智能化随动转向灯光系统与普通前照灯灯光系统

智能化灯光系统还具备丰富的照明辅助功能，主要包括回家照明（熄火停车后前照灯还将在设置时间段内保持照明）、动身照明（用遥控器解锁车门时如果环境较黑暗则灯将打开）及昏暗天气照明（当进入隧道、黄昏或大雨时前照灯自动打开）等，非常人性化。前照灯的清洁也非常便捷，利用可伸缩的前照灯洗涤装置可以方便地通过按下仪表板上的按钮快速地清洗灯罩上的污物，及时恢复照明度。

实训能力目标

1. 掌握汽车前照灯的结构和调整方法。
2. 学会汽车照明系统电路图的识读和电路检修方法。

实训内容

① 在实训室调整汽车前照灯的高度和宽度。
② 根据以下电路连接汽车前照灯电路，如图 5.34 所示。

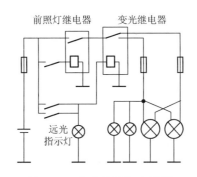

图 5.34　汽车前照灯电路图

③ 老师根据学生连接好的汽车电路设置故障,学生排除故障,并填写表 5-3。

表 5-3 汽车电路故障设置

故障现象	故障原因	故障排除方法
一个近光灯不亮		
近光灯都不亮		
远光灯都不亮		

▶ **实训总结**

5.3 汽车信号系统

 理论知识目标

1. 熟悉汽车转向灯及危险报警装置。
2. 熟悉汽车倒车信号装置。
3. 熟悉汽车电喇叭。

5.3.1 汽车转向灯及危险报警装置

1. 转向灯及危险报警电路

在汽车起步、转弯、变更车道或路边停车时,需要打开转向信号灯以表示汽车的趋向,提醒周围车辆和行人注意。

转向信号灯系统由闪光继电器(简称闪光器)、转向灯开关、转向信号灯和转向指示灯等组成。当接通危险报警信号开关时,所有转向信号灯同时闪烁,表示车辆遇紧急情况,请求其他车辆避让。根据 GB 7258—2017《机动车运行安全技术条件》的规定,危险警告灯操纵装置不应受点火开关控制。转向灯闪烁是由闪光器控制电流通断实现的,闪光频率规定为 (1.5±0.5)Hz。

模块5 汽车照明及信号系统

以 TJ7100 乘用车转向灯电路（图 5.35）为例，当转向组合开关旋转到 L 位置时，转向组合开关中的第 2 格接线端子与第 3 格接线端子接通，第 4 格接线端子与第 5 格接线端子接通，电流通过点火开关、熔断器 FU_0 进入转向灯开关，再从闪光器的"＋"接线端子进入闪光器，从闪光器的 L 接线端子进入转向灯开关的第 4 格接线端子，第 5 格接线端子连接左转向灯，最后搭铁形成回路。

当转向组合开关旋转到 R 位置时，转向组合开关中的第 2 格接线端子与第 3 格接线端子接通，第 4 格接线端子与第 6 格接线端子接通，电流通过点火开关、熔断器 FU_0 进入转向灯开关，再从闪光器的"＋"接线端子进入闪光器，从闪光器的 L 接线端子进入转向灯开关的第 4 格接线端子，第 6 格接线端子连接右转向灯，最后搭铁形成回路。

当按下危险报警开关时，转向组合开关中的第 1 格接线端子与第 2 格接线端子接通，第 4 格接线端子与第 5、6 格接线端子接通，电流通过点火开关、熔断器 FU_1 进入转向灯开关，再从闪光器的"＋"接线端子进入闪光器，从闪光器的 L 接线端子进入转向灯开关的第 4 格接线端子，第 5、6 格接线端子连接左右转向灯，最后搭铁形成回路。

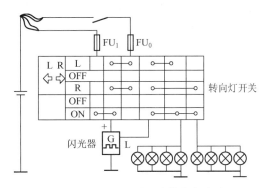

图 5.35 TJ7100 乘用车转向灯电路

2. 闪光器的工作原理

常见的闪光器有电容式、翼片式、晶体管式等几类，如图 5.36 所示。翼片式和带继电器的晶体管式闪光器结构简单、体积小、闪光频率稳定、监控作用明显、工作时伴有响声，故被广泛使用。

【汽车信号系统】

图 5.36 常见的闪光器

(1) 翼片式闪光器

翼片式闪光器分为直热翼片式和旁热翼片式两种。

直热翼片弹跳式闪光器的结构与工作原理如图 5.37 所示。它主要是由翼片、热胀条、活动触点、固定触点及上下支承等组成的。

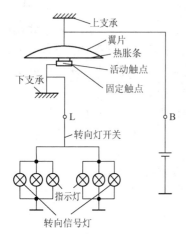

图 5.37 直热翼片弹跳式闪光器

汽车转向时,接通转向灯开关,蓄电池即向转向信号灯供电,电流由蓄电池正极→接线柱 B→上支承→翼片→热胀条→活动触点→固定触点→下支承→接线柱 L→转向灯开关→转向信号灯和指示灯→搭铁→蓄电池负极,形成回路,转向信号灯立即发亮。这时热胀条因通过电流而发热伸长,翼片突然绷直,活动触点和固定触点分开,切断电流,于是转向信号灯熄灭。

当通过转向信号灯的电流被切断后,热胀条开始冷却收缩,又使叶片突然弯成弓形,活动触点和固定触点再次接触,接通电路,转向信号灯再次发光。如此反复变化使转向信号灯一亮一暗地闪烁,标示车辆的行驶方向。

旁热翼片弹跳式闪光器的结构与工作原理如图 5.38 所示。它主要是由热胀条、电热丝、闪光器、活动触点、固定触点、翼片、支架、转向灯开关、转向信号灯及转向指示灯等组成的。

汽车转向时,接通转向灯开关,蓄电池通过闪光器接线柱 B 供电,电流由蓄电池正极→接线柱 B→支架→热胀条及电热丝→固定触点→接线柱 L→转向灯开关→转向信号灯及转向指示灯→搭铁→蓄电池负极,形成回路,转向信号灯立即发亮。但此时转向信号灯的亮度不足以起照明作用,这时热胀条因通过电流和电热丝加热的作用而发热伸长,翼片突然绷直,活动触点和固定触点接触,接通电流,于是转向信号灯发亮,且亮度加大。

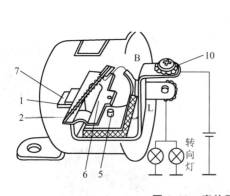
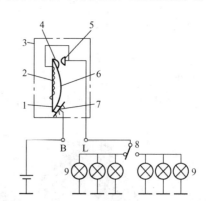

图 5.38 旁热翼片弹跳式闪光器

1—热胀条;2—电热丝;3—闪光器;4—活动触点;5—固定触点;6—翼片;
7—支架;8—转向灯开关;9—转向信号灯及转向指示灯;10—接线柱

当通过转向信号灯的电流被接通后,热胀条和电热丝因翼片短路而电流减小,开始冷却收缩,又使翼片突然弯成弓形,活动触点和固定触点断开,切断电路,转向信号灯再次发暗。如此反复变化使转向信号灯一亮一暗地闪烁,标示车辆的行驶方向。

(2) 晶体管式闪光器

晶体管式闪光器有带继电器的晶体管式闪光器（有触点）、无触点闪光器、集成电路闪光器等。

① 带继电器的晶体管式闪光器。当转向开关接通右转向灯时，电流由蓄电池的正极→点火开关 SW→端子 B→电阻 R_1→继电器触点→端子 S→转向灯开关 K→右转向信号灯→搭铁回到蓄电池负极，于是右转向信号灯发亮，如图 5.39 所示。

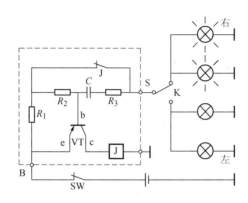

图 5.39　带继电器的晶体管式闪光器

当灯泡电流通过时，产生电压降，晶体管的发射极获得正向偏电压，于是电容器通过熔丝、晶体管的发射极、基极、转向灯开关、右转向信号灯进行充电，使晶体管导通。晶体管导通时，集电极电流从蓄电池正极→熔丝→晶体管的发射极→集电极→继电器线圈→搭铁回到蓄电池负极，线圈产生磁力把触点打开，切断了右转向信号灯的电路，于是右转向信号灯熄灭。

随着电容器的充电，其两端的电压升高，晶体管的基极电流减小，使晶体管迅速截止，线圈的磁力消失，触点重新闭合，又接通了右转向信号电路，使右转向信号灯再次发亮。

当触点闭合时，电容器通过触点放电，此时晶体管在反向偏压下截止。在电容器两端的电压消失后，蓄电池又向电容器充电，使晶体管再导通。晶体管导通后，集电极电流通过继电器线圈产生磁力又打开触点，使转向信号灯熄灭，电容器又充电。这样电容器不断地充电和放电，晶体管也不断地导通与截止，控制触点反复地打开、闭合，使转向信号灯不断地发出闪光。

② 集成电路闪光器。LT4761 是一种汽车闪光控制专用集成电路（上海桑塔纳汽车装用），如图 5.40 所示。电路通过驱动继电器来控制汽车转向灯的闪烁，当检测到车灯短路时可以通过加倍闪烁频率来报警，具有保护全、耗电少、性能稳定、使用范围广、寿命长等优点。并且其具有故障灯检测、过电压保护、内置短路检查、电池反接保护、闪烁频率可进行温度和电压补偿等额外功能。

该电路用于驱动转向指示闪光灯继电器。内部振荡由 R_1、C_1 决定。旁路电阻 R_s 检测故障灯和系统短路。两个限流电阻 R_2、R_3 保护集成电路避免由于负载断开造成的瞬间冲击。电路可用于有或没有短路检测的情况，并提供过电压保护、灯故障检测和短路检测。

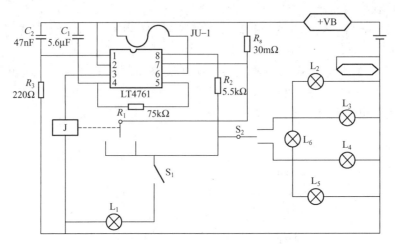

图 5.40 上海桑塔纳汽车装用的集成电路闪光器

L_2、L_3、L_4、L_5 是转向信号指示灯。当 S_1 开关闭合，延迟 t_1（$t_1=75\text{ms}$）时间后，断电器动作。对应的灯泡（L_2、L_3 或 L_4、L_5）将按振荡频率闪烁。与 8～18V 的电池电压无关，当 S_1 断开时，闪烁结束，并且电压复位至初始位置。

过电压检测：当电池电压超过 20.2V 时（两电池串联），断电器将断开，以保护指示灯。

指示灯故障检测：检测流过旁路电阻 R_s 上的电流（$I_{sh}>25\text{A}$），若一个灯失效，则闪烁加倍。

5.3.2 汽车倒车信号装置

1. 倒车灯及报警器电路

汽车倒车时，为了警示车后的行人和其他车辆注意避让，在汽车的后部装有倒车灯和倒车蜂鸣器（或倒车语音报警器），它们均由装在变速器上的倒挡开关控制。当倒挡开关接通后，电流从蓄电池→熔丝→倒挡开关→倒车灯→蜂鸣器→搭铁形成回路，如图 5.41 所示。

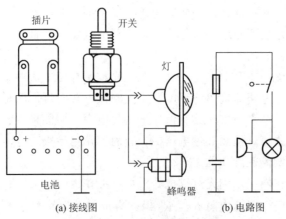

(a) 接线图　　　　　　　(b) 电路图

图 5.41 汽车倒车信号电路

2. 倒车蜂鸣器

倒车蜂鸣器如图5.42所示。其工作原理：晶体管VT_1、VT_2组成一个无稳态电路，由于VT_1和VT_2之间采用电容器耦合，所以VT_1与VT_2只有两个暂时的稳定状态，或VT_1导通、VT_2截止，或VT_1截止、VT_2导通，这两个状态周期地自动翻转。

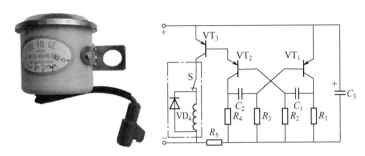

图5.42 倒车蜂鸣器

VT_3在电路中起开关作用。它与VT_2直接耦合，VT_2的发射极电流就是VT_3的基极电流。当VT_2导通时，VT_3基极有足够大的基极电流导通向VD_4供电。VD_4通电使膜片振动，产生声音。当VT_2截止时，VT_3无基极电流也截止，VD_4断电响声停止，如此周而复始，VT_3按照无稳态电路的翻转频率不断地导通、截止，从而使得倒车蜂鸣器发出"嘀—嘀—嘀"的间歇鸣叫声。

3. 倒车语音报警器

随着集成电路技术的发展，现在已经能将语音信号压缩存储于集成电路中，制成倒车语音报警器，如图5.43所示。在汽车倒车时，能重复发出"请注意，倒车！"等声音，以此提醒车后行人避开车辆而确保安全倒车。集成块IC_1是存储了语音信号的集成电路，集成块IC_2是功率放大集成电路，稳压管VZ用于稳定语言集成块IC_1的工作电压。

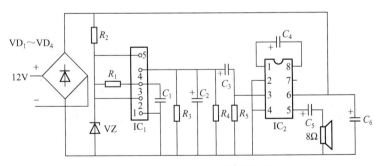

图5.43 倒车语音报警器电路

工作原理如下：12V汽车蓄电池经稳压管VZ，使语音集成块IC_1得到3V的工作电压。当汽车倒车时，语音集成块IC_1得电工作，4脚输出音频信号，经C_3耦合，进入集成块IC_2的输入端。集成块IC_2是低压功率放大集成电路，有较强的功率放大能力。音频信号经集成块IC_2放大后，从C_5耦合到扬声器，即可发出报警声音。改变R_1、C_1的数值可改变输出声调，得到男人、女人或小孩的声调。

4. 倒车雷达

倒车雷达装置在倒车时起到辅助报警作用，使倒车更加安全。倒车雷达装置由倒车雷达侦测器（也称超声波转换器、声呐传感器，俗称电眼）、控制器、蜂鸣器等组成，如图5.44所示。

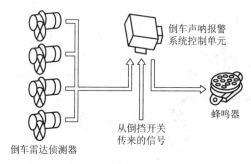

图5.44 乘用车倒车声呐报警系统图

倒车雷达侦测器安装在车辆后部保险杠上，如图5.45所示。它向汽车后部发射超声波，并接收反射回来的超声波。

图5.45 倒车雷达侦测器安装位置

雷达侦测器（图5.46）由无线电收发机和处理器组成。处理器将回波信号转换成数字信号后传递给控制单元。

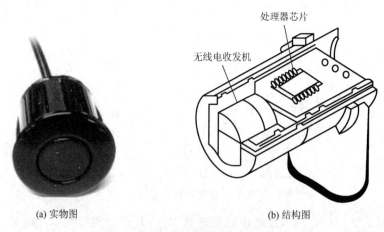

(a) 实物图　　　　　　　　　　(b) 结构图

图5.46 雷达侦测器的实物和结构

当驾驶人挂倒挡后，倒车雷达侦测器进入自我检测。当自我检测通过后，开始检测汽车后部障碍物。如图5.47所示，控制器接收从侦测器传来的信号，经计算判断障碍物离车尾的距离。若达到报警位置，就传送信号给蜂鸣器。

模块5 汽车照明及信号系统

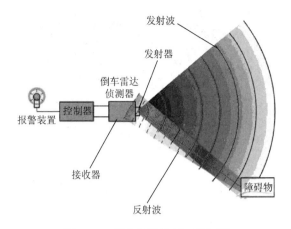

图 5.47 倒车雷达装置工作原理

如风神Ⅱ号乘用车的倒车雷达装置，当在汽车后部 50cm 处检测到物体表面为 25cm 以上的障碍物时，就会发出报警声，以提醒驾驶人注意。

汽车倒车将要遇到障碍物时，带有超声波的倒车雷达系统开始发出报警声响，距离障碍物越近，声音频率越高，从而提醒驾驶人汽车将要碰到障碍物，注意安全。

倒车雷达系统工作过程如图 5.48 所示。

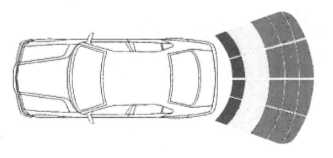

【倒车雷达系统工作过程】

图 5.48 倒车雷达系统工作过程

① 当驾驶人挂倒挡后，倒车雷达系统即开始工作，发生"嘟嘟"的声音（绿色区域），表明该系统状态良好。

② 当汽车与障碍物相距 1.6m（黄色区域）时，可听到间歇报警声。距离障碍物越近，声音越急促。若距离小于 0.2m（红色区域），则发生连续的报警声。

在倒车雷达系统的基础上，一些乘用车已经装备了具有汽车前后障碍物距离测试功能的驻车距离报警（Parking Distance Control，PDC）系统。

驻车距离报警系统在汽车的前后保险杠上均装有雷达侦测器，车辆距障碍物的距离可以在车内的大屏幕显示器（一般与汽车导航系统的显示器共用）上直接显示出来，并伴有蜂鸣器的报警声响。

也有些汽车采用可视倒车系统，如图 5.49 所示。在汽车后保险杠或顶部（大型车辆）安装摄像头，直接显示汽车后部的实际情况，使得倒车、移库等操作更加安全便捷。

图 5.49 可视倒车系统

5.3.3 电喇叭

【汽车电喇叭微课】

1. 电喇叭的作用与分类

汽车上都装有电喇叭，用来警告行人和其他车辆，以引起注意，保证行车安全。电喇叭按外形分为螺旋形、盆形、筒形三类，如图 5.50 所示；按声频分为高音和低音两类。

(a) 螺旋(蜗牛)形电喇叭　　　　　　(b) 盆形电喇叭　　　　　　(c) 筒形电喇叭

图 5.50 电喇叭的分类

2. 电喇叭的结构与工作原理

（1）螺旋形电喇叭

螺旋形汽车电喇叭附带扬声筒。扬声筒卷成螺旋形以压缩体积，音质优美响亮。螺旋形电喇叭（图 5.51）和盆形电喇叭的基本结构原理是一样的，都由铁心、磁化线圈、活动触点、固定触点、衔铁、膜片等组成。当驾驶人按下按钮时，电流经触点通过线圈，线圈产生磁力吸下衔铁强制膜片移动，衔铁移动使触点断开，电流中断，磁力消失，膜片在本身的弹性和弹簧片的作用下又同衔铁一起恢复原位，触点闭合，电路接通，电流再通过触点流经线圈产生磁力，重复上述动作。如此反复循环膜片不断振动，从而发出音响。

一般汽车电喇叭的音调和音量是可以调整的。通过调整衔铁与铁心之间的间隙可调节音调，调节触点压力可调节音量。一旦调节音量，线圈电流也会随之变化。

（2）盆形电喇叭

盆形电喇叭（图 5.52）的工作原理与螺旋形电喇叭相同，电磁铁采用螺旋管式结构，

模块5 汽车照明及信号系统

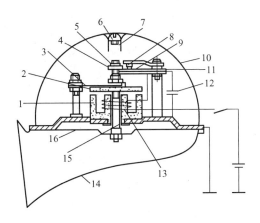

图 5.51 螺旋形电喇叭的结构

1—铁心;2—衔铁;3—弹簧片;4—调整螺母;5—锁紧螺母;6—螺钉;7—支架;
8—活动触点;9—固定触点;10—防护罩;11—绝缘片;12—灭弧电容;
13—励磁线圈;14—传声筒;15—中心螺杆;16—膜片

铁心上绕有励磁线圈,活动铁心、固定铁心间的气隙在线圈中间,所以能产较大的吸力。它无扬声筒,而是将活动铁心、膜片和共鸣板装在中心轴上。

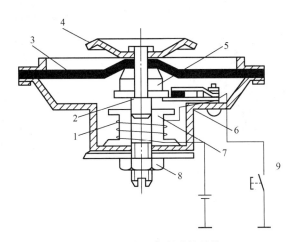

图 5.52 盆形电喇叭的结构

1—励磁线圈;2—活动铁心;3—膜片;4—共鸣板;5—振动块;
6—外壳;7—固定铁心;8—调整螺母;9—按钮

当电路接通时,励磁线圈产生吸力,活动铁心被吸下与固定铁心撞击,产生较低频率的声音,并激励膜片及与膜片联成一体的共鸣板产生共鸣,从而发出比低频率强得多且分布又比较集中的谐声。为了保护触点,有的盆形电喇叭在触点之间并联了灭弧电容器。

(3)电动气喇叭

电动气喇叭(图5.53)主要由电动气泵和气喇叭两部分组成。按下喇叭按钮时,直流电动机驱动气泵运转,产生压缩空气,压缩空气直接通入气喇叭使喇叭发声。

(4)双音电喇叭控制电路

为了得到较和谐悦耳的声音,在汽车上常装有两个不同音调(高音、低音)的电喇

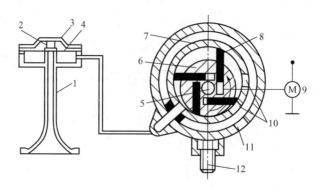

图 5.53 电动气喇叭

1—传声筒；2—弹簧；3—盖板；4—膜片；5—电动机轴；6—转子；
7—偏心腔体；8—叶片；9—电动机；10、11—进气口；12—螺钉

叭，如图 5.54 所示。其中，高音电喇叭膜片厚、扬声筒短，用 G（高）表示；低音电喇叭膜片薄、扬声筒长，用 D（低）表示。

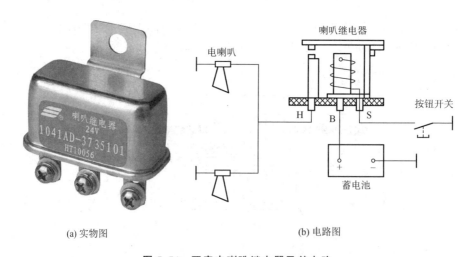

(a) 实物图　　　　　　　　　　　(b) 电路图

图 5.54 双音电喇叭继电器及其电路

3. 电喇叭的调整

电动气喇叭一般制成不可调式。螺旋形电喇叭、盆形电喇叭的调整一般有铁心气隙调整和触点预压力调整两个项目。改变铁心气隙可调整喇叭音调的高低，改变触点预压力可调整喇叭音量的大小。

(1) 铁心气隙（即衔铁与铁心间的气隙）的调整

电喇叭音调的高低与铁心气隙有关，铁心气隙小时，膜片的振动频率高（即音调高）；气隙大时，膜片的振动频率低（即音调低）。铁心气隙值（一般为 0.7～1.5mm）视电喇叭的高、低音及规格型号而定，如 DL34G 为 0.7～0.9mm，DL34D 为 0.9～1.05mm。筒形电喇叭、螺旋形电喇叭铁心气隙 δ 的调整部位如图 5.55 所示。

盆形电喇叭音量、音调的调整如图 5.56 所示。调整时应先松开锁紧螺母，然后旋转音调调整螺钉（铁心）进行调整。

模块5　汽车照明及信号系统

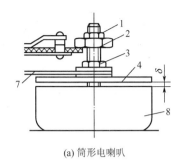
(a) 筒形电喇叭

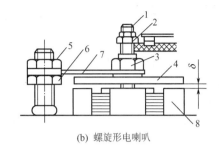
(b) 螺旋形电喇叭

图 5.55　筒形电喇叭、螺旋形电喇叭铁心气隙 δ 的调整部位

1、3—锁紧螺母；2、5、6—调整螺母；4—衔铁；7—弹簧片；8—铁心；δ—铁心气隙

（2）触点预压力的调整

电喇叭音量的大小与通过电喇叭线圈的电流大小有关。当触点预压力增大时，流过电喇叭线圈的电流增大，使电喇叭产生的音量增大，反之音量减小。

触点压力是否正常，可通过检测电喇叭的工作电流与额定电流是否相符来判断。若工作电流等于额定电流，则说明触点压力正常；若工作电流大于或小于额定电流，则说明触点压力过大或过小，应予以调整。

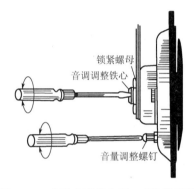

图 5.56　盆形电喇叭音量、音调的调整

对于筒形电喇叭、螺旋形电喇叭，应先松开锁紧螺母，然后转动调整螺母（逆时针方向转动时，触点压力增大，音量增大）进行调整；对于盆形电喇叭，可旋转音量调整螺钉（逆时针方向转动时，音量增大）进行调整。调整时不可过急，一般每次转动调整螺钉不多于 1/10 圈。

电喇叭音量和音调的调整并不是完全独立的，它们两者实际上是相互关联的，因此两者需反复调试才会获得最佳效果。汽车电喇叭声级在距车前 2m、离地面 1.2m 处测量时，其值应为 90～115 dB（A）。

实训能力目标

1. 掌握汽车转向灯及危险报警装置的拆装。
2. 掌握汽车倒车信号装置的拆装。
3. 掌握汽车电喇叭的调整与拆装。

实训内容

1. 拆装汽车转向灯及危险报警装置

在实训室拆装汽车转向灯及危险报警装置，并填写表 5-4。

表 5-4　汽车转向灯及危险报警装置

汽车品牌及型号	汽车转向灯及危险报警功率	拆 装 步 骤

2. 汽车倒车信号电路故障排除

老师根据学生连接好的汽车倒车信号电路设置故障，学生排除故障，并填写表 5-5。

表 5-5　汽车倒车信号电路设置故障

故 障 现 象	故 障 原 因	故障排除方法
倒车信号语音不响		
倒车信号语音声音小		
倒车灯不亮		

3. 电喇叭音量与音调的调整

（1）电喇叭音量的调整

筒形电喇叭音量的调整方法：转动图 5.55（a）所示的调整螺母 2，改变触点接触压力进行调整。当触点压力增加时，触点闭合时间相对增长，流过线圈的电流增大，音量相应增大；反之，音量减小。

螺旋形电喇叭音量的调整方法：拧松图 5.55（b）所示的锁紧螺母 1、3，然后拧动调整螺母 2、5、6，即可改变触点接触压力进行调整。当压力增加时，触点闭合时间相对延长，流过线圈的电流增大，音量相应增大；反之，音量减小。

（2）电喇叭音调的调整

盆形电喇叭音调的调整方法：转动图 5.52 所示的调整螺母 8，调整活动铁心与固定铁心之间的气隙进行调整。减小气隙时电喇叭音调升高，增大气隙时电喇叭音调降低。

螺旋形电喇叭音调的调整方法：拧松图 5.51 所示的螺钉 6，再拧松连接螺栓上的锁紧螺母，然后转动衔铁，即可减小或增大衔铁与固定铁心的气隙进行调整。调整时应注意衔铁要平正，不能歪斜，使其周围的气隙均匀。

▶ **实训总结**

本 章 小 结

1. 汽车照明灯是汽车夜间行驶必不可少的照明设备。为了提高汽车的行驶速度确保夜间行车的安全，汽车装有多种照明设备。汽车灯具按功能可分为照明灯具和信号灯具两大类；按安装位置可分为外部灯具和内部灯具。

2. 外部灯具包括转向灯、示位灯、前照灯、前雾灯、示廓灯、倒车灯、后雾灯、制动灯、牌照灯等。外部灯具光色一般采用白色、橙黄色和红色；执行特殊任务的车辆，如消防车、警车、救护车、工程抢修车，则采用具有优先通过权的红色、黄色或蓝色闪光警示灯。

3. 内部灯包括顶灯、阅读灯、行李箱灯、门灯、踏步灯、仪表照明灯、报警及指示灯、工作灯等。

4. 前照灯的光学系统包括反射镜、配光镜和前照灯灯泡三部分。

5. 汽车照明系统电路主要由灯光开关、变光开关、前照灯继电器和前照灯等组成。

6. 转向信号灯系统由闪光继电器（简称闪光器）、转向灯开关、转向信号灯和转向指示灯等组成。

7. 电喇叭用来警告行人和其他车辆，以引起注意，保证行车安全。电喇叭按外形分为螺旋形、筒形、盆形三类。

思 考 题

1. 汽车灯具按功能可分为什么类型？
2. 汽车灯具主要有哪些？
3. 汽车前照灯的结构组成是什么？
4. 汽车前照灯继电器的作用是什么？
5. 汽车危险报警装置有哪些？

模块 6　汽车仪表报警系统

引例

汽车仪表是用以监测汽车各系统工作状况的装置。驾驶人能通过汽车仪表随时掌握汽车各部件的工作状态。汽车仪表按其结构原理可分为机械仪表和电子仪表两大类。目前汽车常用的仪表主要有电流表、电压表、机油压力表、冷却液温度表、燃油表、车速里程表、气压表等。随着汽车电子技术的发展，多功能、高精度、高灵敏度、读数直观的电子数字显示及图像显示的仪表已不断应用于汽车上。汽车仪表的功能已不仅仅是单纯的显示，而是通过将汽车各部件参数的监测与微机处理相配套，从而达到控制汽车各种运行工况的目的。如果汽车仪表损坏了，汽车的各个部件还能正常工作吗？

6.1　汽车仪表电路

【汽车仪表微课】

理论知识目标
1. 掌握汽车仪表的各种指示及符号。
2. 掌握汽车仪表的结构及工作原理。

6.1.1　汽车仪表

为了使驾驶人随时掌握车辆的各种工作状况，保证行车安全，并及时发现和排除车辆存在的故障，现代汽车上都安装了多种监控仪表和报警信息装置。

1. 仪表的分类

汽车仪表按工作原理可分为机械式仪表、电气式仪表、模拟电路电子仪表和数字化电子仪表。传统仪表一般是指机械式仪表、电气式仪表和模拟电路电子仪表。随着现代汽车不断向信息化和电子化方向发展，数字化电子仪表相对于传统仪表具有集成度和精确度高、信息含量大、可靠性好及显示模式自由等优点，将逐步取代传统仪表。

现代汽车最常用的是组合仪表。组合仪表分为可拆式（桑塔纳2000乘用车采用）和整体不可拆式（宝马、别克乘用车采用）两种。可拆式组合仪表的仪表、指示灯等组成部件如果损坏可以单独更换，而整体不可拆式组合仪表的仪表、指示灯等组成部件如果损坏就要更换总成，代价较高。

2. 现代乘用车的仪表台

如图 6.1 所示，仪表台总成一般分成两部分，一般是指转向盘前的主仪表板、驾驶人旁通道上的副仪表板及仪表罩构成的平台。主仪表板上一般集中了全车的监控仪表，如车速里程表、发动机转速表、机油压力表、冷却液温度表、燃油表等。有些仪表还设有变速挡位指示、时钟、环境温度表、路面倾斜度和海拔高度表等。按照当前流行的仪表台设计款式,一般将空调、音响、导航、娱乐等设备的显示和控制部件安装在副仪表板上,以方便驾驶人的操作,同时也使整车布局紧凑合理。汽车仪表装在仪表台上最便于驾驶人观察的位置,并且以最清晰、直观、简便的方式来显示信息。主仪表板上最醒目的位置用来指示车辆最基本也最重要的工况信息,同时也用其他指示形式来指示一些次要信息。一般汽车仪表都具备最基本最重要的如车速、里程、发动机转速、冷却液温度、燃油量等信息的指示功能,以及发动机电控、灯光、电源、安全、润滑、制动等系统相关工况信息的指示及报警功能。例如,宝马新3系乘用车仪表如图6.2所示。

图 6.1　汽车仪表台布局

【汽车仪表台布局】

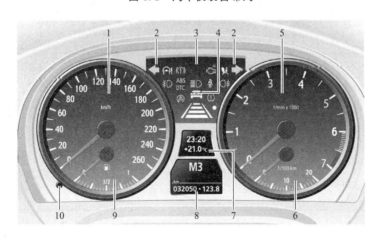

图 6.2　宝马新 3 系乘用车仪表

1—车速表；2—转向信号灯的指示灯；3—指示灯和警告灯；4—主动巡航控制显示；5—转速表；
6—能量控制；7—显示屏,用于显示时钟、车外温度、指示灯和警告灯；
8—显示屏,用于显示自动变速器挡位、保养需求日期和剩余的行驶里程、里程表和里程分表、设置和信息等；
9—燃油表；10—里程分表复位

汽车仪表上的指示灯系统一般由光源、刻有符号图案的透光塑料板和外电路组成。指示灯的光源以前大多采用小的白炽灯泡，损坏后可以更换；而目前电子仪表上越来越多地采用体积小、亮度高、易于集成的彩色发光二极管作为光源，但其损坏后不易更换。仪表指示灯一般都使用国际标准化组织（ISO）规定的通用符号，易于为全世界的人识别和理解，其常见符号如表 6-1 和表 6-2 所示。

表 6-1　常见仪表指示与报警灯符号

报警灯符号	名　称	作　用
	转向灯指示灯	该指示灯用来显示车辆转向灯所在的位置。通常该指示灯为熄灭状态。当驾驶人点亮转向灯时，该指示灯会同时点亮相应方向的转向指示灯，转向灯熄灭后，该指示灯自动熄灭
	远光灯指示灯	该指示灯用来显示车辆远光灯的状态。通常该指示灯为熄灭状态。当驾驶人点亮远光灯时，该指示灯会同时点亮，以提示驾驶人，车辆的远光灯处于开启状态
	发动机故障指示灯	该指示灯用来显示车辆发动机的工作状况。当打开钥匙门车辆自检时，该指示灯点亮后自动熄灭，若常亮则说明车辆的发动机出现了故障，需要维修
	制动盘指示灯	该指示灯用来显示车辆制动盘磨损的状况。一般该指示灯为熄灭状态，当制动盘出现故障或磨损过度时，该指示灯点亮，修复后熄灭
	驻车制动指示灯	该指示灯用来显示车辆驻车制动的状态，平时为熄灭状态。当驻车制动器开关手柄被拉起后，该指示灯自动点亮；驻车制动器开关手柄被放下时，该指示灯自动熄灭。有的车型在行驶中未放下驻车制动器开关手柄会产生警告声
	冷却液温度指示灯	该指示灯用来显示发动机内冷却液的温度。当打开钥匙门车辆自检时，该指示灯会点亮数秒后熄灭。若该指示灯常亮，说明冷却液温度超过了规定值，需要立刻暂停行驶。冷却液温度正常后，该指示灯熄灭
	充电指示灯	该指示灯用来显示充电系统状态。当打开钥匙门车辆自检时，该指示灯点亮，车辆起动后自动熄灭。若车辆起动后该指示灯仍点亮，说明充电系统出现了使用问题，需要维修
	安全带指示灯	该指示灯用来显示安全带是否处于锁止状态。当该指示灯点亮时，说明安全带没有及时地扣紧，有些车型会有相应的提示音。当安全带被及时扣紧后，该指示灯自动熄灭
	EPC指示灯	该指示灯在大众品牌车型中比较常见。当打开钥匙门车辆自检时，该指示灯会点亮数秒，随后熄灭。若车辆起动后该指示灯仍不熄灭，说明车辆机械与电子系统出现故障

模块6 汽车仪表报警系统

(续)

报警灯符号	名 称	作 用
	ABS 指示灯	该指示灯用来显示车辆 ABS 工作状况。当打开钥匙门车辆自检时，该指示灯会点亮数秒，随后自动熄灭。若该指示灯未闪亮或者车辆起动后仍不熄灭，表明该车 ABS 出现故障
	玻璃水指示灯	该指示灯用来显示车辆所装玻璃清洁液的多少，平时为熄灭状态。当该指示灯点亮时，说明车辆所装载玻璃清洁液已不足，需添加玻璃清洁液。添加玻璃清洁液后，指示灯熄灭
	VSC 指示灯	该指示灯用来显示车辆 VSC（电子车身稳定控制）系统的工作状态，多出现在日系车上。当该指示灯点亮时，说明 VSC 系统已被关闭
	TCS 指示灯	该指示灯用来显示车辆 TCS（牵引力控制系统）的工作状态，多出现在日系车上。当该指示灯点亮时，说明 TCS 已被关闭
	示宽指示灯	该指示灯用来显示车辆示宽灯的工作状态，平时为熄灭状态。当示宽灯打开时，该指示灯随即点亮；当示宽灯关闭时，该指示灯自动熄灭
	雾灯指示灯	该指示灯用来显示前后雾灯的工作状况。当前、后雾灯点亮时，该指示灯相应的标志会点亮；关闭雾灯后，相应的指示灯熄灭
	油量指示灯	该指示灯用来显示车辆内储油量的多少。当打开钥匙门车辆自检时，该指示灯会短时间点亮，随后熄灭。若起动车辆后该指示灯点亮，说明车内油量已不足
	O/D 位指示灯	O/D（over-drive）位指示灯用来显示自动变速器的超速挡的工作状态。当 O/D 位指示灯闪亮时，说明 O/D 位已锁止，此时加速能力获得提升，但会增加油耗
	机油压力过低警告灯	该指示灯用来显示发动机内机油的压力状况。当打开钥匙门车辆自检时，该指示灯点亮，车辆起动后熄灭。若该指示灯常亮，说明该车发动机机油压力低于规定标准，需要维修
	气囊指示灯	该指示灯用来显示安全气囊的工作状态，当打开钥匙门车辆自检时，该指示灯自动点亮数秒后熄灭。若该指示灯常亮，说明安全气囊出现故障
	车门指示灯	该指示灯用来显示车辆各车门的状况。任意车门未关上，或者未关好，该指示灯都将点亮相应的车门指示灯，提示驾驶人车门未关好。当车门关闭或关好时，相应车门指示灯熄灭

表 6-2 常见的控制键符号

控制键符号	名称	作用
ESP	电子稳定装置按键	该按键用来打开或关闭车辆的 ESP。车辆的 ESP 系统默认为工作状态,为了享受更直接的驾驶感受,驾驶人可以按下该按键关闭 ESP 系统
(内循环图标)	内循环指示灯	该指示灯用来显示车辆空调系统的工作状态,平时为熄灭状态。当点亮内循环按钮,车辆关闭外循环,空调系统进入内循环状态时,该指示灯自动点亮。内循环关闭时该指示灯熄灭
P)))	倒车雷达键	该按键用来根据驾驶人需要打开或是关闭车上的倒车雷达系统。驾驶人可以按下该按钮手动控制倒车雷达的工作,在倒车时手动关闭倒车雷达,或是手动开启倒车雷达
(车门锁图标)	中控锁键	该按键是车辆中控门锁的控制按钮。驾驶人可以通过按下该按钮,同时打开或是关闭各车门的门锁,也可以单独关闭某一个开启的车门,有效地保证车内人员的安全
(前照灯图标)	前照灯清洗键	该按键用来控制前照灯的自动清洗功能。在具有前照灯清洗功能的车辆上,驾驶人可以通过按下这一按键开启前照灯清洗装置,对车辆的前照灯进行喷水清洗
SHADE	后遮阳帘键	该按键用来控制车内电动后遮阳帘的打开与关闭。在安装电动后遮阳帘的车内,驾驶人可以通过按下这一按键打开或启用后窗的电动遮阳帘。后遮阳帘用来遮挡阳光

3. 汽车仪表的发展趋势

传统的汽车仪表多为机电式模拟仪表,只能给驾驶人提供汽车运行中必要而又少量的数据信息,已远远不能满足现代汽车的要求。

随着电子技术的发展,多功能、高精度、高灵敏度、读数直观的电子数字显示及图像显示的仪表不断在汽车上应用。

汽车仪表正向综合信息系统的方向发展,其功能不局限于现在的车速、里程、发动机转速、油量、冷却液温度、转向灯指示等,还增添了一些新功能,如带 ECU 的智能化汽车仪表,能指示安全系统运行状态,如轮胎气压、制动装置、安全气囊等。

车速里程表、发动机转速表和燃油表将被集网络诊断和数字显示功能于一体的触摸式液晶屏幕取代,并具有车载动态信息系统的故障自诊断、道路自主导航、电子地图、车辆定位动态显示等功能。

6.1.2 汽车仪表的结构与工作原理

一般汽车仪表有电压表、电流表、机油压力表、冷却液温度表、燃油表、发动机转速表和车速里程表等。

1. 电压表

电压表用来指示电源系统的工作情况。它不仅能指示发电机和电压调节器的工作状况，还能指示蓄电池的技术状况，比电流表和充电指示灯更直观和实用。

发动机起动时，电压表指示值在 9～10V 为正常。如果电压表指示值在起动时过低，说明蓄电池亏电或有故障。若起动前后，电压表指示值基本不变，则表明发电机不发电。

若汽车正常行驶时，电压表指示值不在 13.5～14.5V，说明电压调节器有故障。

常见的电压表有电磁式（图 6.3）和电热式两种，受点火开关控制。

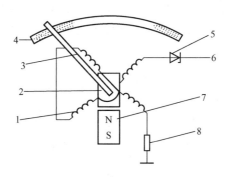

图 6.3 电磁式电压表

1—交叉电磁线圈；2—转子；3—指针；4—刻度板；
5—稳压管；6—接线柱；7—永久磁铁；8—限流电阻器

电磁式电压表中的交叉电磁线圈是固定的，永久磁铁可带动转子及指针，当线圈中通入与被测量成正比的电流后，铁心被吸入，带动指针偏转，被测量越大，偏转角也越大。电磁式电压表的基本工作原理：在电源开关未接通时，电压表未加电压，永久磁铁将转子磁化，使指针指向最小刻度；当接通电源开关后，电源电压高于稳压管反向击穿电压时，稳压管击穿导通，两线圈中有电流通过，形成合成磁场，该合成磁场与永久磁铁的磁场相互作用，使转子带动指针偏转。电源电压越高，通过线圈的电流越大，则磁场越强，因此指针的偏转角度越大，即可指示相应的电压数值。

电热式电压表（图 6.4）由电热丝、双金属片、指针、刻度板、接线柱等组成。其工作原理是当接通电源后，电热丝因通过了电流而产生热量，双金属片受热会变形，并带动

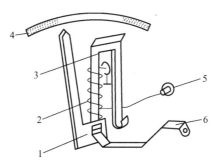

图 6.4 电热式电压表

1—指针；2—电热丝；3—双金属片；4—刻度板；5—接线柱；6—支架

指针转动，指示到相应的刻度，通过的电流越大，电热丝产生的热量越多，双金属片变形就越大，指示的刻度也越大。

2. 电流表

电流表用来指示蓄电池的充、放电电流值，监视充电系统工作是否正常。电流表按结构可分为电磁式和动磁式两种。

电磁式电流表（图6.5）串接在蓄电池充电电路中，主要用来指示蓄电池充、放电电流值，同时还可通过它检视电源系统的工作是否正常。电流表通常为双向工作方式，表盘中间的示值为"0"，两侧分别标有"＋""－"标记，其最大读数为20或30。当发电机向蓄电池充电时，示值为"＋"；蓄电池向电器设备放电时，示值为"－"。

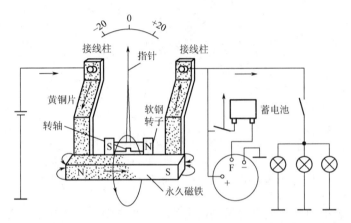

图6.5　电磁式电流表

条形永久磁铁两端分别与黄铜片固定连接，再用螺栓将黄铜片固定在绝缘底板上，两个螺栓即形成电流表的两接线柱。永久磁铁内侧转轴上装有带指针的软钢转子。当电流表中无电流通过时，软钢转子在永久磁铁的作用下被磁化，由于磁场方向相反，使指针停在中间"0"刻度上。当蓄电池放电时，放电电流通过黄铜片产生的环形磁场垂直于永久磁铁的磁场，形成逆时针偏转的合成磁场，吸动软钢转子逆时针偏转，使指针指向表盘的"－"侧刻度值。放电电流越大，合成磁场越强，偏转角度越大，指针指示读数越大。当发电机向蓄电池充电时，流过黄铜片的电流方向相反，磁场也反向，合成磁场顺时针偏转，指针指向"＋"侧。

动磁式电流表（图6.6）的工作原理是，导电板固定在绝缘底板上，两端与接线柱相连，中间夹有磁轭，与导电板固装在一起；当放电电流通过导电板时，在它的周围产生磁场，使浮装在导电板中心的磁钢指针向"－"方向偏转，指示放电电流读数大小。电流越大，偏转越多，则指示电流读数越大。当充电电流通过导电板时，指针偏向"＋"侧，指示充电电流的大小。

3. 机油压力表

机油压力表简称油压表或机油表。其作用是指示发动机主油道机油压力。它由装在发

模块6　汽车仪表报警系统

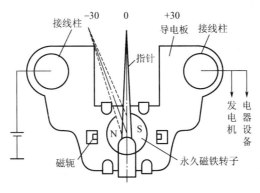

图 6.6　动磁式电流表

动机主油道（或粗滤器壳）上的油压传感器配合工作。常用的机油压力表有电热式和电磁式两种。

电热式机油压力表又称双金属片式机油压力表，如图 6.7 所示，内装双金属片 11，其上绕有加热线圈，线圈两端分别与机油压力表接线柱 9、14 相接，机油压力表接线柱 9 与机油压力传感器相接，机油压力表接线柱 14 经点火开关与电源相接。机油压力表双金属片 11 的一端弯成钩形，扣在指针 12 上。

机油压力传感器内部有膜片 2，膜片 2 下腔与发动机的润滑主油道相通，发动机的机油压力直接作用到膜片 2 上，膜片 2 的上方压着弹簧片 3，弹簧片 3 的一端与外壳固定并搭铁，另一端焊有触点，传感器双金属片 4 上绕着加热线圈，线圈的一端焊在传感器双金属片 4 的触点上，另一端焊在接触片 6 上。

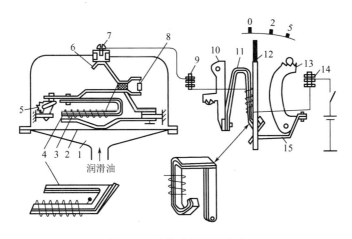

图 6.7　电热式机油压力表

1—油腔；2—膜片；3、15—弹簧片；4—传感器双金属片；5—调节齿轮；6—接触片；
7—传感器接线柱；8—校正电阻器；9、14—机油压力表接线柱；
10、13—调节齿扇；11—机油压力表双金属片；12—指针

机油压力表的工作原理是，当点火开关闭合时，电流表的电路为蓄电池正极→点火开关→机油压力表接线柱 14→机油压力表双金属片 11 的加热线圈→机油压力表接线柱 9→传感器接线柱 7→接触片 6→传感器双金属片 4 上的加热线圈→触点→弹簧片 3→蓄电池负

极→搭铁，构成回路。电流通过双金属片11和4的加热线圈时，会使双金属片受热变形。如果机油压力很低，机油压力传感器内的膜片2变形很小，这时作用在触点上的压力很小，电流通过时，温度略有上升，机油压力传感器双金属片4稍有变形时，就会使触点分开，切断电路。经过稍许时间后，双金属片4冷却伸直，触点又闭合，线圈再次通电发热，双金属片4变形，很快触点又分开。如此循环，触点在不断的开闭状态下工作。但由于机油压力低，触点压力小，极易分开，因而触点打开时间长，闭合时间短，使电路中的平均电流值很小，所以机油压力表双金属片11受热变形小，指示低油压。

当机油压力升高时，膜片2向上弯曲，触点压力增大，使机油压力传感器双金属片4向上弯曲。这就需要加热线圈通电时间长，双金属片4有较大的变形，触点才能打开，而分开后稍稍冷却，触点即闭合。因此在机油压力升高时，触点打开时间短，闭合时间长，电路中平均电流值大，使得机油压力表双金属片11受热变形量增大，指针12偏转角度增大，指示高油压。

为了使机油压力表的指示值不受外界温度变化的影响，双金属片做成"Π"形，其中一个为工作臂，绕有加热线圈，另一个为补偿臂。当外界温度变化时，工作臂和补偿臂同时变形，弯曲方向相反，所以工作臂的附加变形得到了补偿臂的相应变形补偿，减小了误差。这样安装时要注意方向，机油压力传感器的箭头（安装标记）应向上，以保证工作臂位于补偿臂的上方，避免工作臂产生的热气上升对补偿臂造成影响。

电磁式机油压力表（图6.8）内部有两个线圈 L_1 和 L_2，中间置有铁磁转子，转子上连有指针。当油压降低时，传感器的电阻值增大，线圈 L_1 中的电流增大，线圈 L_2 中的电流减小，转子带动指针随合成磁场的方向顺时针转动，指向低油压。当油压升高时，传感器的电阻值减小，线圈 L_1 中的电流减小，线圈 L_2 中的电流增大，转子带动指针随合成磁场的方向逆时针转动，指向高油压。

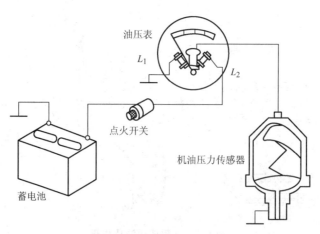

图6.8 电磁式机油压力表

发动机处于怠速工况时，机油压力表的指示值不得低于100kPa；低速工况时，指示值不得低于150kPa。机油压力表正常值应为200~400kPa，一般最高不允许超过600kPa。

4. 冷却液温度表

冷却液温度表的作用是指示发动机冷却液的温度。正常情况下，冷却液温度表指示值应为85~95℃。冷却液温度表与装在发动机水套上的冷却液温度传感器（冷却液温度感应塞）配合工作。常用的冷却液温度表有电热式和电磁式两类。电磁式冷却液温度表又分双线圈式和三线圈式两种。

（1）电热式冷却液温度表

电热式冷却液温度表又称双金属片式冷却液温度表，可与电热式冷却液温度传感器或热敏电阻式冷却液温度传感器配套使用。

电热式冷却液温度表配电热式冷却液温度传感器的工作电路如图 6.9 所示。电热式冷却液温度表与电热式机油压力表的构造相同，仪表盘刻度值不同。冷却液温度传感器的密封套筒内装有双金属片，上面绕有加热线圈，加热线圈的一端通过连接片与接线柱相连，另一端经固定触点搭铁。

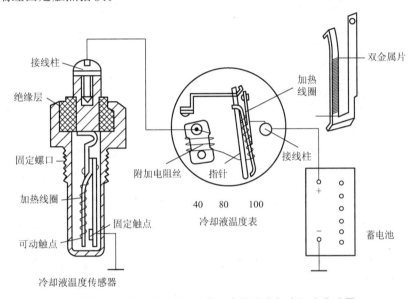

图 6.9　电热式冷却液温度表配电热式冷却液温度传感器

冷却液温度表的工作原理与机油压力表相似。当电路接通，冷却液温度不高时，冷却液温度传感器双金属片主要依靠加热线圈产生变形，故冷却液温度传感器双金属片需较长时间的加热，才能使触点分开。触点打开后，由于四周温度低散热快，冷却液温度传感器双金属片迅速冷却又使触点闭合。所以冷却液温度低时，触点在闭合时间长而断开时间短的状态下工作，使流过冷却液温度表加热线圈中的平均电流值增大，冷却液温度表内双金属片变形大，带动指针向左偏转指示低温。当冷却液温度高时，冷却液温度传感器双金属片周围温度高，触点的闭合时间短而断开时间长，流过冷却液温度表加热线圈中的平均电流值减小，冷却液温度表内双金属片变形小，指针向右偏转角小而指示高温度。

电热式冷却液温度表配热敏电阻式冷却液温度传感器的工作电路如图 6.10 所示。热敏电阻式冷却液温度传感器主要由热敏电阻器、弹簧、壳体等组成。其主要元件为负温度系数的热敏电阻器，即温度升高，电阻值下降；温度下降，电阻值上升。此冷却液温度表工作原理是，闭合点火开关，冷却液温度表电路接通。当冷却液温度较低时，热敏电阻器阻值较大，冷却液温度表电路电流较小，冷却液温度表加热线圈温度低，冷却液温度表双金属片的变形量较小，指针指示低温；当冷却液温度较高时，热敏电阻器阻值较小，冷却液温度表电路电流较大，冷却液温度表加热线圈温度高，冷却液温度表双金属片的变形量较大，指针指示高温（向表板指示刻度"110"方向偏转）。由于电源电压变化会影响配热敏电阻传感器的电热式冷却液温度表的指示误差，因此配有仪表稳压器。

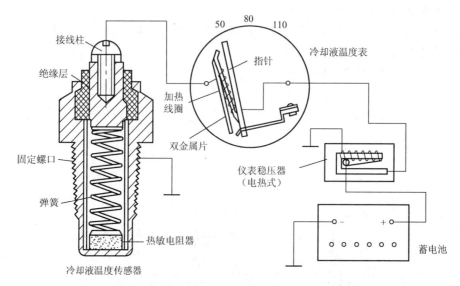

图 6.10　电热式冷却液温度表配热敏电阻式冷却液温度传感器

（2）电磁式冷却液温度表

电磁式双线圈冷却液温度表如图 6.11 所示，一般是电磁式仪表配用热敏电阻式冷却液温度传感器，而且不需要电源稳压器。电磁式双线圈冷却液温度表的指示表部分除刻度板外与电磁式机油压力表相同。电磁式双线圈冷却液温度表内有两个互成一定角度的铁心，铁心上分别绕有励磁线圈，其中励磁线圈（右）与冷却液温度传感器串联，励磁线圈（左）与冷却液温度传感器并联，两个励磁线圈的铁心下端对着带指针的偏转衔铁。

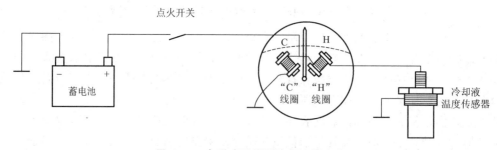

图 6.11　电磁式双线圈冷却液温度表

工作原理：当冷却液温度低时，由于热敏电阻传感器的阻值大，因此励磁线圈（右）中的电流小，而励磁线圈（左）中的电流大，磁场强，吸引衔铁向低温方向偏转，指针指示低温；当冷却液温度高时，由于热敏电阻传感器的阻值减小，因此励磁线圈（右）中的电流增大，磁场增强，吸引衔铁逐渐向高温方向偏转，指针指示高温。

5．燃油表

燃油表用来指示汽车燃油箱中的储油量。它与装在燃油箱内的燃油传感器配套工作，传感器一般为可调电阻式。燃油表可分为电磁式燃油表和电热式燃油表两类。电磁式燃油表又分为双线圈燃油表和三线圈燃油表。

(1) 电磁式燃油表

电磁式双线圈燃油表如图 6.12 所示。测量传感器位于汽车的燃油箱内。它由连接到一根细金属杆的浮子组成,浮子通常用泡沫塑料制成。金属杆的末端安装到一个可调电阻器上。电阻器是一种用于阻止电流通过的装置。电阻越大,通过的电流越小。在燃油箱中,可调电阻器由一个一端接地的电阻滑片组成。连接到燃油表的滑臂沿着电阻滑片滑动,从而将电流从燃油表传导到电阻器。如果滑臂接近电阻滑片的接地端,那么电流通过的电阻滑片就减少,因此电阻变小。如果滑臂位于电阻滑片的另一端,那么电流通过的电阻滑片就增多,因此电阻变大。当浮子接近燃油箱顶部时,可调电阻器上的滑臂靠近接地(负极)端,这意味着电阻变小,相对较大的电流会通过测量传感器回到燃油表。当燃油箱中的液位下降时,浮子就会下沉,带动滑臂移动,电阻增大,因此回到燃油表中的电流就相对减少。

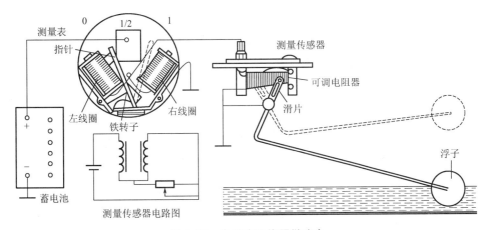

图 6.12 电磁式双线圈燃油表

电磁式双线圈燃油表中右线圈与可调电阻器并联,再与左线圈串联。当滑臂接近电阻滑片的接地端时,流过右线圈的电流增大,右线圈产生的磁场力增大,所以,磁铁盘上的指针向仪表盘右方向偏转(也就是向高油位偏转);当油箱中的液位下降时,浮子就会下沉,带动滑臂移动,电阻增大,流过左线圈的电流增大,左线圈产生的磁场力增大,而右线圈因可调电阻器并联的作用,流过左线圈的电流减小,所以,磁铁盘上的指针向仪表盘左方向偏转(也就是向低油位偏转)。另外,传感器的可调电阻器末端搭铁,可避免滑片与可调电阻器接触不良时产生火花,引起火灾危险。

电磁式三线圈燃油表如图 6.13 所示。当蓄电池的电流流过线圈 E、B、F 时,三个线圈产生的磁场力都对指针式仪表头的盘形永久磁铁产生作用力,E、F 这两个线圈产生的磁场方向与线圈 B 产生的磁场方向相垂直。线圈 E 和 F 电磁场的合力使仪表头磁铁盘上的指针向仪表盘右方向偏转(也就是向高油位偏转),并随着指针偏转量的增大而受电磁场的作用力逐渐减小。线圈 B 上的电磁力使表头指针向低油位方向偏转,同样,随着指针偏转量的增大受电磁场的作用力逐渐减小。这样,当线圈 E、F 的电磁合力与 B 的电磁合力相等时,仪表头永久磁铁上的指针则固定在某一角度,此时指针在仪表盘所指的刻度即为燃油箱中的燃油存量。线圈 B 与 F 串联后再与燃油表传感器中的滑动电阻器(电阻值为 1~100Ω)并联。如果改变可调电阻器的电阻值,流过线圈 B、F 上的电流强度就会发生变化，磁场强度也会随之发生变化。同时原来线圈 E、B、F 的电磁合力对燃油表表头磁铁的作用力也发生变化，使燃油表表头磁铁平衡在新的位置。从图 6.13 中可以看出，当燃油箱加满燃油时，燃油表的浮子在汽油浮力的作用下升到了最高位置，浮子带动燃油传感器中的可调电阻器滑臂移动，使可调电阻器电阻值减小（电阻 9Ω）。由于电路中总电阻值减小，流过线圈 E 的电流增大，因此电流分流增加，流过线圈 B、F 的电流强度减小，而使线圈 E、F 的合磁力增大，线圈 B 的磁力减小，燃油表指针向右偏转指向表盘高油位。当燃油箱燃油经过消耗，油位下降时，燃油传感器的浮子随之下降，带动可调电阻器的滑臂产生移动，使电阻值增大。当油位下降到最低油位时，可变电阻值增大到最大值（97Ω），这时流过线圈 E 的电流因电路中总电阻增大而下降，而流过线圈 B、F 的电流因分流减小而增大，线圈 E、F 的合磁力减小，线圈 B 的磁力增大，燃油表表头指针偏向低油位位置。分流电阻 R 的作用是补偿线圈绕制误差对指示精度的影响。

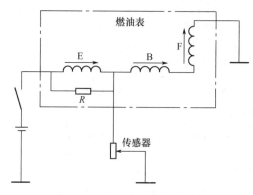

图 6.13 电磁式三线圈燃油表

（2）电热式燃油表

电热式燃油表的结构和电路如图 6.14 所示，为了稳定电源电压，在电路中串联了仪表稳压器。

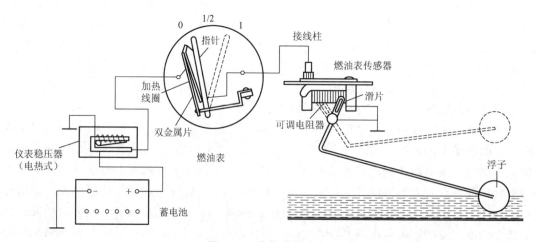

图 6.14 电热式燃油表

电热式燃油表的基本结构和工作原理与电热式机油压力表相同，仅表盘刻度不同。电热式燃油表配用可调电阻式传感器，需串联一个稳压器。

模块6 汽车仪表报警系统

当油箱无油时，浮子下沉，滑片处于可调电阻器的最右端，传感器的电阻全部串入电路中，此时电路中电流最小，燃油表加热线圈发热量小，双金属片变形小，带动指针指在"0"位。

当油箱内油量增加时，浮子上升，滑片向左移动，串入电路中的电阻减小，电路中的电流增大，燃油表加热线圈发热量大，双金属片变形增大，带动指针向右偏转。

当油箱充满时，滑片移至最左端，将可调电阻器短路，此时电路中电流最大，指针偏到最右边，指在"1"处。

(3) 仪表稳压器

电热式冷却液温度表及燃油表配用可调电阻式传感器时，应在电路中串联仪表稳压器，以稳定仪表平均电压，减小仪表的指示误差。仪表稳压器常见有电热式和电子式两类。这里仅介绍电热式。

电热式仪表稳压器的结构如图6.15(a)所示，由双金属片、一对常闭触点、加热线圈、座板和外壳等组成。加热线圈绕在金属片上，一端搭铁，另一端焊在双金属片上。双金属片的一端用铆钉固定，并与仪表接线柱相连；另一端铆有活动触点。固定触点铆在调节片上，调节片的一端也用铆钉固定并与电源接线柱相连。两触点之间压力通过调整螺钉调整。电热式仪表稳压器的工作原理如图6.15(b)所示，当电源电压偏高时，电热线圈中的电流增大，产生的热量大，这时触点在较短的时间断开，断开的触点又需较长时间冷却才能重新闭合，于是触点闭合时间短，断开时间长，从而将偏高的电源电压调整为某一输出电压平均值；当电源电压偏低时，加热线圈中的电流减小，产生热量少，使触点断开时间短而闭合时间长，从而将偏低的电源电压调整到同一电压平均值输出。

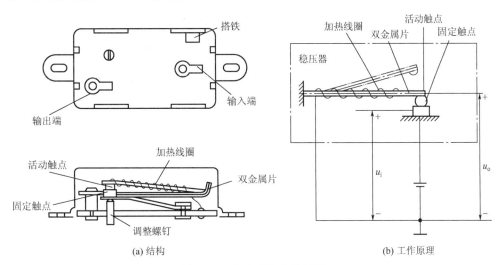

图 6.15 电热式仪表稳压器

6. 发动机转速表

汽车发动机转速表（图6.16）一般为指针式仪表，仪表的量程反映了发动机的转速范围，其计量单位符号为 r/min。其中，刻度为白色的部分是安全的转速范围，刻度为红色的部分是危险的转速范围。由于转速达到危险的转速范围后，发动机排出的高温气体可能会损坏排气系统，因而以红色刻度进行警告。个别车型在安全的转速范围内还有一段标有绿底色的范围,这一范围为适宜驾驶的转速范围。汽油发动机型汽车转速表的量程一般为 0～8000r/min,其中安全转速范围一般为 0～6500r/min。

【发动机转速表】

图 6.16 发动机转速表

发动机转速表用来指示发动机曲轴转速。转速表按其结构不同可分为机械式和电子式,其中应用较广泛的是电子式。电子式转速表按转速信号的获取方式不同可分为从点火系统获取信号的转速表、获取飞轮(或正时齿轮)转速的转速表、从柴油机燃油供应系统获取转速信号的转速表。

脉冲式电子转速表电路如图 6.17 所示。当点火控制器(受点火触发信号控制)使初级电路导通时,晶体管 VT 处于截止状态,电容器 C_2 被充电。其充电电路为蓄电池正极→R_3→C_2→VD_2→蓄电池负极,构成回路。当点火控制器使初级电路截止时,VT 的基极得正电位而导通,此时 C_2 便通过导通的 VT、电流表和 VD_1 构成放电回路,从而驱动电流表。当发动机工作时,初级电路不断地导通、截止且导通、截止的次数与发动机转速成正比。所以当初级电路不断地导通、截止时,对电容器 C_2 不断地进行充、放电,其放电电流平均值与发动机转速成正比,于是,将电流平均值标定成发动机转速。可见,发动机转速越高,电容充、放电次数越多,电流平均值越大,转速表指示的值越大。

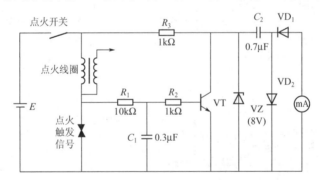

图 6.17 脉冲式电子转速表电路

7. 车速里程表

(1) 机械式车速里程表

汽车车速里程表实际上就是车轮转速计数器。如图 6.18 所示,由于车速表的主动轴(即转子轴)是由变速器传动齿轮经软轴连接而驱动的,故软轴芯的转数与车轮转数之间存在一个固定的比例。只要用它通过具有一定减速比的蜗轮蜗杆带动字鼓计数轮,就能方便地计算里程。因此,里程表总是与车速表制成一体。

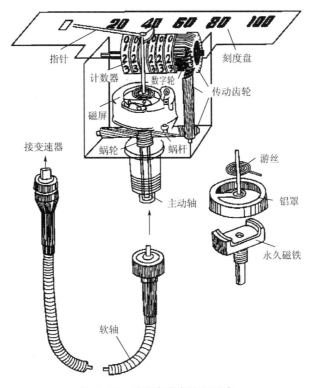

图 6.18 磁感应式车速里程表

里程表由蜗轮蜗杆机构和计数轮等组成。里程表的蜗轮蜗杆和主动轴具有一定的传动比。汽车行驶时,由变速器的软轴带动车速表的主动轴,并由主动轴经三对蜗轮蜗杆驱动里程表最右边的第一个计数轮,第一个计数轮上所刻的数字为 1/10km。每两个相邻的计数轮之间,又通过车身的内齿和进位计数轮传动齿轮形成 1/10 的传动比,即当第一个计数轮转动一周,数字由 9 翻转到 0 时,便使相邻的左面第二个计数轮转动 1/10 周,呈十进位递增。这样,汽车在行驶中,第一个计数轮把传动逐级传到其余的计数轮,就可累计出汽车的行驶里程。通常,汽车里程表共有 6 位计数,其能记录的最大里程是 99999.9km,超过此里程数后,则全部计数轮上的"9"又被"0"代替,开始重新记录。

(2) 电子式车速里程表

奥迪 100 型乘用车的组合仪表中装有指针式电子车速里程表(图 6.19)。电子式车速里程表电路主要由车速传感器、电子电路、车速表和里程表四部分组成。

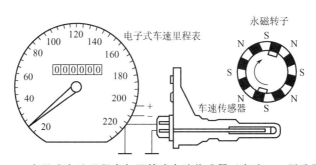

图 6.19 电子式车速里程表与干簧式车速传感器(奥迪 100 型乘用车)

8. 仪表板印制电路板

安装在仪表板背后的印制电路板（图 6.20），是将连接电路印制在聚氯乙烯塑料薄片上，一方面使各仪表及指示灯之间的电路连续，另一方面实现了仪表板与线束之间的连接，从而使仪表电路连接简单清晰，提高了使用的方便性和可靠性。

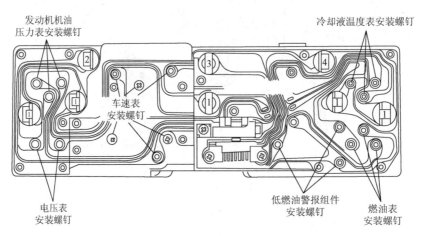

图 6.20　印制电路板
1—照明灯；2—右转向指示灯；3—远光指示灯；4—左转向指示灯

 实训能力目标

正确识别汽车仪表符号并掌握其作用。

 实训内容

进入汽车驾驶室，观察汽车仪表板及各种报警指示，并填好表 6-3。

表 6-3　汽车仪表板及各种报警指示

汽车仪表、报警指示图形	名　　称	作　　用
⬅➡	转向灯指示灯	用来显示车辆转向灯所在的位置

实训总结

6.2 汽车报警装置电路

理论知识目标

掌握各种警告灯的结构及工作原理。

为了警示汽车、发动机或某一系统处于不良或特殊状态,引起汽车驾驶人的注意,保证汽车可靠工作和安全行驶,防止事故发生,汽车上安装了多种报警装置,主要包括警告灯和监视器两类。

警告灯由报警开关控制。当被监测的系统或总成工作不正常时,开关自动接通而使警告灯发亮,以提醒驾驶人注意,如前照灯故障警告灯、尾灯故障警告灯、机油压力过低警告灯、燃油不足警告灯、冷却液温度过高警告灯、制动气压过低警告灯、制动灯断线警告灯、液面过低警告灯等。

警告灯通常安装在仪表板上,功率为1~4W,在灯泡前设有滤光片,使警告灯发出黄光或红光,滤光片上通常制有标准图形符号。有些汽车警告灯采用发光二极管显示,标准图形符号标在发光二极管旁边。

监视器主要用来反映灯光信号系统工作是否正常,常见的有前照灯监视器和尾灯监视器。

6.2.1 机油压力过低警告灯

1. 弹簧管式机油压力过低警告灯

当机油压力低于某一定值时(一般为0.03~0.1MPa),管形弹簧呈向内弯曲状态,于是触点闭合(图6.21),电路接通,警告灯点亮。当机压油力达到正常值时,管形弹簧向外变形大,触点断开,警告灯熄灭。

2. 膜片式机油压力过低警告灯

当探测到发动机机油压力降至异常低值时,机油压力警告灯即向驾驶人报警。机油压力开关安装在油底壳内或气缸体上,探测主油道中的压力。

当机油压力为低值、发动机停机油压低于规定值时,机油压力开关内的触点闭合,机

【警告灯】

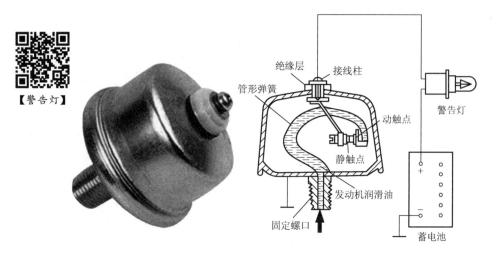

图 6.21 弹簧管式机油压力过低警告灯电路

油压力警告灯点亮。

当机油压力为高值、发动机起动油压高于规定值时,油压推动机油压力开关内的膜片,使触点断开,机油压力警告灯熄灭。膜片式机油压力警告灯电路如图 6.22 所示。

6.2.2 燃油不足警告灯

燃油不足警告灯电路如图 6.23 所示。其报警开关为热敏电阻式,装在油箱内。当油箱内燃油量多时,负温度系数的热敏电阻元件浸没在燃油中,散热快,温度较低,电阻值较大。因此,电路中几乎没有电流,警告灯不亮。

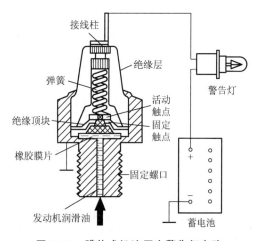

图 6.22 膜片式机油压力警告灯电路

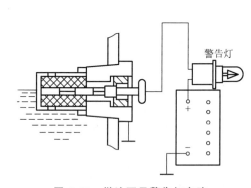

图 6.23 燃油不足警告灯电路

当燃油减少到规定值以下时,热敏电阻元件露出油面,散热较慢,温度升高,电阻值减小,电路中流增大,警告灯点亮。

6.2.3 冷却液温度过高警告灯

当冷却液温度正常时,双金属片变形小,触点断开,警告灯不亮。如果冷却液温度升高到 95℃以上，双金属片由于温度升高而弯曲变形较大，使触点闭合，警告灯电路接通，警告灯点亮。冷却液温度过高警告灯电路如图 6.24 所示。

6.2.4 制动气压过低警告灯

当储气筒内的气压低于 0.45MPa 时，活动触点、固定触点闭合，警告灯点亮，上述情况出现时，应等制动气压达到要求或排除故障后，车辆才能起步行驶。当储气筒中的气压升到 0.45MPa 以上时，警告灯熄灭。制动气压过低警告灯电路如图 6.25 所示。

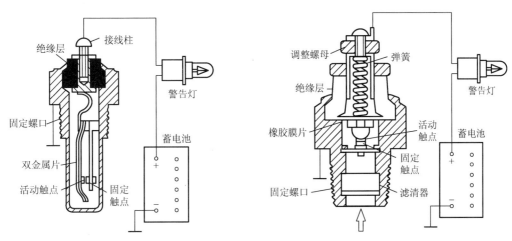

图 6.24 冷却液温度过高警告灯电路　　图 6.25 制动气压过低警告灯电路

6.2.5 冷却液、制动液、风窗玻璃清洗液液面过低警告灯

液面过低报警装置适用于发动机冷却液、制动液、风窗玻璃清洗液等液面过低的报警，警告灯电路如图 6.26 所示。其工作原理是，当浮子随液面下降到规定位置以下时，永久磁铁吸动弹簧开关使之闭合，接通电路，使警告灯点亮，以示警告；当液面在规定位置以上时，浮子上升，磁铁吸力不足，弹簧开关在自身弹力的作用下，使电路断开，警告灯熄灭。

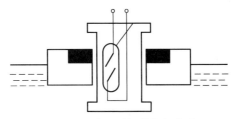

图 6.26 液面过低警告灯电路

6.2.6 蓄电池液面过低警告灯

蓄电池液面过低警告灯电路如图 6.27 所示。当蓄电池液面高度正常时，传感器铅棒上的电位为 8V，从而使 VT_1 导通，VT_2 截止，警告灯不亮。当电解液液面在最低限以下时，铅棒无法与电解液接触，也就无正电位，从而使 VT_1 截止，VT_2 导通，警告灯点亮。

6.2.7 尾灯监视器

利用尾灯监视器，驾驶人在驾驶座位上即可检查尾灯及制动灯的工作情况。通常尾灯监视器有两种形式：一种是采用光导纤维的传光线式；另一种是感应式，采用电路设计，将警告灯装在仪表板上。

感应式尾灯监视器电路如图 6.28 所示。感应式尾灯监视器由电磁线圈与舌簧开关构成的控制器、仪表板上的警告灯两部分组成。汽车制动时，制动灯开关闭合，电流经点火开关→制动灯开关→控制器两并联线圈→左右制动信号灯→搭铁，使制动信号灯亮。同时两线圈所产生的磁场相互抵消，舌簧开关维持常开状态，警告灯不亮。当某一侧制动信号灯线路出现故障时，控制器线圈中，只有一个线圈有电流通过，通电的线圈产生电磁吸力使舌簧开关闭合，警告灯亮。

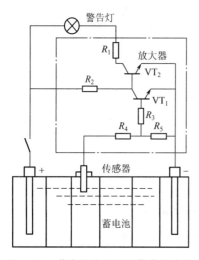

图 6.27 蓄电池液面过低警告灯电路

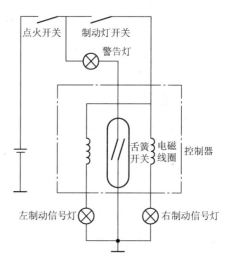

图 6.28 感应式尾灯监视器电路

6.2.8 灯具断线报警装置

当开关闭合时，若灯泡全部工作正常，电流线圈中有额定电流流过，这时在线圈产生的磁力的作用下，舌簧开关闭合，如果有灯泡断丝，相应的电流线圈中的电流会减少，磁力减弱，使舌簧开关断开，进行报警。

灯具断线报警装置的关键是舌簧开关式电流传感器（图 6.29）。它包括电流线圈和舌簧开关。在电流线圈的外面绕有电压补偿线圈，其作用是防止电压的变化引起传感器的误动作。在骨架的中间设置了舌簧开关。此报警装置广泛用在汽车灯具系统中，检测制动灯、尾灯、牌照灯及制动灯的灯丝是否有断开的，当有一个灯泡灯丝断丝时，警告灯会点亮。

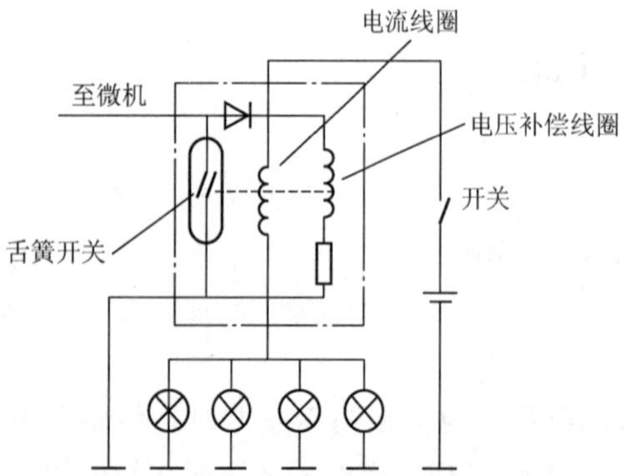

图 6.29 舌簧开关式电流传感器电路

模块6 汽车仪表报警系统

实训能力目标

1. 初步了解汽车仪表报警指示。
2. 懂得汽车仪表的常见故障及故障原因。

实训内容

连接汽车仪表报警电路,老师根据学生连接好的汽车电路设置故障,学生排除故障。

① 连接机油压力表的电路,并根据表6-4的指导排除故障。

表6-4 电热式机油压力表常见故障现象及故障原因

故 障 现 象	故 障 原 因
指针不动(电源正常)	仪表损坏; 传感器线圈断线或机械故障; 引线脱落
接通电源,发动机未起动,指针移动	传感器内部搭铁或短路
指针指示值不准	传感器调整不当或损坏; 指示表调整不当或损坏

② 连接燃油表的电路,并根据表6-5的指导排除故障。

表6-5 电磁式燃油表常见故障及故障原因

故 障 现 象	故 障 原 因
燃油表不动或微动	左线圈引线脱落; 左线圈烧断; 接错电源; 指针和转子卡住; 指针和表面卡住
指针只在零刻度处做微动	右线圈引线脱落; 右线圈烧断; 传感器浮筒漏油
指针总在1/2处	跨接电阻器接触不良或断线; 传感器氧化锈蚀
指针总在满刻度处	燃油表到传感器连接不良; 传感器电阻引线断线; 传感器电阻断线; 活动触点接触不良
指针跳动	传感器搭铁不良; 铜片触点烧坏; 触点压得不紧; 指针和表面有摩擦

③ 连接冷却液温度表的电路，并根据表6-6的指导排除故障。

表6-6 电热式冷却液温度表常见故障及故障原因

故 障 现 象	故 障 原 因
指针不动（电源正常）	稳压器不正常； 稳压器加热线圈断线或引线脱落； 双金属片加热线圈引线脱落； 热敏电阻元件失效
指针指示值不准	稳压器工作不正常； 仪表加热线圈短路； 热敏电阻元件老化

④ 连接车速里程表的电路，并根据表6-7的指导排除故障。

表6-7 机械传动式车速里程表常见故障及故障原因

故 障 现 象	故 障 原 因
指针完全不动	变速器软轴的蜗轮或蜗杆损坏； 软轴两端的方头磨损变小； 车速表内孔过大； 软轴缩短； 驱动轴卡滞； 软轴折断
指针动但比标准值小	游丝拉得太紧； 各转动部件缺油或积污； 磁铁失去磁性
里程表数字轮不动	里程表的减速蜗轮、蜗杆卡住； 数字轮锈蚀卡住； 数字轮和小传动齿轮变形卡住
数字轮有一半工作	有一个轮两边的齿损坏； 小齿轮损坏
指针跳动	轴承孔扩大或轴尖磨损； 铝罩变形，与磁铁摩擦； 软轴安装位置不当； 蜗轮、蜗杆个别齿损坏； 磁铁吸入铁屑； 摩擦铝罩

▶ 实训总结

_____
_____
_____
_____
_____
_____
_____
_____

本 章 小 结

1. 为了使驾驶人随时掌握车辆的各种工作状况，保证行车安全，并及时发现和排除车辆存在的故障，现代汽车上都安装了多种监控仪表和报警信息装置。汽车仪表按工作原理可分为机械式仪表、电气式仪表、模拟电路电子仪表和数字化电子仪表。传统仪表一般是指机械式仪表、电气式仪表和模拟电路电子仪表。随着现代汽车不断向信息化和电子化方向发展，数字化电子仪表相对于传统仪表具有集成度和精确度高、信息含量大、可靠性好及显示模式自由等优点，将逐步取代传统仪表。

2. 一般汽车仪表有电压表、电流表、机油压力表、冷却液温度表、燃油表、发动机转速表和车速里程表等。

3. 为了警示汽车、发动机或某一系统处于不良或特殊状态，引起汽车驾驶人的注意，保证汽车可靠工作和安全行驶，防止事故发生，汽车上安装了多种报警装置，主要包括警告灯和监视器两类。

思 考 题

1. 汽车仪表分为哪些类型？
2. 汽车电压表的工作原理是什么？
3. 电磁式冷却液温度表的工作原理是什么？
4. 机油压力过低警告灯的工作原理是什么？
5. 冷却液温度过高警告灯的工作原理是什么？

模块 7 汽车安全与舒适系统

引例

维修站工作人员接到一辆故障车，故障表现为风窗清洗装置的所有喷嘴都不工作。其主要故障原因可能如下：清洗电动机或开关损坏，线路断路或插件松脱，清洗液液面过低或者连接管脱落，喷嘴堵塞，等等。维修人员的维修思路和步骤如下：先检查清洗液液面和连接管是否正常，再检查清洗电动机电路及插接件是否有断路及松脱处，然后检查开关和电动机是否正常。同学们能看得懂吗？应该如何理解汽车风窗清洗系统的工作过程？

7.1 风窗刮水清洗系统

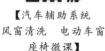

 理论知识目标

1. 掌握汽车风窗刮水系统的结构和原理。
2. 掌握汽车风窗清洗系统的结构和原理。
3. 掌握汽车风窗除霜系统的结构和原理。

7.1.1 汽车风窗刮水系统的结构和原理

为了保证在雨雪天气及多尘环境等各种使用条件下风窗玻璃表面干净、清洁，汽车都安装了风窗刮水、清洗装置，许多汽车还安装了除霜装置。

汽车风窗刮水清洗系统由刮水装置和清洗装置组成。其中，刮水装置是利用刮水片的往复摆动，扫去风窗外表面的雨水或积雪，保证驾驶人的良好视线。刮水片的摆动由刮水电动机带动，经刮水开关控制，可实现低速或高速运转。有的车还选装了间歇、延时刮水装置，用于在细雨和大雾天气使用，与不带间歇、延时挡刮水器相比，多了一个刮水间歇、延时继电器（电子控制器）。为保持风窗清洁，汽车还设置了清洗装置，通过刮水清洗开关控制，可根据需要向风窗喷洒洗涤液或水，然后由刮水片扫除干净，如图 7.1 所示。

图 7.1　汽车刮水清洗装置

模块7　汽车安全与舒适系统

1. 电动刮水器

电动刮水器的作用是保证驾驶人在雨天、雪天和雾天有良好、清晰的视野。它具有一个或两个橡胶刷，由驱动装置带着来回摆动，除去风窗玻璃上的水、雪等。电动刮水器主要由电动机、减速机构、自动停位器、刮水器开关和联动机构及刮片等组成，如图 7.2 和图 7.3 所示。在刮水器中蜗轮蜗杆减速机构和电动机连成一体，使总体结构更加紧凑。

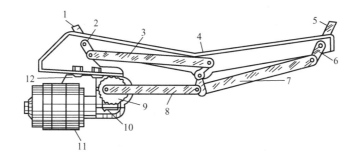

图 7.2　电动刮水器的结构

1、5—刮片架；2、4、6—摆杆；3、7、8—连杆；
9—减速蜗轮；10—蜗杆；11—电动机；12—底板

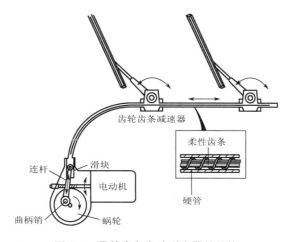

图 7.3　柔性齿条电动刮水器的结构

（1）永磁式电动机

刮水器的电动机由磁场、电枢、电刷等组成。蜗杆、蜗轮和自动停位滑片与电动机组成一个整体，如图 7.4 所示。按磁场结构来分，电动机分为绕线式（励磁式）和永磁式两种。其中永磁式电动机具有体积小、质量轻、结构简单的特点，广泛应用在乘用车上。

永磁式电动机的磁场由铁氧体永久磁铁产生，磁场的强弱不能改变。为了改变工作速度，可采用三刷式电动机，利用三个电刷改变正、负电刷间串联的线圈个数实现变速。

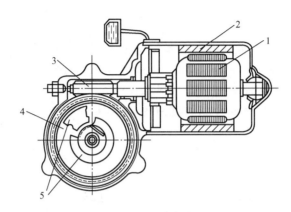

图 7.4 永磁式电动机

1—电枢；2—永久磁铁磁极；3—蜗杆；4—蜗轮；5—自动停位滑片

由直流电动机电压平衡方程式可得转速公式为

$$n = \frac{U - I_a R_a}{KZ\Phi} \quad (\text{r/min})$$

式中　U——电动机端电压，单位为 V；

　　　I_a——过电枢绕组的电流，单位为 A；

　　　R_a——电枢绕组的电阻，单位为 Ω；

　　　K——常数；

　　　Z——正、负电刷间串联的线圈个数；

　　　Φ——磁极磁通，单位为 Wb。

由转速公式可知，当公式中的其他参数一定时，电动机的转速 n 可由正、负电刷间串联的线圈个数决定，上述的三刷式电动机正是根据这个原理制作成的。

因为直流电动机旋转时，在电枢绕组内同时产生反电动势，其方向与电枢电流的方向相反，当电枢转速上升时，反向电动势也相应上升，当电枢电流产生的电磁力矩与运转阻力矩平衡时，电枢的转速趋于稳定。由于运转阻力矩一定时，电枢稳定运转所需要的电枢电流一定，因此对应的电枢绕组反向电动势高低就一定。而电枢绕组反向电动势与转速和正、负电刷间串联的线圈个数的乘积成正比，电枢绕组反向电动势高低一定时，转速和正、负电刷间串联的线圈个数成反比，正、负电刷间串联的线圈个数越多，转速越低，反之，正、负电刷间串联的电枢线圈个数越少，转速越高。所以，利用三个电刷改变正、负电刷间串联的线圈个数可以实现变速，其变速原理如图 7.5 所示。

当刮水器开关拨至低速挡时，电源电压加在正电刷与负电刷之间，使其内部形成两条对称的并联支路，一条支路由线圈 1、2、3、4 串联组成，另一条支路由线圈 5、6、7、8 串联组成，各线路图反向电动势方向如图 7.5(a) 中箭头所示。由于各线圈反向电动势方向相同，互相叠加，相当于四对线圈串联，因此电动机以较低转速稳定旋转。

当刮水器开关拨至高速挡时，电源电压加在负电刷与偏置电刷之间，从图 7.5(b) 中可以看出电枢绕组的一条支路由五个线圈 1、2、3、4、8 串联，另一条支路由三个线圈 5、6、7 串联，其中线圈 8 与线圈 1、2、3、4 的反电动势方向相反，互相抵消后，相当于只

模块7 汽车安全与舒适系统

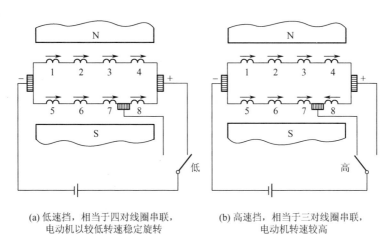

(a) 低速挡,相当于四对线圈串联,   (b) 高速挡,相当于三对线圈串联,
　　电动机以较低转速稳定旋转　　　　　　电动机转速较高

图 7.5　永磁式电动机的变速原理

有三对线圈串联,因而只有转速升高,才能使反电动势达到与运转阻力矩相应的值,形成新的平衡,故此时转速较高。

(2) 自动停位器

自动停位器能保证刮水器开关在任何时候断开时,刮水片自动停止在风窗玻璃的底部。永磁式双速刮水器自动停位器控制电路如图 7.6 所示。

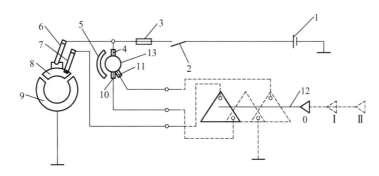

图 7.6　永磁式双速刮水器自动停位控制电路

1—蓄电池;2—电源开关;3—熔断器;4、10、11—电刷;5—永久磁铁;
6、7—自动复位触片;8、9—自动复位滑片;12—刮水器开关;13—电枢

它由装在减速机构端盖上的自动复位触片 6、7 和嵌在减速蜗轮上的自动复位滑片 8、9 组成。滑片 8 与壳体绝缘,而滑片 9 则直接搭铁;自动复位触片 6、7 靠自身弹力保持与自动复位滑片 8、9 接触。能与滑片 9 接触的自动复位触片 7 称为自动停位触点,它与刮水器开关连接,在开关置于断开位置(0 挡)时与电动机低速电刷 10 接通;能与滑片 8 接触的自动复位触片 6 称为自动停位电源触点,它始终与电动机接电源的电刷 4 接通。减速蜗轮运转时,两弹片触点与两组滑片处于时通时断的状态。

通过将刮水器开关 12 置于不同挡,可实现刮水器的低速运转、高速运转及停机复位等功能。

电源开关 2 接通,当刮水器开关 12 置于Ⅰ挡时,电刷 4、10 工作,电动机通电。因电刷 4、10 间串联的电枢线圈较多,电枢在永久磁场的作用下低速运转。电路为蓄电池正

165

极→电源开关 2→熔断器 3→电刷 4→电枢绕组→电刷 10→刮水器开关 12→搭铁→蓄电池负极。

当刮水器开关 12 置于Ⅱ挡时，电刷 4、11 工作，电动机通电，因电刷 4、11 间串联的电枢线圈减少，电枢在永久磁场作用下高速运转。电路为蓄电池正极→电源开关 2→熔断器 3→电刷 4→电枢绕组→电刷 11→刮水器开关 12→搭铁→蓄电池负极。

当刮水器开关 12 置于 0 挡时，如果刮水片没有停到适当位置，自动复位触片 7 与自动复位滑片 9 接触，维持刮水器电动机电路接通，以低速运行。电路为蓄电池正极→电源开关 2→熔断器 3→电刷 4→电枢绕组→电刷 10→刮水器开关 12→自动复位触片 7→滑片 9→搭铁→蓄电池负极。

当刮水片摆到适当位置后，自动复位触片 7 与自动复位滑片 9 脱开，切断电动机的搭铁线，电动机断电，发电机减速运行，为了使其尽快停止，通过滑片 8 将触片 6、7 短接，使电枢通过自动复位滑片 8 与自动复位触片 6、7 构成回路形成电流，产生制动作用，使刮水片停到适当位置。电路为电枢绕组正极→电刷 4→自动复位触片 6→自动复位滑片 8→自动复位触片 7→刮水器开关 12→电刷 10→电枢绕组负极。

2. 间歇继电器控制的刮水器

当汽车在毛毛细雨或浓雾天气行驶时，因风窗玻璃表面形成的是不连续水滴，如果刮水器的刮片按一定速度连续刮拭，微量的水分和灰尘就会形成发黏的表面，因此不仅不能将风窗玻璃刮拭干净，相反会使玻璃模糊不清，留下污斑，影响驾驶人的视线。为此，有些汽车刮水器具有自动间歇刮水功能，在碰到上面提及的行驶条件时，只需将刮水开关拨至间歇工作挡，刮水器便在间歇继电器的控制下，按每停止 2~12s 刮水一次的规律自动停止和刮拭，使风窗洁净，驾驶人获得良好的视野。间歇继电器有机械式和电子式两大类，原理各不相同。

机械式间歇继电器的刮水器开关有 0、Ⅰ、Ⅱ、Ⅲ 四个挡位，其中 0 挡为停止挡，Ⅰ挡为间歇挡，Ⅱ挡为低速挡，Ⅲ挡为高速挡。间歇继电器由时间继电器、动合触点（常开触点）A 和动断触点（常闭触点）B 组成，如图 7.7 所示。间歇继电器的工作原理如下：

当刮水器开关拨至Ⅰ挡时，刮水器中继电器中的时间继电器通电，电路为蓄电池正极→总熔断器（60A）→电流表→熔断器（10A）→间歇继电器"＋"接线柱→时间继电器线圈、触点→间歇继电器接线柱 9→刮水器开关内部触点→搭铁→蓄电池负极。

时间继电器线圈产生吸力，将动合触点 A 闭合，动断触点 B 断开，此时电动机通过间歇继电器构成回路，电路为蓄电池正极→总熔断器（60A）→电流表→熔断器（10A）→刮水电动机电刷"＋"极→电枢绕组→电刷"－"极→刮水器开关内部触点→间歇继电器接线柱 10→动合触点 A→刮水器开关→搭铁→蓄电池负极。

电动机低速运转，带动刮水片工作。间歇继电器中的时间继电器线圈因通电发热变形，逐渐使触点张开而断电。在弹簧的作用下，动合触点 A 被断开，动断触点 B 又闭合。若此时自动停位触点处于自动停位器的搭铁钢片上，则电动机不因继电器线圈断电而停止工作。此时电路为蓄电池正极→总熔断器（60A）→电流表→熔断器（10A）→刮水电动机电刷"＋"极→电枢绕组→电刷"－"极→刮水器开关内部触点→间歇继电器接线柱 10→动断触点 B→间歇继电器接线柱 P→自动停位器搭铁片→搭铁→蓄电池负极。

模块7 汽车安全与舒适系统

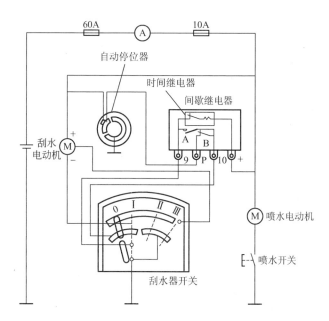

图 7.7 机械式间歇继电器控制的刮水器电路

当电动机转到图 7.7 所示位置（即自动停位器的电源触点和自动停位触点处在同一铜片上）时，间歇继电器接线柱 P 的搭铁电路断开，刮水电动机电路被切断，电动机便停止工作。但由于机械惯性，电动机瞬间还会转动，因而电动机以发电机运行而产生制动，迫使电动机立即停止转动，使刮水片正好处于玻璃下方。

几秒间歇后，时间继电器线圈因温度降低恢复变形，使触点又重新接通，刮水电动机又开始工作。如此反复循环，构成了刮水电动机的间歇工作。

当刮水器拨至Ⅱ、Ⅲ挡时，电动机的转速直接由刮水器开关控制，刮水器开关内部挡的触点与搭铁断开。只有将刮水器开关拨至 0、Ⅰ挡时，自动停位器才起作用。

7.1.2 汽车风窗清洗系统的结构和原理

汽车在灰尘较多的环境中行驶时，会造成一些灰尘飘落在风窗上影响驾驶人的视线。为此许多汽车的刮水系统中增设了清洗装置，必要时向风窗表面喷洒专用清洗液或水，在刮水片的配合下，保持风窗表面洁净。

风窗清洗装置的组成如图 7.8 所示。它由储液罐、清洗泵、输液管、喷嘴、清洗开关等组成。

储液罐由塑料制成，其内盛有用水、酒精或洗涤剂等配制的清洗液。有些储液罐上安装了液面传感器，以便监视储液罐清洗液的多少。

清洗泵的作用是将清洗液加压，通过输液管和喷嘴喷洒到风窗玻璃表面。它由一个永磁电动机和液压泵组成。

风窗清洗装置电路比较简单，一般和电动刮水器共用一个熔断器。有的汽车的清洗开关单独设置，有的则和刮水器开关组合在一起，便于操作。

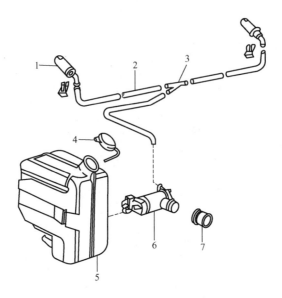

图 7.8 风窗清洗装置的组成

1—喷嘴；2—输液管；3—三通接头；4—箱盖；5—储液罐；6—清洗泵；7—衬垫

当清洗开关接通时，清洗泵带动液压泵转动，将清洗液加压，通过输液管和喷嘴喷洒到风窗玻璃表面。有的车型（如桑塔纳乘用车）在清洗开关接通的同时使刮水器低速运行，以改善清洗效果。

7.1.3 汽车风窗除霜（雾）装置的结构和原理

冬季汽车风窗玻璃上的霜给人们驾车出行造成很大不便和困扰，目前主要的除霜方式有三种，分别是车载暖风除霜系统除霜、加有电热丝的电热玻璃除霜、使用汽车防雾剂和防雾贴膜的方式除霜。

① 前窗除霜装置。大多数汽车前窗除霜装置是采用暖风装置的热空气吹向玻璃的方法，来达到除霜的目的。它由鼓风机、进出暖风风管、除霜喷口等组成。除霜器喷口安装在风窗玻璃的下部，喷口长度应占风窗玻璃半边的 2/3 左右。暖风的进口和车内暖风装置的风管相连，以便直接用暖风将覆盖于风窗玻璃外表面的霜和冰雪融化，消除风窗玻璃内表面的雾气。

② 后窗除霜装置（图 7.9）。向风窗玻璃上吹热空气的除霜方法需较长的时间，而且不能快速将整个风窗玻璃上的冰雪融化，故不少汽车采用热电式除霜装置。热电式除霜装置是把电热丝直接加工制造在玻璃层内，即肉眼看见的那几道红线。利用汽车本身的电流加热电热丝，达到除霜目的。热电式除霜装置的工作原理是在风窗玻璃中均匀布置多条电热丝，接通点火开关、除霜器开关后，电热丝迅速加热玻璃，使玻璃温度升高，附着在玻璃上的霜雾则受热融化，从而达到除霜效果。其缺点是由于电热丝的不透明性会影响驾驶人的视线，对安全行车造成隐患，故无法安装在汽车前风窗玻璃上，目前此种除霜方式较多应用在汽车后风窗玻璃上。

模块7 汽车安全与舒适系统

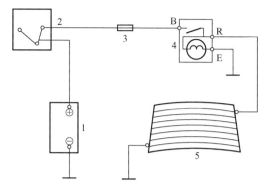

图 7.9 后窗除霜（雾）装置

1—蓄电池；2—点火开关；3—熔断器；4—除霜器开关及指示灯；5—除霜器（电热丝）

实训能力目标

1. 掌握汽车风窗刮水系统的检测与维修。
2. 掌握汽车风窗清洗系统的检测与维修。
3. 掌握汽车风窗除霜系统的检测与维修。

实训内容

① 打开汽车的发动机盖，识别汽车风窗刮水、清洗系统的部件和控制开关，并填写表 7-1。

表 7-1 汽车风窗刮水、清洗系统的部件和控制开关

部 件 名 称	在整车的位置

② 连接汽车风窗刮水、清洗系统。老师根据学生连接好的汽车电路设置故障，学生排除故障。检测方法可参考表 7-2。

表 7-2 汽车风窗刮水清洗、除霜系统常见故障及故障排除

故 障 现 象	故 障 原 因	故 障 排 除
接通点火开关后，刮水器开关置于各挡位，刮水器均不工作	熔断器断路；刮水电动机或开关有故障；机械传动部分锈蚀或与电动机脱开；连接线路断路或插接件松脱	可参照下列步骤进行诊断检查并视情况维修：首先检查熔断器，应无断路，线路应无松脱；然后检查刮水电动机及开关的电源线和搭铁线，应接触良好，没有断路；再检查开关各个接线柱在相应挡位能否正常接通；最后检查电动机和机械连接情况

（续）

故 障 现 象	故 障 原 因	故 障 排 除
接通点火开关后，刮水器个别挡（低速、高速或间歇挡）不工作	刮水电动机或开关有故障；间歇继电器有故障；连接线路断路或插接件松脱	如果刮水器在高速挡或低速挡不工作，可参照下列步骤进行诊断检查并视情况维修：首先检查刮水电动机及开关对应故障挡位的线路是否正常；然后检查开关接线柱在相应挡位能否正常接通；最后检查电动机电刷是否个别接触不良。 如果刮水器在间歇挡不工作，应顺序检查间歇开关（或刮水器开关的间歇挡）、线路和间歇继电器
刮水器开关断开或在间歇挡工作时，刮水器不能自动停止在设定的位置	刮水电动机自动停位机构损坏；刮水器开关损坏；刮水臂调整不当；线路连接错误	可参照下列步骤进行诊断检查并视情况维修：首先检查刮水臂的安装及刮水器开关线路连接是否正确；然后检查刮水器开关在相应挡位的接线柱能否正常接通；最后检查电动机自动停位机构触点能否正常闭合和接触良好
所有喷嘴都不工作和个别喷嘴不工作	清洗泵或开关损坏；线路断路；清洗液液面过低或连接管脱落；喷嘴堵塞	如果所有喷嘴都不工作，首先检查清洗液液面和连接管是否正常；然后检查清洗泵搭铁线和电源线有无断路、松脱，开关和电动机是否正常。如果个别喷嘴不工作，一般是喷嘴堵塞所致
风窗除霜（雾）装置不工作	熔断器或控制线路断路；电热丝或开关损坏	首先检查熔断器是否正常，然后将开关接通后检查电热丝相线端电压是否正常。如果电压为零，应检查开关和电源线路；否则检查电热丝是否断路。若电热丝断路，可用润滑脂清理电热丝端部，并用蜡和硅脱膜剂清理电热丝断头，再用专用修理剂进行修补，并将断点处连接起来，保持适当时间后即可使用

③ 汽车风窗刮水清洗系统的保养。

A. 定期检查刮水器刮片。当发现刮水器刮片严重磨损或脏污时，应及时更换或清洗，否则将降低刮水器的工作效能，影响驾驶人视线。

B. 检查刮水器工作情况时，应先用水润湿风窗玻璃，否则会刮伤玻璃，同时由于刮片摩擦阻力大，可能损伤刮片或烧坏电动机。打开刮水器开关后，应注意电动机有无异响，尤其当刮水电动机"嗡嗡"响而不转动时，说明其机械刮水器传动部分已锈死或卡住，应立即关闭刮水器开关，以防烧毁电动机。

C. 使用中关闭刮水器开关后，刮水器刮片应回到风窗玻璃下侧后停止。若停止位置不对，应加以调整。调整时可转动自动停位器的盖，顺时针转动停止位置缩短，逆时针转动则停止位置延长。

D. 冬季使用刮水器时，若刮片冰冻住或被雪团卡住，应立即关闭开关，清除冰块、雪团后方可继续使用，否则会因刮片阻力过大而烧坏电动机。

E. 不要随意拆下电动机。若因故障确需拆下电动机时，切勿使电动机跌落、碰撞。因为刮水电动机大多利用永磁直流电动机，其磁极多采用陶瓷材料，受冲击易损坏。

F. 刮水电动机多为封闭式，不可随意拆卸。必须拆卸时，要保持内部清洁，不可让铁屑之类的污物落入其中；装配时要给含油轴承的毛毡加注少许润滑油，并更换或补充减速器内的润滑脂。

▶ 实训总结

_____
_____
_____
_____
_____
_____
_____
_____
_____
_____
_____
_____
_____

7.2 汽车电动座椅电路系统

 理论知识目标

1. 掌握汽车电动座椅电路系统的结构。
2. 掌握汽车电动座椅电路系统的原理。

7.2.1 汽车电动座椅的类型

电动座椅又称自动座椅，即用电动机调整的座椅。它可以满足驾驶人多种坐姿的操作和安全要求，当然也满足乘客对舒适性的要求。

1. 根据使用电动机的数量分类

电动座椅的类型根据分类方式的不同可分为以下几种。

根据使用电动机的数量，电动座椅可分为单电动机式、双电动机式、三电动机式和四电动机式等。

① 单电动机式。单电动机式只能对电动座椅的前后两个方向进行调整。

② 双电动机式。双电动机式可以对电动座椅的四个方向进行调整，即不仅前后两个方向的位置可以移动，其高低也可以进行自动调整。

③ 三电动机式。三电动机式可以对电动座椅的六个方向进行调整，即不仅能向前后两个方向移动，还可分别对座椅的前部和后部的高低进行调整。

④ 四电动机式。四电动机式的调整功能除了具有以上三电动机式的调整功能以外，还可对靠背的倾斜度进行调整。

电动座椅装用的电动机最多可达八个，除了保证上述基本运动外，还可对头枕高度、座椅长度和扶手的位置进行调整。

2. 根据有无加热器分类

根据有无加热器，电动座椅可分为无加热器式与有加热器式两种。有加热器式电动座椅可以在冬季寒冷的时候对座椅的坐垫进行加热，以使驾驶人或乘员乘坐更舒适。

3. 根据有无存储功能分类

根据有无存储功能，电动座椅可分为有存储功能与无存储功能两种。

有存储功能的电动座椅（图 7.10）的显著特点是通过操纵座位控制开关，可将座位的前后滑移、前垂直、后垂直位置参数，靠背和头枕的倾斜参数，以及腰垫的位置参数存储在存储器中；当存储与复位开关输入控制信号后，座位在 ECU 的控制下，将自动存储和复位。

【有存储功能的电动座椅】

图 7.10　有存储功能的电动座椅

无存储功能的电动座椅（图 7.11）又称不带存储功能的座位调节系统，通过操纵座位控制开关，可以调整座位的前后滑移、前垂直、后垂直位置，靠背和头枕的倾斜位置，以及腰垫的位置，由于系统没有存储功能，因此，座椅位置不能存储和复位。

此外，在座椅中还附加了一些特种功能的装置，如在气垫座椅上使用电动气泵，对各个专用气囊（腰椎支撑气囊、侧背支撑气囊、座位前部的大腿支撑气囊）进行充气，起到调节支撑腰椎、侧背、大腿的作用。

模块7 汽车安全与舒适系统

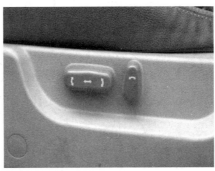

【无存储功能的电动座椅】

图 7.11　无存储功能的电动座椅

7.2.2　汽车电动座椅的组成

电动座椅主要由座椅开关和位置传感器、ECU、执行机构的驱动电动机三大部分组成。开关和位置传感器包括座椅各位置（头枕、靠背、腰部、滑动、前垂直、后垂直）的电动开关、座椅各位置传感器、安全带扣环传感器及转向盘倾斜传感器等；ECU 包括转向柱倾斜和伸缩 ECU、电动座椅 ECU；执行机构的驱动电动机主要包括座椅调整、安全带扣环及转向盘倾斜调整的驱动电动机等，而且这些电动机均可灵活地进行正反转，以执行各种装置的调整功能。电动座椅的结构如图 7.12 所示。

1. 电动机

电动座椅大多采用永磁式电动机驱动，并通过装在座位侧板上或门扶手上的肘节式控制开关来控制电路通路和电流方向，使某一电动机按所需的方向运转，以达到调整座椅的目的。电动座椅最普通的形式是使用三个电动机实现座椅六个不同方向的位置调整：上、下、前、后、前倾、后倾。三个电动机分别称为前高度调整电动机、后高度调整电动机与前后移动电动机。

为了防止电动机过载，大多数永磁式电动机内装有热过载保护断路器。有些电动座椅采用串励电动机来驱动，并装有两个磁场线圈，使其可做双向运转。这种电动机多使用继电器控制电流方向，当开关换向时，可听到继电器动作的"咔嗒"声。

2. 手动调节开关

手动调节开关主要是用来调整座椅的各种位置。当按下此开关后，ECU 就会控制相应电动机运转，按照驾驶人的要求调整座椅的位置。

3. 存储和复位开关

存储和复位开关主要是用来存储或恢复驾驶人已经调整好的座椅位置。只要按下此按钮，就能按存储的各个座椅位置的要求调整座椅的位置。

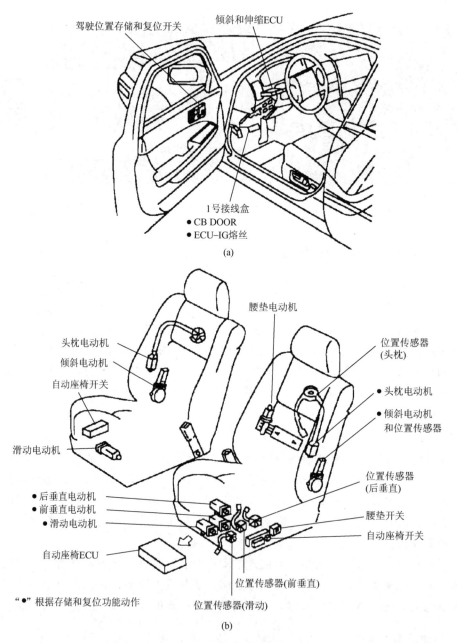

图 7.12 电动座椅的结构

4. 位置传感器

位置传感器主要是用来检测座椅的各种位置,主要由齿轮、滑块和螺旋杆(可调电阻器)组成,工作原理和一般电位计相似。螺旋杆由电动机通过齿轮驱动旋转,并带动滑块在电阻器上滑动,从而使输出电压信号发生变化。电控单元根据此电压信号决定座椅的位置。只要座椅位置调定后,驾驶人按下存储和复位开关,ECU 就把这些电压信号存储起来,作为重新调整位置时的基准。

模块7 汽车安全与舒适系统

5. ECU 及其控制

ECU 主要用来控制靠手动调节开关的座椅调节装置，也能根据从转向柱倾斜和伸缩 ECU、位置传感器等送来的信号存储座椅位置。考虑到驾驶人的不同体型和喜好的驾驶姿势，自动调节系统能在该 ECU 中存储两种不同的座椅位置（供选择），靠一个"单独"开关的点动，ECU 即可将座椅调整到驾驶人所期望的位置。

座椅进行调整时，由手动调节开关通过 ECU 控制调整量，然后利用存储和复位开关控制某一位置的数据存储；座椅位置信号取自变阻器上的电压降。根据每个自由度上的电动机驱动座椅，从而使变阻器随动。根据变阻器的电压降，ECU 识别座椅的运动机构是否到达"死点"，当到达"死点"位置时，ECU 会及时切断供电电源，保护电动机和座椅驱动机构。

7.2.3 汽车电动座椅的控制电路

1. 无存储功能的电动座椅

无存储功能的电动座椅的典型结构主要由座椅本体、座椅调节器开关、座椅调节器和调节器电动机等组成，如图 7.13 所示。

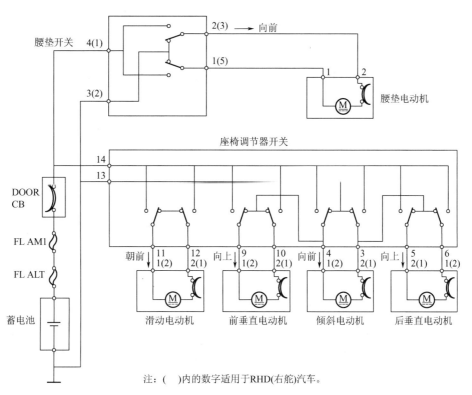

注：( )内的数字适用于RHD(右舵)汽车。

图 7.13 无存储功能的电动座椅电路原理图

图 7.13 所示为雷克萨斯 LS400 乘用车电动座椅控制电路（不带储存功能）。该电路包括滑动电动机、前垂直电动机、倾斜电动机、后垂直电动机和腰垫电动机，可以实现座椅

175

的前后移动、前部高度调节、靠背倾斜程度调节、后部高度调节及腰垫前后调节。

电路中有五个开关,分别控制五个电动机。开关有一个共同特点,均为常搭铁型结构,即电动机没有动作时,电动机两端通过开关搭铁;当开关打向其一侧时,动作侧开关接通电源。每个电动机中均设置了断路器,当座椅位置调整到极限时,流过电动机的电流增加,断路器断开,切断电动机电流,保护电动机不被烧损;松开调整开关,冷却后,断路器又重新复位。下面以座椅靠背的倾斜调节为例,介绍电路的控制过程。

当电动座椅的开关处于倾斜位置时,如果要调整靠背向前倾斜,则闭合倾斜电动机的前进方向开关,即端子4置于左位时,电路为蓄电池正极→FLALT→FLAM1→DOOR CB→端子14→(倾斜开关"前")→端子4→端子1(2)→倾斜电动机→端子2(1)→端子3→端子13→搭铁。此时,座椅靠背前移。

当端子3置于右位时,倾斜电动机反转,座椅靠背后移。此时的电路为蓄电池正极→FLALT→FLAM1→DOOR CB→端子14→(倾斜开关"后")→端子3→端子2(1)→倾斜电动机→端子1(2)→端子4→端子13→搭铁。

2. 有存储功能的电动座椅

有存储功能的电动座椅的控制电路如图7.14所示。其动作方式有座椅前后滑动调节、座椅前部的上下调节、座椅后部的上下调节、靠背的倾斜调节、头枕的上下调节及腰垫的前后调节等。其中腰垫的前后调节是通过腰垫开关和腰垫电动机直接控制的,并无存储功能。驾驶人通过操纵电动座椅开关可以控制其余的五种调整。当座椅位置调好后,按下存储和复位开关,电控装置就把各位置传感器的信号存储起来,以备下次恢复座椅位置时再用。当下次使用时,只要一按位置存储和复位开关,电动座椅ECU就驱动电动座椅电动机,将座椅调整到原来位置。

有存储功能的电动座椅由电动座椅位置传感器、电动座椅ECU和执行机构的驱动电动机三大部分组成。另外,该系统还备有手动开关,当手动操作此开关时,各驱动电动机电路也可接通,输出转矩而进行各种调整。该系统有电动机插接器A、电动座椅ECU插接器B和控制开关插接器C三个连接器。其控制部件的功能如下:

电动座椅开关的功能:当接通该开关时,向电动座椅ECU输入座椅前后滑移、前垂直、后垂直、靠背倾斜和头枕高低位置等信号。

存储和复位开关的功能:通过倾斜和伸缩ECU将记忆和复位信号输送到电动座椅ECU的存储器中。

电动座椅ECU的功能:控制各电动机电流的接通与切断,控制执行存储和复位动作。当电动座椅ECU接收到电动座椅开关的输入信号后,ECU立即控制内部的继电器动作,接通或切断相应的控制电动机的电流,并通过动力传动机构驱动座椅移动。座椅位置的存储及复位由倾斜和伸缩ECU与电动座椅ECU之间的相互通信联系进行控制。

腰垫开关的功能:控制腰垫电动机电流的接通、切断和电动机电流的流向(即控制电动机的旋转方向)。当接收到来自门控熔断器DOOR的电源时,腰垫开关接通,腰垫电动机电流就接通;开关断开则电动机电流切断。腰垫开关不与电动座椅ECU连接,腰垫调整位置参数也不能存储在存储器中。

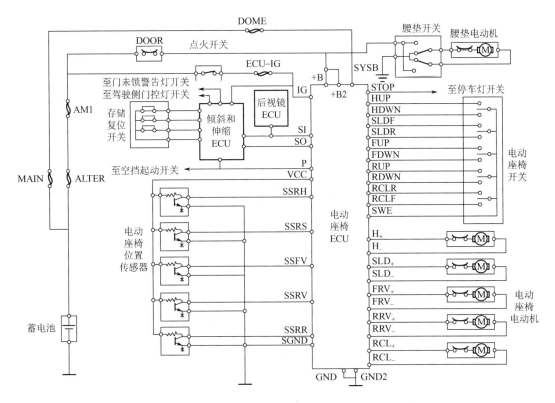

图 7.14　有存储功能的电动座椅的控制电路

电动座椅位置传感器的功能：将每个电动机（包括滑动电动机、前垂直电动机、后垂直电动机、倾斜电动机和头枕电动机）的位置信号输送到电动座椅 ECU，再由电动座椅 ECU 与倾斜和伸缩 ECU 控制存储和复位。

电动机的功能：提供动力。每个电动机内部都设有电路断路器。座椅前后滑动电动机、前垂直电动机、后垂直电动机、倾斜电动机和头枕电动机由电动座椅 ECU 控制；腰垫电动机由腰垫开关控制。

3. 座椅加热系统

座椅加热系统可以对驾驶人和乘客的座椅进行加热，使乘坐更加舒适。有些汽车座椅的加热速度可以调节，有些不可以调节。

（1）加热速度不可调式座椅加热系统

图 7.15 为北京现代索纳塔乘用车电动座椅加热电路图。该电路可以对驾驶人座椅和前排乘员座椅同时进行加热，也可以分别加热。其中，座椅加热线圈和靠背加热线圈是串联连接的。其工作过程如下。

① 若只需对驾驶人座椅进行加热，只关闭左前座椅加热开关。电路为电源→熔丝 15→端子 12→端子 M21→加热开关→端子 4→恒温器开关→座椅电热丝→靠背电热丝→搭铁。此时，只对驾驶人的座椅进行加热，同时驾驶人座椅加热指示灯（IND）点亮。单独对前排乘员座椅加热时的电路分析与驾驶人座椅相同。

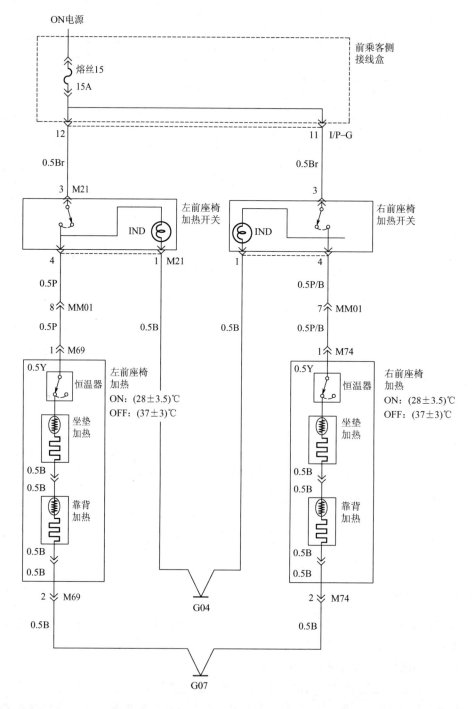

图 7.15 北京现代索纳塔乘用车电动座椅加热电路

② 若要对两个座椅同时加热,则两座椅的加热开关同时接通。此时,两座椅的座椅电热丝和靠背电热丝串联以后再并联,两指示灯同时点亮,电路分析不再赘述。

(2) 加热速度可调节座椅加热系统

如图 7.16 所示,此座椅加热器的加热速度可以调节。驾驶人和前排乘员座椅的加热器与加热控制开关相同。其中 HI 表示高位加热，LO 表示低位加热。该座椅加热系统可以单独对驾驶人侧或前排乘员侧的座椅进行加热，也可以同时对两座椅进行加热。下面以驾驶人侧的座椅加热器为例，其工作过程如下。

① 当加热器开关断开时，加热系统不工作。

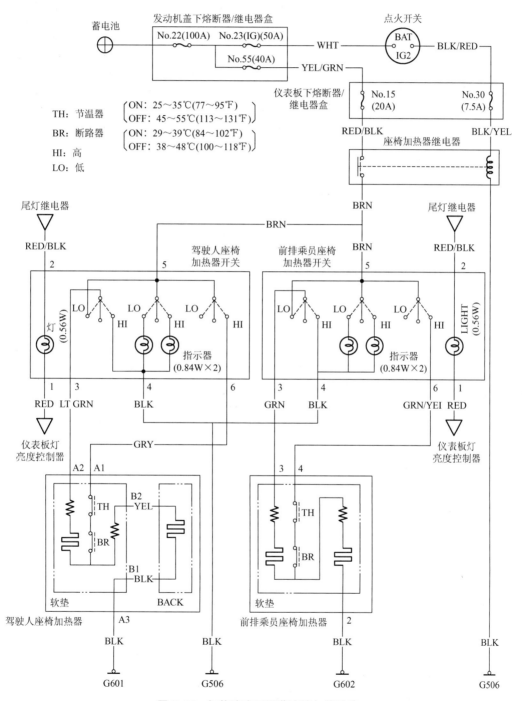

图 7.16 加热速度可调节座椅加热系统

② 当加热器开关处于"HI"位置时，电流首先经过点火开关给座椅加热器的继电器线圈通电，线圈产生磁场使继电器开关闭合。此时，加热器的电路为蓄电池正极→熔断器→继电器开关→加热器开关端子5，然后电流分为3个支路，一路经指示灯→继电器端子4→搭铁，指示灯亮，另一路经加热器开关端子6→加热器端子A1→节温器→断路器→加热器靠背线圈→搭铁，还有一路经加热器开关端子6→加热器端子A1→节温器→断路器→加热器坐垫线圈→加热器端子A2→加热器开关端子3→加热器端子开关4→搭铁。此时，靠背线圈和坐垫线圈并联加热，加热速度较快。

③ 当加热器开关处于"LO"位置时，电流流向为蓄电池正极→熔断器→继电器开关端子5，然后分为两个支路，一路经指示灯→加热器端子4→搭铁，低位指示灯亮，另一路经加热器开关端子3→加热器端子A2→加热器坐垫线圈→加热器靠背线圈→搭铁。此时，靠背线圈和坐垫线圈串联加热，电路中电流较小，因此加热的速度较慢。

实训能力目标

1. 掌握汽车无存储功能的电动座椅系统的检测与维修。
2. 掌握汽车有存储功能的电动座椅系统的检测与维修。
3. 掌握汽车电动座椅加热系统的检测与维修。

实训内容

1. 汽车电动座椅的控制开关及其功能

进入汽车驾驶室，识别汽车电动座椅的控制开关及其功能，并填写表7-3。

表7-3 汽车电动座椅的控制开关及其功能

控制开关图标	控制开关的功能

2. 汽车电动座椅系统的故障检测

连接汽车电动座椅系统。老师根据学生连接好的汽车电路设置故障，学生排除故障。检测方法可参考如下步骤。

（1）电动座椅故障的初步检查

对电动座椅故障的初步检查，通常应检查易损件、导线，以及通过操作确认故障的可能部位等。

① 对易损件的检查。首先检查仪表板熔丝与熔断器盒内电动座椅的熔丝是否熔断。如果熔断，应检查电路是否有短路处。排除短路点以后，才可更换新的熔丝，否则又会熔断熔丝。

模块7 汽车安全与舒适系统

② 对配线的检查。应检查电动座椅各部件之间的连接配线有无断路处、有无绝缘层破损现象。发现异常后,应及时进行处理。

③ 通过操作判断故障产生的可能原因。通过操作电动座椅,根据常见故障的现象判断故障产生的可能原因。

A. 如果一个座椅调节器比另一个座椅调节器先到达最大水平位置或最大垂直位置,则可能为两个座椅调节器不同相,应对其进行适当的调整。

B. 如果电动座椅不能水平或垂直移动,或水平和垂直两个方向均不能移动,则可能为座椅调节器电动机损坏,或控制电路有故障。

C. 如果电动座椅垂直移动迟缓或卡滞,则可能为垂直执行器与齿条之间配合不良或污垢过多,也可能为顶板总成有松动现象。

D. 如果一个座椅调节器不能垂直移动,则可能为垂直驱动钢丝脱开或折断,也可能是垂直执行器未工作。

E. 如果电动座椅水平移动迟缓或卡滞,则可能为水平执行器与齿条间配合不良或污垢过多,也可能是顶板总成有松动现象。

F. 如果一个座椅调节器不能水平移动,则可能为水平驱动钢丝脱开或折断,也可能是水平执行器未工作。

G. 如果电动座椅水平移动不平稳,则可能为水平执行器工作不良。

④ 电动开关的检查。电动座椅的开关接触不良,会造成电动座椅调整失效或不灵。

A. 利用维修手册上的电动座椅连通性图表来检测开关的连通性。

B. 如果开关损坏,则应更换同型号的电动座椅开关。

⑤ 控制电路的检查。电动座椅的控制电路若有断路或短路现象,均会造成电流不能通过电动机,使电动座椅调整失效。可按断路或短路的故障,仔细检查并排除故障。

⑥ 电动机的检查。电动座椅的电动机失灵,如电刷磨损,转子与定子断路、短路等故障,均可能使电动机不能正常工作。

(2) 电动座椅主要部件的检测

电动座椅的主要部件有调节开关、调节电动机、位置传感器和ECU等。

① 调节电动机的检测。对电动座椅调节电动机的检测应先将其从座椅上拆下来才能进行。其检测方法如下。

A. 当将电动座椅调节电动机处于某一种调节状态时,检测各端子与电源之间的连接情况是否符合要求。

分别用导线将电动机插接器的相应两个端子与蓄电池的正、负极相连接,检查电动机的工作情况。必须注意的是,当电动机通电后不转或有异常响声时,均应立即停止检测。

B. 若检测到某个调节电动机不运转或运转不平稳,则拔下该电动机上的两芯插接器,直接将蓄电池正、负极用导线与该电动机连接,进行通电检测。若此时电动机运转无问题,则可能为调节电动机两芯插座之间的导线有断路、接地或接触不良现象。

C. 若单独对某电动机通电后仍不运转或运转不正常,则说明该电动机有故障,应更换新件。

② 调节开关的检测。检测电动机调节开关,也应将其从驾驶人座椅处拆下。用万用表检测插接器各端子之间的导通状态,即可判断调节开关的好坏。

③ 位置传感器的检测。

A. 拆下电动座椅 ECU。首先拆下驾驶人座椅，然后拆下前垂直调节器上的螺栓并将坐垫略微抬高（一定要注意，不能将坐垫抬得过高，否则线束会被拉出，夹箍可能会松动）。坐垫抬高后，可以从坐垫下面的固定处随插接器一起拆下电动座椅 ECU。

B. 位置传感器检查。将电动座椅 ECU 的端子 CHK 连接到车身（接地），使 ECU 进入检查状态。用示波器测量电动座椅 ECU 的端子 S 与车身接地之间的电压波形。当示波器显示图 7.17(a) 所示电压波形时，表示"已准备好"了；然后接通电动座椅开关，用示波器检查座椅移动时的电压波形变化，若示波器显示图 7.17(b) 所示电压波形，则表示输入信号正常，相应的位置传感器无故障；若示波器显示图 7.17(c) 所示电压波形，则表示输入信号不正常，相应的位置传感器有故障，应更换位置传感器。

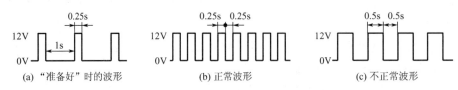

图 7.17　检测位置传感器的电压输出波形

在进行该项检查时，当座椅移动到极限位置（如头枕移到最高或最低位置）时，电压波形从正常变为不正常，这属于正常现象。

④ ECU 的检测。汽车的 ECU 一般很少出现故障。如果怀疑其有故障，通常采用测量其线束插接器相关端子间的电压或电阻，再与标准值进行比较的方法。其值应符合标准值，否则应进一步检查电路。但测量之前应首先检查 ECU 外观有无明显的损坏，外围元件是否脱焊或变质。若一切完好，可对 ECU 进行检测。

（3）电动座椅的调整方法

电动座椅的调整主要是对其水平行程或垂直行程的调整，以使两个座椅调节器同相。

① 垂直行程的调整。先垂直移动座椅，当一个座椅调节器在其前后垂直行程极限上均到达最靠上的位置时，从该座椅调节器上脱开前后垂直驱动钢丝；然后垂直移动座椅，直到另一个座椅调节器也到达最靠上的位置；再接上脱开的前后垂直驱动钢丝，并使两个座椅调节器同相即可。

② 水平行程的调整。先水平移动座椅，当一个座椅调节器在其水平行程极限上到达最靠前的位置时，从该座椅调节器上脱开水平驱动钢丝；然后水平移动座椅，直到另一个座椅调节器也到达最靠前的位置；再接上脱开的水平驱动钢丝，并使两座椅调节器同相即可。

实训总结

模块7 汽车安全与舒适系统

7.3 汽车电动门窗电路系统

 理论知识目标

1. 熟悉汽车电动门窗电路系统的结构。
2. 掌握汽车电动门窗电路系统的控制电路。

7.3.1 汽车电动门窗电路系统的结构

现代乘用车中普遍安装了电动门窗,以使门窗的升降更加方便。电动门窗(图7.18)是指以电为动力使门窗玻璃自动升降的门窗。它是由驾驶人或乘员操纵开关接通门窗升降电动机的电路,电动机产生动力通过一系列的机械传动,使门窗玻璃按要求进行升降。电动门窗的优点是操作简便,有利于行车安全。

【汽车电动门窗】

图 7.18 汽车电动门窗

电动门窗主要由门窗玻璃、门窗玻璃升降器、控制开关及其控制电路、门窗继电器、电动机(可双向转动)和减速机构组成。每个门窗都装有一个电动机,通过开关控制其电流方向,使门窗玻璃实现上升或下降。常见的电动门窗升降机构有绳轮式、交臂式、齿条式等。

1. 门窗电动机

门窗电动机是永磁、两极直流电动机,而且电动机内部有减速装置。门窗电动机内部一般都装设抑制无线电干扰的装置,以防止在使用玻璃升降器时对车内无线电的接收形成干扰。电动机内部还装设电流保护装置,电动机运动受阻时能自动切断电源,从而避免电动机烧毁。门窗电动机一般设计成正反旋转,具有较高输出转矩、低噪声、小体积、扁平外形和短时工作制特点,并对尘埃及洗涤剂具有密封防护性能。

为了与不同升降机构相匹配,门窗电动机输出部分的结构也有所不同。对于绳轮式结构的,电动机的输出部分是一个塑料绳轮,绳轮上绕有钢丝绳,钢丝绳上装有滑块。电动机驱动绳轮,带动钢丝绳卷绕,钢丝绳上的滑块带动玻璃,使之沿导轨做上下运动。对于交臂式结构,电动机的输出部分也是一个小齿轮,通过与软轴上的齿(近似于齿条)相啮合,驱动软轴卷绕,带动玻璃沿导轨做上下运动。

2. 门窗玻璃升降器

电动门窗玻璃升降器有油压式和机械式两大类。

(1) 电动油压式门窗玻璃升降器

电动油压式门窗玻璃升降器由电动机、油筒、连臂机构和控制开关等组成。若想升高某门窗玻璃，按下该窗玻璃上升按钮，电路接通，电流即流入电动机，转动油泵以产生高压油。同时电流流入控制该窗的电磁线圈，将油阀打开，压力油进入油压缸中将活塞推动，经连杆装置，使门窗玻璃上升。若欲降低某窗玻璃，按下该窗玻璃下降按钮，电磁线圈有电流进入，使油阀打开，此时电动机不转，无压力油，门窗玻璃连杆受弹簧力的作用，将油压缸中的油压回储油室，使门窗玻璃下降。

(2) 电动机械式门窗玻璃升降器

电动机械式门窗玻璃升降器的结构形式有绳轮式、交臂式和软轴式（北京切诺基乘用车），如图 7.19 所示。

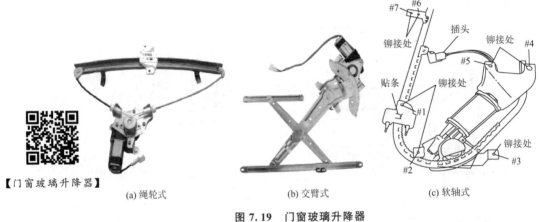

(a) 绳轮式　　　　　(b) 交臂式　　　　　(c) 软轴式

图 7.19　门窗玻璃升降器

① 绳轮式门窗玻璃升降器。绳轮式门窗玻璃升降器由滑轮、钢丝绳、张力器、张力滑轮等组成。它通过驱动电动机拉钢丝绳来控制门窗玻璃的升降，电动机的输出部分是塑料绳轮，绳轮上绕钢丝绳，钢丝绳上安装滑块，电动机驱动绳轮，带动钢丝绳卷绕，钢丝绳上的滑块带动玻璃，使之沿导轨上下运动。

② 交臂式门窗玻璃升降器。常见的交臂式（或称 XU 交臂式）六窗玻璃升降器主要由扇形齿板、玻璃导轨及调节器等组成。它的工作原理是扇形齿板利用驱动电动机的棘轮进行转动，从而带动 X 臂运动，使门窗玻璃做上下移动。

③ 软轴式门窗玻璃升降器。软轴式门窗玻璃升降器由软轴、小齿轮等组成。电动机的输出部分是一个小齿轮，通过与软轴上的齿（近似于齿条）相啮合，驱动软轴卷轴卷绕，带动玻璃沿导轨上下运动。

3. 门窗继电器

门窗继电器的作用是接通或断开门窗电路。当接通点火开关电路时，也接通了门窗继电器的线圈电路，门窗继电器接通门窗的电路。当关断点火开关时，门窗继电器同时断开门窗的电路，以防损坏电气组件和发生意外。

模块7 汽车安全与舒适系统

4. 控制开关及其控制电路

控制开关用来控制门窗玻璃升降。一般电动门窗系统都设置两套控制开关。一套装在仪表板或驾驶人侧车门扶手上（即便于驾驶人操纵的位置），为主开关，由驾驶人控制每个车窗的升降。另一套分别装在每一个乘员的车门上，为分开关，可由乘员操纵。一般在主开关上还装有窗锁开关。如果将其断开，则分开关就不起作用。

有的车上还专门设置一个延迟开关，在点火开关断开后约10min内，或在打开车门以前，仍有电源提供，使驾驶人和乘员能有时间关闭车窗。

7.3.2 汽车电动门窗的控制电路

电动门窗控制电路主要由电源、控制开关、易熔线、断路器和指示灯等组成。

在点火开关位于ON位置的状态下，电动门窗继电器闭合，蓄电池的12V电压通过易熔线给电动门窗控制电路供电。

当驾驶人按下电动门窗主控开关控制左后门窗上升时，电流通过主控开关组件的左后门窗开关上位置→左后门窗独立开关上位置→左后门窗电动机→左后门窗断路器→左后门窗独立开关下位置→主控开关组件的左后门窗开关下位置→搭铁。由此，电动门窗电动机获得电能而旋转，驱动左后门窗玻璃向上移动，电动门窗关闭，如图7.20所示。

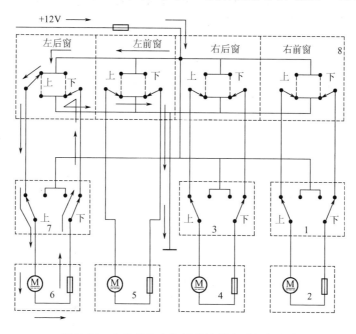

图7.20 电动门窗主控开关控制左后门窗上升

1—右前门窗独立开关；2—右前门窗电动机；3—右后门窗独立开关；4—右后门窗电动机；
5—左前门窗电动机；6—左后门窗电动机；7—左后门窗独立开关；
8—驾驶人主控开关组件

当驾驶人按下左后门窗独立开关控制左后门窗下降时，电流通过主控开关组件的左后门窗独立开关下位置→左后门窗断路器→左后门窗电动机→左后门窗独立开关上位置→主控开关组件的左后门窗开关上位置→搭铁。由此，电动门窗电动机获得电能而旋转，驱动左后门窗玻璃向下移动，电动门窗打开，如图7.21所示。

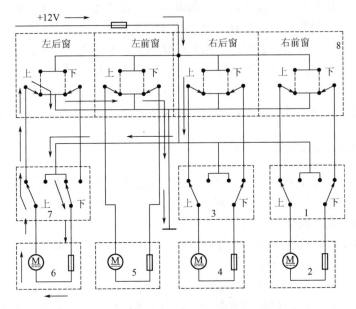

图 7.21　左后门窗独立开关控制左后门窗下降

1—右前门窗独立开关；2—右前门窗电动机；3—右后门窗独立开关；4—右后门窗电动机；
5—左前门窗电动机；6—左后门窗电动机；7—左后门窗独立开关；
8—驾驶人主控开关组件

当把电动门窗开关锁按下（在 OFF 位置）时，若操作开关，则除了驾驶人侧的门窗外，其他电动门窗电动机都不工作。

实训能力目标

1. 正确使用汽车电动门窗。
2. 掌握汽车电动门窗的检测与维修。

实训内容

① 进入汽车驾驶室，识别汽车电动门窗的控制开关及其功能，并填写表 7-4。

表 7-4　汽车电动门窗的控制开关及其功能

控制开关图标	控制开关的功能

模块7 汽车安全与舒适系统

② 连接汽车电动门窗电路。老师根据学生连接好的汽车电路设置故障,学生排除故障。检测方法可参考表7-5。

表7-5 汽车门窗常见故障及故障排除

故 障 现 象	故 障 原 因	故 障 排 除
玻璃升降器不工作	熔断器断路;连接导线断路或相关插件松脱;有关继电器、开关损坏;电动机损坏;搭铁线锈蚀、松动	首先检查熔断器是否断路;然后检查各插接件连接是否紧固可靠,电源线是否有电且电压是否正常,搭铁线搭铁是否良好可靠;最后检查开关、继电器及电动机是否损坏,如确属零部件损坏则应更换新件
某门窗不能升降或只能一个方向运动	该门窗开关或电动机损坏;该处导线断路或插接件松脱;安全开关故障	首先检查安全开关是否正常,以及该窗的开关是否正常;再通电检查该窗电动机是否正常,若有故障应检修或更换新件,若正常,应检修连接导线是否有断路处。如门窗只能朝一个方向运动,一般是开关故障或相关导线断路,可先检查线路,再检查开关
升降器工作时有异响	安装时未调整好;卷丝筒内钢丝跳槽;滑动支架内传动钢丝夹转动;电动机盖板或固定架与玻璃碰擦等机械故障	这类机械故障一般是安装位置或精度偏差所致,只需对所在位置的螺钉进行重新调整或紧固、矫正即可

▶ **实训总结**

_____
_____
_____
_____
_____
_____
_____
_____
_____
_____
_____
_____
_____

7.4 汽车电动后视镜、中控门锁、起动预热系统

 理论知识目标

1. 掌握汽车电动后视镜的结构与原理。
2. 掌握汽车中控门锁的结构与原理。
3. 掌握汽车起动预热系统的结构与原理。

7.4.1 汽车电动后视镜的结构与原理

1. 电动后视镜的分类

后视镜是驾驶人坐在驾驶室座位上直接获取汽车后方、侧方等外部信息的工具，如图7.22所示。为了驾驶人操作方便，防止行车安全事故的发生，保障人身安全，各国均规定汽车上必须安装后视镜，且所有后视镜都必须能调整方向。由于后视镜的位置直接关系到驾驶人能否观察到车后的情况，而驾驶人调整它的位置又比较困难，尤其是前排乘员车门一侧的后视镜，因此，为了便于驾驶人调整后视镜的角度，很多乘用车安装了电动后视镜，驾驶人在行车时可方便地对左、右后视镜的角度进行调节。

【汽车后视镜】

图 7.22 汽车后视镜

后视镜的调节方式可以分为车外调节方式和车内调节方式两种。

车外调节方式，是在停车状态下，通过用手直接调节镜框或镜面的位置的方式来完成视角的调节。该方式费时费力，很难方便地一次性完成，驾驶人需在座位上将手伸出车窗外调节，在行车、雨天等情况下调节很不方便。一般的大型汽车、载货汽车和低档客车都采用车外调节方式，以降低成本。

车内调节方式，可为驾驶人在行驶过程中调节后视镜、观察后视野提供较方便的条件。中高档乘用车大都采用车内调节方式。该方式又分为手动调节式（钢索传动调节或手柄调节）和电动调节式两种。电动调节式后视镜为驾驶人提供更便捷、更舒适的操作条件。它是目前中高档乘用车普遍采用的标准装备。

2. 电动后视镜的先进功能

（1）记忆存储式后视镜

此类后视镜的镜面调节设计与驾驶人座椅、转向盘构成一个调节系统，每个驾驶人可

根据个人身高与驾驶习惯来调节后视镜的最佳视角及座椅、转向盘最佳舒适性，然后进行记忆存储。当其他人驾驶汽车后或被他人调整已记忆的视角后，驾驶人可以非常轻松地开启记忆存储，所有内在设施就可恢复到驾驶人最佳的设定状态。

（2）后视镜的加热除霜功能

当驾驶人在雾天或雨天行驶时，由于雾气造成的后视镜镜面的积雾、冬天积霜或雨水侵袭会造成驾驶人对侧后方的视线不清，影响行车安全，驾驶人需将手伸出车窗外清洁镜面表面，这样极不方便，而且只是暂时措施，雾气及雨水又会马上使之模糊不清，因此，为了功能上的完备性、驾驶的安全性及操作的方便性，设计采用加热除霜装置，如采用电加热除霜镜片，当产生上述情况时，驾驶人就可方便地开启加热除霜按钮，解除不必要的后顾之忧。

（3）后视镜自动折叠功能

当汽车进入较小区域，如弄堂、停车泊位时，由于后视镜镜框是车身最宽部位，这时为防擦伤及缩小停车泊位空间，保证在后视安全性上把损害程度降低到最小限度，就需将镜框折叠，通常做法是将手伸出窗外或人到车外将镜框折拢，这样在行车时就很不方便，因此，在折叠上设计了电动折叠功能，驾驶人在车内就可方便地调节，解决了许多操作上的不便。折叠机构的设计既要有保证缓冲及缩小车位的作用，又要保证后视功能的正常使用。

（4）带刮水器、洗涤器的后视镜

汽车在各种气候条件下工作，为了在各种情况下均能清晰地观察到汽车外部的情况，外后视镜上增加了刮水器、洗涤器，能方便地刮去外后视镜上的雨、雪、泥浆及灰尘等。

（5）为提高视认性而安装的测距和测高用后视镜

驾驶人通过这种特殊后视镜，能看清后面跟随而来的车辆的距离，并估计出速度，保证汽车安全行驶。

3. 电动后视镜的结构

电动后视镜主要由调整开关、双电动机、传动和执行机构、外壳及插接件等组成。反射镜的背后装了两套电动机和驱动器，可操纵反射镜上下及左右转动。通常上下方向的转动用一个电动机控制，左右方向的转动用另一个电动机控制。通过改变电动机的电流方向，就可完成对后视镜的上、下、左、右方向的调整，如图7.23所示。

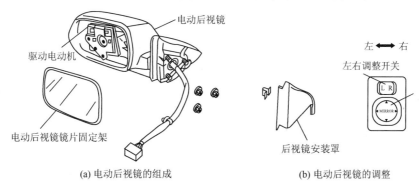

(a) 电动后视镜的组成　　(b) 电动后视镜的调整

图 7.23　电动后视镜的结构

4. 电动后视镜的电路原理

如图 7.24 所示，电动后视镜具有对左/右、上/下的控制。下面以左后视镜为例，来分析其控制过程。

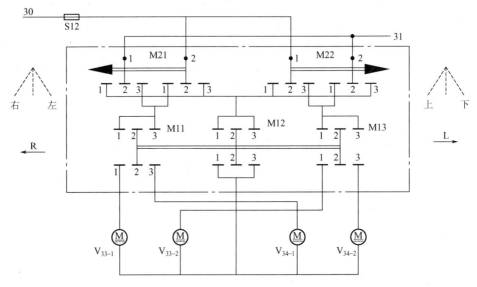

图 7.24　电动后视镜电路

V33-1—右外侧后视镜调整左右电动机；V33-2—右外侧后视镜调整上下电动机；
V34-1—左外侧后视镜调整左右电动机；V34-2—左外侧后视镜调整上下电动机

操作选择开关，闭合"L"（左）开关，此时组合开关里的 M11、M12、M13 开关分别处于 3-3 位置。

当左调节时，闭合组合开关里的 M21 开关处于 1-3 和 2-3 位置，电路为电源 30 线→熔断器 S12→M21 开关 2-3→M12 开关 3-3→左外侧后视镜调整左右电动机 V34-1→M11 开关 3-3→M21 开关 1-3→电源 31 线，电动机控制回路接通，带动电动机调节机构向左运动。

当右调节时，闭合组合开关里的 M21 开关处于 1-1 和 2-1 位置，电路为电源 30 线→熔断器 S12→M21 开关 2-1→M11 开关 3-3→左外侧后视镜调整左右电动机 V34-1→M12 开关 3-3→M21 开关 1-1→电源 31 线，电动机控制回路接通，带动电动机调节机构向右运动。

当上调节时，闭合组合开关里的 M22 开关处于 1-1 和 2-1 位置，电路为电源 30 线→熔断器 S12→M22 开关 1-1→M12 开关 3-3→左外侧后视镜调整上下电动机 V34-2→M13 开关 3-3→M22 开关 2-1→电源 31 线，电动机控制回路接通，带动电动机调节机构向上运动。

当下调节时，闭合组合开关里的 M22 开关处于 1-3 和 2-3 位置，电路为电源 30 线→熔断器 S12→M22 开关 1-3→M13 开关 3-3→左外侧后视镜调整上下电动机 V34-2→M12 开关 3-3→M22 开关 1-3→电源 31 线，电动机控制回路接通，带动电动机调节机构向下运动。

7.4.2 汽车中控门锁的结构与原理

1. 中央控制门锁系统的功能

中央控制门锁系统简称中控门锁，是指利用电子控制器对汽车锁门、开门进行控制和完成一些其他功能的系统。驾驶人可以锁住或打开所有车门，乘客还可以利用各车门的机械式弹簧锁来锁住或打开车门。其主要功能如下。

【汽车中控门锁】

① 根据汽车的状态控制车门，同时打开或锁定门锁。
② 车室内个别车门需打开时，可分别拉开各自的锁扣。
③ 控制、打开后行李箱盖。
④ 控制、打开顶灯、中控台各操作键照明灯及门锁照明灯。
⑤ 有的中控门锁还具有自动锁门（当行车速度超过某一限值而驾驶人忘记锁门时，则中控门锁系统会自动把车门锁紧，以策安全）、防盗锁定、防止钥匙锁入车内和遥控门锁等功能。

2. 中央控制门锁系统的组成

中控门锁的基本结构主要由门锁开关、门锁控制开关、门锁执行机构和门锁控制器等组成，如图7.25所示。

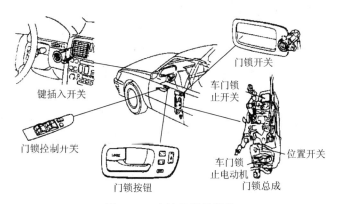

图 7.25　中控门锁的结构

（1）门锁控制开关

大多数中控门锁的控制开关都是由总开关和分开关组成的。总开关装在驾驶人身旁车门上，驾驶人操纵总开关可将全车所有车门锁住或打开；分开关装在其他各个车门上，可单独控制一个车门。

（2）门锁执行机构

中控门锁执行机构用于执行驾驶人的指令，将门锁锁止或开启。门锁执行机构有电磁式、直流电动机式和永磁电动机式三种驱动方式。其结构都是通过改变极性转换其运动方向而执行锁门或开门动作的。

电磁式门锁执行机构内设两个线圈，分别用来开启、锁闭门锁，平时处于中间位置，当给锁门线圈通正向电流时,衔铁带动杆左移,门锁锁止;当给开门线圈通反向电流时,衔铁带动连杆右移,门锁打开。

直流电动机式门锁执行机构通过直流电动机转动并经传动装置(传动装置有螺杆传动、齿条传动和直齿轮传动)将动力传给门锁锁扣,使门锁锁扣进行开启或锁止。由于直流电动机能双向转动,所以可通过电动机的正反转实现门锁的锁止或开启。这种执行机构与电磁式执行机构相比,耗电量较小。

永磁电动机式门锁执行机构的永磁电动机多是指永磁型步进电动机。它的作用与前两种基本相同,但结构差异较大。转子带有凸齿,凸齿与定子磁极径向间隙小而磁通量大。定子上带有轴向均布的多个电磁极,而每个电磁线圈按径向布置。定子周布铁心,每个铁心上缠绕线圈。当电流通过某一相位的线圈时,该线圈的铁心产生吸力吸动转子上的凸齿对准定子线圈的磁极,转子将转动到最小的磁通处,即一步进位置。要使转子继续转动一个步进角,根据需要的转动方向向下一个相位的定子线圈输入一脉冲电流,转子即可转动。转子转动时,通过连杆机构使门锁锁止或开启。

(3)门锁控制器

门锁控制器是为门锁执行机构提供锁止、开启脉冲电流的控制装置。无论何种门锁执行机构都是通过改变执行机构通电电流方向控制连杆左右移动,实现门锁的锁止和开启的。门锁控制器的种类很多,按控制原理大致可分为晶体管式、电容式和车速感应式三种。

晶体管式门锁控制器内部有两个继电器,一个控制锁门,一个控制开门。继电器由晶体管开关电路控制,利用电容器的充放电过程控制一定的脉冲电流持续时间,使执行机构完成锁门和开门动作。

电容式门锁控制器利用电容器充放电特性,平时电容器充足电,工作时把它接入控制电路,使电容器放电,使继电器通电而短时吸合,电容器完全放电后,通过继电器的电流中断而使其触点断开,门锁系统不再开启。

车速感应式门锁控制器设置了一个车速为 10km/h 的感应开关,当车速大于 10km/h 时,若车门未上锁,驾驶人不需动手,门锁控制器自动将门上锁。

(4)门锁开关

门锁开关是一个机械式的开关,驾驶人可在车外通过该开关打开或关闭车门,也可用汽车钥匙打开或关闭车门。

3. 中控门锁的遥控原理

中控门锁的无线遥控功能是指不用把钥匙插入锁孔中就可以远距离开门和锁门。其最大优点是不管白天黑夜,无需探明锁孔,可以远距离、方便地进行开锁(开门)和闭锁(锁门)。

遥控的基本原理:从车主身边发出微弱的电波,由汽车天线接收该电波信号,经电子控制器识别信号代码,再由该系统的执行器(电动机或电磁线圈)执行开、闭锁的动作。该系统主要由发射机和接收机两部分组成。

(1)发射机

发射机由发射开关、发射天线(键板)、集成电路等组成,在键板上与信号发送电路组成一体。从识别代码存储回路到 FSK 调制回路,由于采用单芯片集成电路而使体积小型化,在电路的相反一侧安装揿钮型的锂电池。发射频率按照使用国的电波进行选择，一般可使用27MHz、40MHz、62MHz频带。每按动发射开关按钮一次，发射机进行一次信号发送。

（2）接收机

接收机利用FM调制发出识别代码，通过汽车的FM天线进行接收，并利用分配器进入接收机ECU的FM高频增幅处理器进行解调，与被解调节器的识别代码进行比较；如果是正确的代码，就输入控制电路并使执行器工作。

门锁遥控系统通常由便携式发射器机和车内接收机组成。从发射机发出的可识别信号由接收机接收并解码，驱动门锁打开或锁止，这样方便了驾驶人锁门或开门。用户可以通过设置门锁遥控ECU的开锁密码实现对自己汽车的保护，并在出现非法打开车门时进行报警。目前许多的系统大都采用无线电波或红外线作为识别信号的传授媒介，有持钥匙型和整体型两种。

当中控门锁接收到正确的代码信号后，控制波接收电路就被触发至接收时间加0.5s，然后恢复到待机状态。如输入的代码信号不符，将不能触发接收电路。若在10min内有多于10个代码信号输入不符，该锁就认为有人企图窃车，于是停止接收任何信号，包括接收正确的代码信号，遇到这种情况必须由车主用钥匙机械地插入门锁孔才能开启车门。信号接收的恢复，通过钥匙点火启动及把遥控门锁系统主开关关掉再打开进行。如果用遥控机构把车门开锁后30s内不开门，则车门将自动锁上。图7.26所示为上海别克乘用车遥控门锁系统的电路图。

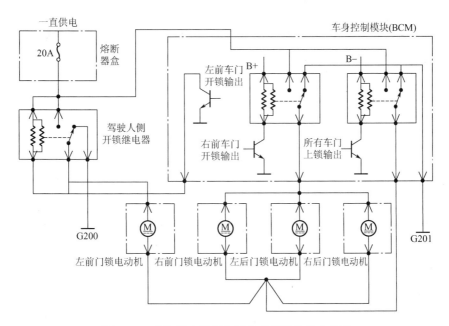

图7.26 上海别克乘用车遥控门锁系统的电路图

车身控制模块接收来自发射机的控制信号。控制信号有三种控制方式，分别为左前门单独开锁，右前门、左后门、右后门共同开锁，所有车门上锁等。

当接收到左前门单独开锁信号时，左前门开锁开关管导通，控制回路为蓄电池→20A的熔丝→驾驶人侧开锁继电器的线圈→左前门开锁开关管→接地。此时，驾驶人侧开锁继电器的常开开关闭合，左前门锁电动机的回路为蓄电池→20A的熔丝→驾驶人侧开锁继电器的常开开关→左前门锁电动机→所有车门上锁继电器的常闭开关→接地。

当接收到右前门、左后门、右后门共同开锁信号时，右前门开锁开关管导通，控制回路为蓄电池→右前车门开锁继电器的线圈→右前门开锁开关管→接地。此时，右前车门开锁继电器的常开开关闭合，右前、左后、右后门锁电动机的回路为蓄电池→20A的熔丝→右前车门开锁继电器的常开开关→右前门（左后门、右后门）锁电动机→所有车门上锁继电器的常闭开关→接地。

当接收到所有车门上锁信号时，所有车门开锁开关管导通，控制回路为蓄电池→所有车门开锁继电器的线圈→所有车门开锁开关管→接地。此时，所有车门开锁继电器的常开开关闭合，所有车门门锁电动机的回路为蓄电池→20A的熔丝→所有车门开锁继电器的常开开关→右前门（左后门、右后门）锁电动机→驾驶人侧上锁继电器的常闭开关→接地。另外，还有一个电流回路从左前门锁电动机经驾驶人侧开锁继电器的常闭开关接地。

7.4.3 汽车起动预热系统的结构与原理

在严寒冬季，由于机油黏度增高，起动阻力矩增大，蓄电池工作能力降低及燃油汽化性能变坏，发动机起动困难。为便于起动，在冬季应设法对进气、润滑油和冷却液进行预热。车用柴油机为了能在低温下迅速可靠地起动，常采用一些用以改善燃料着火条件和降低起动转矩的起动辅助装置。为保证低温条件下发动机能迅速可靠起动，在多数柴油机和汽油机上设有低温起动预热装置，预热进入气缸的空气。各种汽车配装的预热系统各不相同，乘用车起动预热系统由进气预热器、进气预控制开关（热敏开关）、进气预热继电器等组成。起动预热器有电热式预热器（电热塞）、电热网式预热器和电磁式火焰预热器三种。

1. 电热式预热器

电热式预热器俗称电热塞，安装在发动机气缸盖上，其下端炽热部分伸入燃烧室内部，对进入燃烧室的空气进行加热。每个气缸有一个电热式预热器，属于分缸预热方式。电热式预热器的连接方式（图7.27）有串联、并联两种，多采用并联。

发动机起动前，先将点火开关置于"1"的位置，一般预热时间为30s；然后将点火开关置于"2"的位置，使起动机和电热式预热器同时通电，发动机起动后应立即切断起动

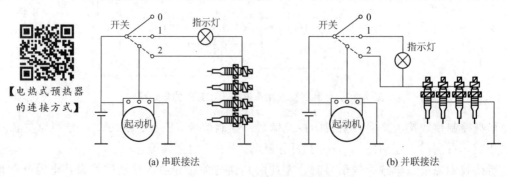

图 7.27 电热式预热器的连接方式

机和电热式预热器的电路,即将点火开关置于"0"的位置。

预热指示灯用来监视电热式预热器的工作,接通预热开关,如指示灯在20~30s达到红热状态,说明预热线路工作正常;若指示灯不红热,说明线路中有断路处或指示灯电阻断路;若指示灯达到红热的时间过短,说明线路中有短路或个别电热式预热器短路。

2. 电热网式预热器

电热网式预热器是一种新型的预热器。其特点是将电热丝绕成网状,固定在片形外框上,外框形状、尺寸与进气管一样,预热网安装在进气管进口,如图7.28所示。发动机起动时,预热网通电预热,使进入气缸的空气被加热。

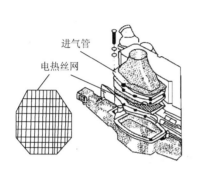

图7.28 电热网式预热器

3. 电磁式火焰预热器

电磁式火焰预热器安装在发动机进气管上,其中电热丝部分伸入进气管内部,对进入发动机的空气进行整体加热。一个进气管安装一个预热器,属于集中预热方式。其结构主要由电磁阀、油管、电热丝、油箱、输油泵油管等组成。其工作原理:柴油机起动时,接通预热器电路后,电热丝发热,同时加热阀体,阀体受热伸长,带动阀芯移动,使阀芯的锥形端离开进油孔;燃油流进阀体内腔受热汽化,从阀体的内腔喷出,并被炽热的电热丝点燃生成火焰喷入进气管,使进气得以预热;当关闭预热开关时,电路切断,电热丝变冷,阀体冷却收缩,其锥形端又堵住进油孔而截止燃油的流入,于是火焰熄灭,预热停止,如图7.29所示。

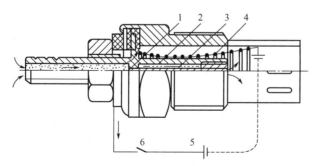

图7.29 电磁式火焰预热器

1—进油口;2—阀体;3—阀芯;4—电热丝;5—蓄电池;6—开关

汽车电器设备技术

实训能力目标

1. 掌握汽车电动后视镜的使用、检测与维修。
2. 掌握汽车中控门锁的使用、检测与维修。

实训内容

① 进入汽车驾驶室,识别汽车电动后视镜的控制开关及其功能,并填写表7-6。

表7-6 汽车电动后视镜的控制开关及其功能

控制开关图标	控制开关的功能

② 进入汽车驾驶室,识别汽车中控门锁的控制开关及其功能,并填写表7-7。

表7-7 汽车中控门锁的控制开关及其功能

控制开关图标	控制开关的功能

③ 连接汽车电动后视镜的电路。老师根据学生连接好的汽车电路设置故障,学生排除故障。检测方法可参考表7-8。

表7-8 汽车电动后视镜常见故障及故障原因

故障现象	故障原因	故障排除
两个电动后视镜都不能动:打开电动后视镜L/R开关时,电动后视镜上下、左右不工作	熔丝熔断、线路断路或插接件松脱;电动后视镜开关、电动机损坏	检测熔丝是否熔断,线路是否断路,插接件是否松脱;检测电动后视镜开关和电动机性能
左、右电动后视镜不能动:打开电动后视镜L/R开关时,左或右侧电动后视镜不工作	电动后视镜开关损坏;电动机损坏;搭铁线路不良	检测电动后视镜开关的好坏;检测电动后视镜电动机的好坏;检测电动后视镜控制线路是否搭铁不良

模块7 汽车安全与舒适系统

(续)

故障现象	故障原因	故障排除
左、右侧电动后视镜上下方向不能动:打开电动后视镜L/R开关时,左或右侧电动后视镜上下不工作	电动后视镜上下调整开关损坏;搭铁线路不良	检测电动后视镜开关的好坏;检测电动后视镜控制线路是否搭铁不良
左、右侧电动后视镜左右方向不能动:打开电动后视镜L/R开关时,左或右侧电动后视镜左右不工作	电动后视镜左右调整开关损坏;搭铁线路不良	检测电动后视镜开关的好坏;检测电动后视镜控制线路是否搭铁不良

④ 连接汽车中控门锁的电路。老师根据学生连接好的汽车电路设置故障,学生排除故障。检测方法可参考表7-9。

表7-9 汽车中控门锁常见故障及故障排除

故障现象	故障原因	故障排除
一个门锁不工作	门锁闩或连杆障碍;电路断路或短路;执行器故障	将润滑油注入开启的门锁闩并反复手动操作10次,检查弹簧锁及所有的连杆有无干涉;检测执行器、连接器、操纵开关各挡上的电压,按要求维修电路;检测执行器,按要求更换
所有的门锁不工作	电路断电器故障;电路断路或短路;继电器没有搭铁;开关故障	检测电路断电器,按要求更换;检测电路断电器与门锁开关之间的导线和连接点,按要求维修;检查继电器和支架连接螺钉,按要求紧固;检测开关,按要求更换
门锁只以一种方式工作	电路断路或短路;继电器故障;搭铁电路断路	检查断电器与门锁开关之间的导线和连接点,按要求维修;检查继电器,按要求更换;检查左侧开关的搭铁电路,按要求维修
所有的门锁只有一个开关工作	电路断路或短路;开关故障	检查电路断电器与不工作开关之间的导线及插接器,按要求修理;检测开关,按要求更换
门锁间歇性工作	连接点松动;继电器搭铁不良;左手开关搭铁不良;开关故障	检查插接器,按要求紧固;检查断电器和支架连接螺钉,按要求紧固;检查左侧开关的搭铁电路,按要求维修;检测开关,按要求更换
门锁只在发动机运转时工作	蓄电池电压低;连接点松动或被腐蚀	检测蓄电池,按要求更换;检查导线和连接点,按要求维修
在冰冻天气门锁不工作	门锁闩或连杆障碍;门锁闩或连杆冻住	将润滑剂注入开启的门锁闩并反复手动操纵10次,检查弹簧锁及所有的连杆有无干涉;把车驶入采暖的车库,让门锁系统的冰雪融化后,再验证所有的门锁是否工作

> 实训总结

_____
_____
_____
_____
_____

本 章 小 结

1. 汽车风窗刮水清洗系统是由刮水装置和清洗装置组成的。其中，刮水装置是利用刮水片的往复摆动，扫去风窗外表面的雨水或积雪，保证驾驶人的良好视线。刮水片的摆动由刮水电动机带动，经刮水开关控制，可实现低速或高速运转。风窗清洗装置是由储液罐、清洗泵、输液管、喷嘴、清洗开关等组成的。

2. 电动座椅主要由座椅开关和位置传感器、ECU、执行机构的驱动电动机三大部分组成。开关和位置传感器包括座椅各位置（头枕、靠背、腰部、滑动、前垂直、后垂直）的电动开关、座椅各位置传感器、安全带扣环传感器及转向盘倾斜传感器等；ECU 包括转向柱倾斜和伸缩 ECU、电动座椅 ECU；执行机构的驱动电动机主要包括座椅调整、安全带扣环及转向盘倾斜调整的驱动电动机等，而且这些电动机均可灵活地进行正反转，以执行各种装置的调整功能。

3. 电动门窗主要由门窗玻璃、门窗玻璃升降器、控制开关及其控制电路、门窗继电器、电动机（可双向转动）和减速机构组成。每个门窗都装有一个电动机，通过开关控制其电流方向，使门窗玻璃实现上升或下降。常见的电动门窗升降机构有绳轮式、交臂式、齿条式等。

4. 中央控制门锁系统简称中控门锁，是指利用 ECU 对汽车锁门、开门进行控制和完成一些其他功能的系统。驾驶人可以锁住或打开所有车门，乘员可以利用各车门的机械式弹簧锁来锁住或打开车门。

思 考 题

1. 汽车风窗刮水系统的结构是什么？
2. 汽车风窗刮水系统中的自动停位器的工作原理是什么？
3. 汽车电动座椅电路系统的结构是什么？
4. 汽车电动门窗电路系统的结构是什么？
5. 门窗玻璃升降器的类型有哪些？
6. 汽车电动后视镜的工作原理是什么？
7. 中控门锁的工作原理是什么？

模块 8 汽车空调系统

 引 例

维修站工作人员接到一辆故障车，故障表现为汽车制冷时冷气时有时无。其主要故障原因可能为电器部分故障，如电路开关、鼓风机开关、鼓风机电动机故障，或压缩机线圈和电磁阀断路、接地不良或连接松动；也有可能是压缩机连接装置松动和蒸发器阻塞等。可以利用万用表检查电路开关、鼓风机开关、鼓风机电动机是否正常；检查压缩机皮带的松紧和电磁离合器线圈是否良好。同学们能看得懂吗？应该如何理解汽车空调系统的制冷工作过程？

8.1 汽车空调系统的结构及使用

 理论知识目标

1. 掌握汽车空调系统的结构。
2. 熟悉汽车空调系统的使用及注意事项。

【汽车空调微课】

8.1.1 汽车空调系统的结构

汽车空调是汽车空气调节的简称，即采用人为方式对驾驶室和车厢内的空气流量、温度、湿度、清洁度和气流速度等进行全部或部分调节。汽车空调系统通常应具备以下功能：调节温度、调节湿度、调节气流、净化空气。

【汽车电器设备与维修】

汽车空调系统按驱动方式分为非独立式汽车空调系统和独立式汽车空调系统。非独立式汽车空调系统的压缩机由汽车本身的发动机驱动，其制冷性能、工作稳定性受发动机工况的影响较大。独立式汽车空调系统的压缩机由专用的空调发动机驱动，其制冷性能、工作稳定性不受汽车主发动机工况的影响，工作稳定，制冷量大。

汽车空调系统按蒸发器的布置方式分为仪表板式汽车空调系统和顶置式汽车空调系统。仪表板式汽车空调系统的蒸发器安装在仪表板后，与车内内饰融为一体，布置美观。顶置式汽车空调系统的蒸发器安装在车厢中间位置的顶部，特点是车内整体降温平衡。

汽车空调系统是由空调制冷系统、空调取暖系统、空调通风系统、空调加湿系统、空调空气净化系统、空调控制系统组成的。

空调制冷系统是汽车空调系统最重要的子系统，主要功用是在夏季为车内提供冷气。蒸发器（热交换器）首先冷却，再将经鼓风机送入的内部空气或新鲜空气进行冷却；当空气中含水分较多时，经蒸发器之后水分将被冷凝，达到除湿的目的，使车内空气变得凉爽舒适。

空调取暖系统又称暖风系统，主要功用是在冬季为车内提供暖气及为风窗玻璃除霜除雾。大多数乘用车采用发动机冷却液的余热作为取暖的热源，即通过冷却液加热暖水箱（加热芯），再加热由鼓风机送入的车内空气或车外的新鲜空气，使得出风口的温度上升，达到取暖的目的。

空调通风系统的功用是净化车内空气，保持车内空气新鲜舒适。它将外部新鲜空气吸进车内，起到通风和换气的作用，同时对防止风窗起雾也起到良好的作用。

空调加湿系统的功用是在空气湿度较低时，对车内空气进行加湿，以提高车内空气的相对湿度。

空调空气净化系统的功用是除去车内空气的尘埃、臭味、烟气及有毒气体，使车内空气变得清洁。

空调控制系统的功用是控制空调系统工作，实现制冷、采暖和通风。空调控制系统对制冷系统和取暖系统的温度及压力进行控制，同时对车内空气的温度、风量、流向进行控制，完善了空调系统的正常工作。

汽车空调系统的组成如图 8.1 所示。

【汽车空调系统的组成】

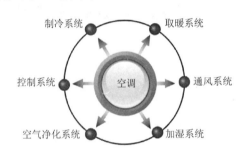

图 8.1　汽车空调系统的组成

8.1.2　汽车空调系统的使用及注意事项

汽车空调系统的使用包括汽车空调控制面板的使用和使用注意事项。汽车空调控制面板安置在靠近仪表板中心，以便于驾驶人或乘客操作。控制面板可用于启动或停止空调、改变温度设置、开启或关闭通风挡板、进行内部循环和外部新鲜空气之间的切换、提高或降低风量等，如图 8.2 所示。

【汽车空调控制面板】

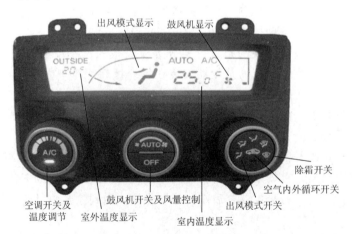

图 8.2　汽车空调控制面板

模块8 汽车空调系统

1. 汽车空调的控制面板

汽车空调的控制面板是由面板显示屏（有的汽车无显示屏）和面板操作开关组成的。

A/C开关就是所谓的空调开关，实质上它是控制压缩机是否工作的。在压缩机内有一个电磁控制的离合器，当它的线圈通电时，电磁离合器吸合，压缩机工作，否则压缩机的带轮只是空转，压缩机并没有工作。当按下A/C开关时，会听到"啪"的一声，就是压缩机电磁离合器吸合的声音。在A/C开关到压缩机电磁离合器线圈的中间，还有很多个保护开关，如在冬天按下A/C开关，压缩机是不会工作的，因为有个开关会防止低温起动压缩机；还有压力开关，会防止管路压力过高而自动切断压缩机电磁离合器；当按下A/C开关时，会听到压缩机一会吸合工作，一会释放停止工作，也是因为空调的温控开关在起防止作用。

空气的内外循环模式开关是控制鼓风机抽气的来源，是车内的空气还是车外的空气；制冷时一般采取内循环模式，即鼓风机抽取的是车内的空气。

出风模式开关是控制调节向哪个部位出风：向上部出风、向面板出风、向脚下出风或两个部位同时出风等。

空气温度调节开关是空气经过制冷系统的蒸发器降温，而经过暖风水箱加热升温，控制空气流经暖风水箱的比例，实现车内空气温度和湿度的调节。通常开关旁有蓝色和红色指示，蓝色代表温度降低，红色代表温度升高。

鼓风机风量控制开关是控制鼓风机的速度的。

除霜开关可分为前窗除霜开关和后窗除霜开关。前窗除霜是通过空调实现除霜的，后窗除霜是通过加热电热丝除霜的，两者的除霜原理是不相同的。

2. 汽车空调的使用注意事项

（1）选择合适的空调温度

在夏季，许多人喜欢把空调温度设得很低。殊不知当温度调得过低时，会影响身体健康，所以空调温度调整一定要适宜。人体最适宜的温度是20～25℃，超过28℃，人就会觉得闷热。而低于14℃，人就会觉得冷。因此，应将车内温度控制在18～25℃，温度过低容易使人生病。

（2）夏季进车不应立即启动内循环

汽车在烈日下停放的时间较长时，有些驾驶人喜欢一起动汽车就立刻开启空调并开启内循环，认为这样可以让车厢内温度下降得快一点。但由于车内的温度比车外温度高，这样反而效果不好。刚进入车内时，应该先开窗通风，并开启外循环，把热气都排出去。等车厢内温度下降后，再换成内循环。

（3）空调出风口方向不应随意调整

使用空调时，不注意调整空调吹风的方向，将不利于发挥空调的最佳效果。根据冷空气下沉、热空气上升的原理，正确的做法应该是，开冷气时将出风口向上，开暖气时将出风口向下。

（4）不应长时间开着空调

长时间使用空调会使冷凝器压力过大，这会对制冷系统造成损耗，因为空调是发动机的一个沉重负担,而发动机本身就是一个发热体,更何况在高温天气下。一些小排量汽车在这种情况下甚至会出现水沸现象,影响驾驶也降低了空调效率。因此每次使用空调时间不宜过久,如果车内温度已经达到舒适的温度,就可以把空调关掉,隔一会儿再开。

(5) 不要开着空调在车内吸烟

由于在车厢内吸烟,烟雾一下子排不出去,会刺激眼睛和呼吸系统,不利于健康。若要吸烟,应将空调通风控制调整到"排出"位置,使车厢内烟雾排出车外。

(6) 不在开着空调的停驶车内长时间休息或睡眠

由于汽车密封好,车辆停驶时,车厢内通气性差,若此时开着空调休息或睡眠,很可能因发动机排出的CO气体漏入车内引起人员中毒,甚至死亡。

(7) 低速行驶时尽量不使用空调

行车中遇到交通堵塞时,不要为提高空调效能而使发动机以较高转速运转,因为这样做对发动机和空调压缩机的使用寿命都有不利影响。

(8) 不应先熄火再关空调

有的驾驶人常常在熄火后才想起关闭空调,这对发动机是有害的。因为这样在车辆下次起动时,发动机会带着空调的负荷起动,这样的高负荷会损伤发动机。因此每次停车后应该先关闭空调再熄火,而且应该在车辆起动两三分钟、发动机得到润滑后,再打开空调。

 实训能力目标

掌握汽车空调控制面板的使用。

 实训内容

进入汽车驾驶室,识别汽车空调的控制开关及其功能,并填写表8-1。

表8-1 汽车空调的控制开关及其功能

控制开关图标	控制开关的功能

实训总结

模块8 汽车空调系统

8.2 汽车空调制冷系统

 理论知识目标

1. 掌握汽车空调制冷系统的结构和工作原理。
2. 熟悉汽车空调制冷系统的主要部件。

8.2.1 汽车空调制冷系统的结构和工作原理

汽车空调制冷系统是由压缩机、冷凝器、储液干燥器、膨胀阀（或节流孔管）、蒸发器等制冷部件组成的，各制冷部件之间用耐压的铜管或铝管及耐压、耐氟的橡胶管连接成一个密闭的循环系统，如图8.3所示。

【汽车空调制冷系统的组成】

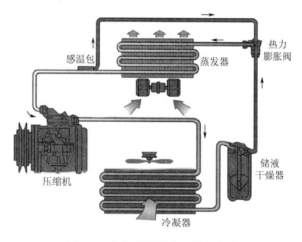

图 8.3 汽车空调制冷系统的组成

汽车空调制冷系统可分为热力膨胀阀式制冷系统和节流管式制冷系统，如图8.4所示。两者的共同点是都有压缩机、冷凝器、蒸发器；不同点是热力膨胀阀式制冷系统有储液器和热力膨胀阀，节流管式制冷系统有集液器和节流管，并且集液器的安装位置与储液干燥器的安装位置是不同的。

汽车空调制冷系统的工作原理是利用有限的制冷剂在封闭的制冷系统中，反复地将制冷剂压缩、冷凝、膨胀、蒸发，不断在蒸发器中吸热汽化，使蒸发器始终保持很低的温度而用于车内空气的降温除湿。在制冷循环系统中，压缩机是动力源。制冷循环是由压缩、冷凝、膨胀和蒸发四个过程组成的，如图8.5所示。

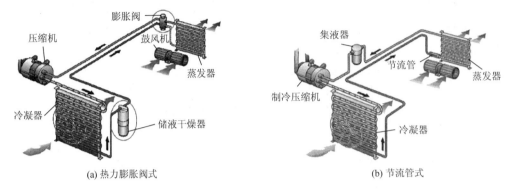

(a) 热力膨胀阀式　　　　　　　　(b) 节流管式

图 8.4　汽车空调制冷系统的分类

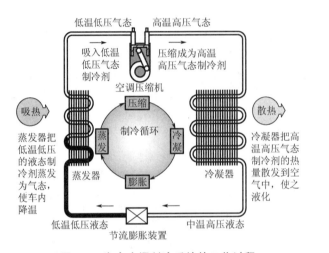

图 8.5　汽车空调制冷系统的工作过程

压缩过程：压缩机从蒸发器吸入低温低压气态制冷剂，并将其压缩成高温（约 65℃）高压（约 1300kPa）气态制冷剂送往冷凝器冷却降温。

冷凝过程（散热过程）：高温高压气态制冷剂由发动机水箱前面的冷凝器（散热器）散热，将其冷凝成中温（约 55℃）高压（约 1300kPa）液态制冷剂。

膨胀过程：冷凝后的中温高压液态制冷剂经膨胀阀节流降压后，将其转变成低温（约 −5℃）低压（约 150kPa）的液态制冷剂送入蒸发器。

蒸发过程（吸热过程）：低温低压液态制冷剂流经蒸发器时，不断吸收车内空气的热量而汽化成低温（约 0℃）低压（约 150kPa）气态制冷剂。从蒸发器流出的气态制冷剂又被压缩机吸入而进入下一次制冷循环。

8.2.2　汽车空调制冷系统的主要部件

【压缩机】

1. 压缩机

汽车空调系统的压缩机安装在发动机前部，由发动机曲轴上的驱动轮经驱动带驱动旋转。压缩机是制冷循环系统的动力源，功用是驱动制冷剂循环流动,将低温(约0℃)低压(约150kPa)的气态制冷剂压缩成高温(约65℃)高压(约1300kPa)的气态制冷剂。

空调压缩机种类繁多,形式各异,主要有斜盘式(翘板式)、摇盘式(摇板式)曲轴连杆式、转子式、叶片式、螺杆式和涡旋式等。这里仅对斜盘式压缩机、涡旋式压缩机和可变排量式压缩机进行介绍。

(1) 斜盘式压缩机

斜盘式压缩机又称翘板式压缩机。各型斜盘式压缩机的结构大同小异。桑塔纳2000GSi型乘用车空调系统采用SE5H-14型斜盘式压缩机,结构如图8.6所示,主要由电磁离合器、传动斜盘、带锥齿轮的行星盘、气缸与活塞、吸气阀片与排气阀片及缸体(壳体)等组成。

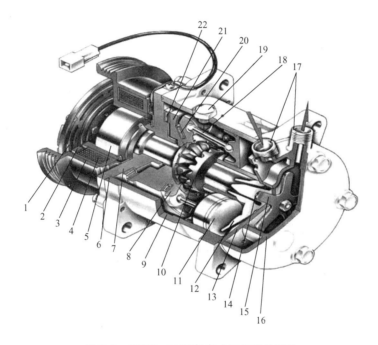

图8.6 SE5H-14型斜盘式压缩机的结构

1—压盘;2—电磁离合器;3—多槽驱动带轮;4—电磁离合器线圈;5—轴承;6—密封圈;7—驱动端盖;8—带锥齿轮的行星盘;9—缸体;10—固定锥齿轮;11—活塞;12—吸气阀片;13—阀板;14—排气阀片;15—阀片限位板;16—后端盖;17—制冷剂进出接头;18—连杆;19—注油塞;20、22—推力轴承;21—斜盘

电磁离合器的功用是根据需要接通或切断发动机与压缩机之间的动力传递。电磁离合器是汽车空调控制系统中最重要的部件之一,受A/C开关、温度控制器和压力开关等部件的控制。电磁离合器一般安装在压缩机前端并作为压缩机总成的一部分,主要由电磁线圈、驱动带轮、吸盘、轴承等零部件组成,结构如图8.7所示。电磁离合器的工作原理是当电流通过电磁线圈时,产生较强的磁场,使吸盘和自由转动的带轮吸合,从而驱动压缩机主轴旋转。当把电流切断后,磁场消失,靠弹簧的作用把吸盘和带轮分开,压缩机便停止工作。

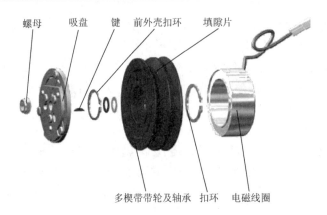

图 8.7 电磁离合器的结构

斜盘式压缩机的工作原理：当动力通过电磁离合器传递给主轴时，主轴带动斜盘，由斜盘带动行星盘，由于定位钢球和滚珠轴承的作用，行星盘不能跟着斜盘旋转，只能以主轴方向来回摆动；行星盘通过两端带有球形万向节的连杆与活塞相连接，随着摇板的摆动，活塞在气缸内沿轴向做往复运动，在活塞运动过程中，通过吸排气阀组，吸入低温低压的制冷剂蒸气，同时排出高温高压的制冷剂，使其进入冷凝器进行热交换，如图 8.8 所示。

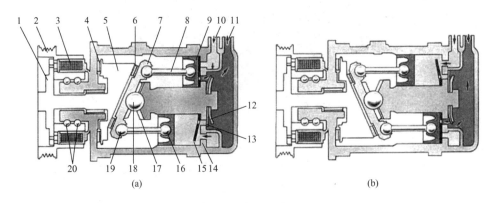

图 8.8 斜盘式压缩机的工作原理

1—压盘；2—驱动带轮；3—电磁线圈；4、6—推力轴承；5—斜盘；7—行星盘；8—连杆；9—活塞；10—吸气接头；11—排气接头；12—阀片限位板；13—排气阀片；14—阀板；15—吸气阀片；16、19—球形万向节；17—固定锥齿轮；18—定位钢球；20—滚珠轴承

（2）涡旋式压缩机

涡旋式压缩机是近年来开发出来的新型空气压缩机。与传统空气压缩机相比，它具有结构新颖、体积小、质量轻、噪声低、使用寿命长、输气平稳连续、操作简便、维护费用少等优点，被行业内誉为"无需维修空气压缩机"和"新革命空气压缩机"，是 50hp（1hp＝0.746kW）以下空气压缩机理想机型。

涡旋式压缩机是回转容积式压缩机的一种，通过一个或几个转子在气缸里做回转运动使得工作容积发生周期性变化。与往复压缩机不同的是，回转容积式压缩机的工作容积在周期性扩大和缩小的同时，其空间位置也在变更。

涡旋式压缩机是由运转涡旋盘（动盘）、固定涡旋盘（静盘）、机体、防自转环、偏心轴等零部件组成的。在吸气、压缩、排气工作过程中，固定涡旋盘固定在机架上，运转涡旋盘由偏心轴驱动并由防自转机构制约，围绕固定涡旋盘基圆中心，做很小半径的平面转动。气体通过空气滤芯吸入固定涡旋盘的外围，随着偏心轴旋转，气体在运转涡旋盘与固定涡旋盘啮合所组成的若干个月牙形压缩腔内被逐步压缩，然后由固定涡旋盘中心部件的轴向孔连续排出，如图8.9所示。

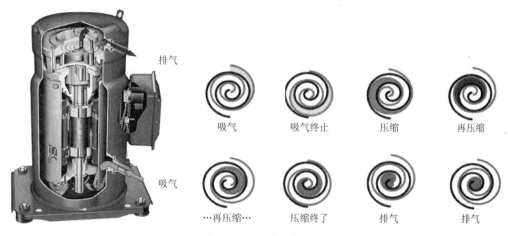

图8.9 涡旋式压缩机

吸、排气连续进行，从吸气开始至排气结束需经动涡旋体多次回转平动才能完成，故转矩较均衡，气流脉动小，振动小，噪声低；各月牙形空间之间压差较小，故泄漏少；进排气分别在涡旋外侧和内侧，减轻了吸气加热；采用排气冷却电动机，减少了吸气过热度，提高了压缩机效率；由于机壳内为高压排出气体，故排气压力脉动小，振动、噪声小；余隙容积中气体没有向吸气腔的膨胀过程，故不需进气阀，容积效率高，可靠性高。

（3）可变排量式压缩机

乘用车空调压缩机是由发动机直接驱动的。对于定排量压缩机汽车空调系统，用蒸发器出风温度来控制压缩机电磁离合器吸合或脱离，用间歇运行来控制系统制冷能力与车内空调负荷相适应。这种控制方式除了车内空调温度波动大、系统频繁开停的不可逆损失使系统能耗增加等缺点外，最大的一个问题是压缩机的周期性离合对汽车发动机引起的干扰，这种情况在汽车发动机容量较小时显得更突出。为了解决这个问题，可变排量式压缩机应运而生。

所谓可变排量式压缩机，其结构是基于传统的斜盘式压缩机或摇板式压缩机。传统的斜盘式压缩机或摇板式压缩机中，斜盘或摇板的偏转角度是固定不变的，即活塞的最大行程是固定的。而升级为可变排量式压缩机后，调节斜盘或摇板的角度，从而可调节活塞的最大行程，可改变压缩机的排气量。

传统的定排量式压缩机系统，需要在压缩机前端安装电磁离合器控制压缩机间歇工作，以调节制冷量。可变排量式压缩机取消了电磁离合器，通过活塞行程的无级连续调节来调节制冷量，车内环境热舒适性好，可降低能耗。

可变排量式压缩机变排量的控制方式有两种：一种是机械式可变排量，即在压缩机内部有调节阀，依据空调的管路压力自适应地改变压缩机的排量；另一种是电控式可变排量，在原机械调节阀的基础上增加了一个电磁调节阀，空调控制单元从蒸发器出风温度传感器获得信号，对压缩机的功率进行无级调节。

可变排量压缩机有三个压力：一个是压缩机吸入制冷剂的压力（低压）；另一个是压缩机排出制冷剂的压力（高压）；还有一个是斜盘或摇板所在的曲轴箱的压力，这个曲轴箱内的压力基本大于或等于压缩机的吸入压力，而远小于压缩机的排气压力，如图 8.10 所示。

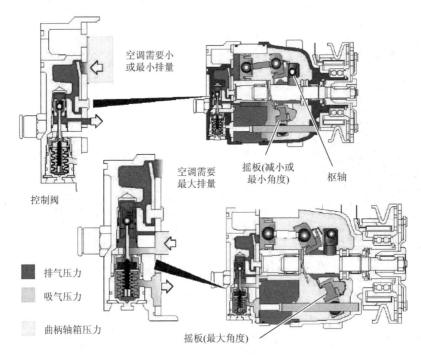

图 8.10　可变排量压缩机

控制阀用于调节曲轴箱内的压力，当曲轴箱内的压力等于压缩机的吸气压力时，压缩机处于最大排量；当控制曲轴箱内的压力高于吸气压力后，斜盘或摇板角度减小，压缩机的排量减小。

控制阀由机械元件和电磁单元组成。机械元件按照低压侧的压力关系借助于一个位于控制阀低压区的压力敏感元件来控制调节过程。电磁单元由操纵和显示单元通过 500Hz 的通断频率进行控制。

可变排量式压缩机在无电流的状态下，控制阀阀门开启，压缩机的高压腔和压缩机曲轴箱相通，高压腔的压力和曲轴箱的压力达到平衡。满负荷时，阀门关闭，曲轴箱和高压腔之间的通道被隔断，曲轴箱的压力下降，斜盘的倾斜角度加大，直至排量达到 100%；关掉空调或所需的制冷量较少时，阀门开启，曲轴箱和高压腔之间的通道被打开，斜盘的倾斜角度减小，直至排量低于 2%。

可变排量式压缩机的优点：压缩机一直运转，无接合冲击，提高了舒适性；通过调节蒸发器的温度使制冷量和热负荷及能量消耗完美匹配，减少了再加热过程，使出风口的温度、湿度恒定调节；由于排量可以降低到近 0%，省去了离合器的电磁线圈和减少了带轮质量，可使整体质量减轻 20%（500～800g）；压缩机的功率消耗下降，燃油消耗下降；新结构的带轮用于带传动和空调压缩机之间的力传递，消除了转矩波动并同时起到过载保护的作用。

2. 冷凝器

冷凝器的功用是将空调压缩机送来的高温高压气态制冷剂中的热量散发到车外，使制冷剂冷凝成高温高压液体进入储液干燥器。冷凝器由铝制的芯管和散热片组成 [管片式，如图 8.11(a) 所示；管带式由异形扁管和 S 形散热带组成，如图 8.11(b) 所示]，一般安装在发动机冷却液散热器的后面，以利于车辆行驶中的迎面来风冷却散热。

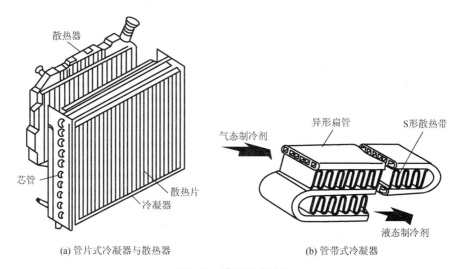

图 8.11　冷凝器的结构

3. 储液干燥器与集液器

储液干燥器安装在冷凝器与膨胀阀之间。其功用一是临时储存从冷凝器流出的液态制冷剂，以便及时补充和调整供给膨胀阀的液态制冷剂量，保证制冷剂流动的连续性和稳定性；二是防止过多的液态制冷剂储存在冷凝器中使冷凝器的传热面积减小而使散热效率降低；三是滤除制冷剂中的杂质，吸收制冷剂中的水分，防止制冷系统管路脏堵和冰堵，保护设备部件不受侵害，保证制冷系统的正常工作。所谓冰堵是指温度过低导致水分结冰而发生堵塞。储液干燥器主要由储液器、滤网、干燥剂、观察窗、高低压力开关、易熔塞和引出管等组成，如图 8.12 所示。

储液器是钢质或铝质的压力容器。干燥剂的成分有硅胶、活性氧化铝、硫酸钙、分子筛等。滤网用于过滤制冷剂中出现的尘埃、油泥、金属微粒等污垢物。引出管的作用是确保离开储液罐的制冷剂百分之百是液态。

观察窗又称视液玻璃，有两个作用：一是指示系统中是否有足够的制冷剂；二是指示制冷剂是否有水分。观察窗安置在液管通路中或储液器的出口处。当系统正常运行时，从观察窗可以看到没有气泡稳定流动的制冷剂。如出现气泡或泡沫，则说明系统工作不正常或制冷剂不足。观察窗可能出现的情况如下：

① 观察窗清晰，有两种可能：一是系统内是空的，没有制冷剂，看起来是个空玻璃瓶；二是系统内制冷剂充足，看起来像盛满水的玻璃瓶。要区别这两种情况，可以从出风口有无冷气送出进行判别。

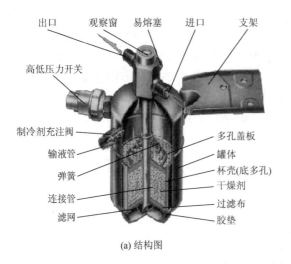

(a) 结构图　　(b) 实物图

图 8.12　储液干燥器的结构及实物图

② 观察窗有气泡，说明制冷剂不足、过多或制冷剂内含有潮气。系统内制冷剂不足常产生气泡，并流经观察窗。如果制冷剂太少，气泡数量会猛增，看起来像是泡沫；如果向冷凝器喷水后，检视窗内的气泡消失，则表明制冷剂量过多；如果系统内制冷剂充足，出现气泡，则表明制冷剂内含有潮气，应该换上一个新的储液干燥器。

③ 观察窗有机油的条纹，说明系统内没有制冷剂。运行时油滴挂在观察窗上，在玻璃上会形成条纹油痕。

易熔塞是一种安全措施，一般装在储液干燥器的头部，用螺塞拧入。螺塞中间是铜铝合金，当制冷工质温度升到 95～100℃ 时，易熔合金熔化，制冷剂逸出，避免了系统中其他部件损坏。

另外，如果是节流管式汽车空调制冷系统，在蒸发器和压缩机之间的低压端安装集液器，也称气液分离器，如图 8.13 所示。集液器是与节流管一起存在的，作用是留下液态制冷剂，使其在低压区缓慢地蒸发，以保证从集液器里出去的只是气态制冷剂，因而起到了气液分离、防止压缩机液击的作用。

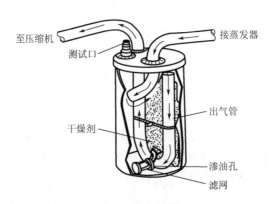

图 8.13　集液器

4. 膨胀阀

膨胀阀又称节流阀。汽车空调系统使用的膨胀阀为温度控制式膨胀阀，故又称热力膨胀阀，安装在蒸发器入口处。其主要作用有两个：一是节流作用，高温高压的液态制冷剂经过膨胀阀的节流孔节流后，成为低温低压的雾状的液压制冷剂，为制冷剂的蒸发创造条件；二是控制制冷剂的流量，进入蒸发器的液态制冷剂，经过蒸发器后，由液态蒸发为气态，吸收热量，降低车内的温度。膨胀阀控制制冷剂的流量，保证蒸发器的出口完全为气态制冷剂，若流量过大，出口含有液态制冷剂，可能进入压缩机产生液击；若制冷剂流量过小，提前蒸发完毕，会造成制冷不足。

汽车空调制冷系统常用的膨胀阀有内平衡式膨胀阀［图 8.14(a)］、外平衡式膨胀阀［图 8.14(b)］和 H 形膨胀阀（图 8.15）三种。H 形膨胀阀结构紧凑、工作可靠，因此在现代汽车上普遍采用。

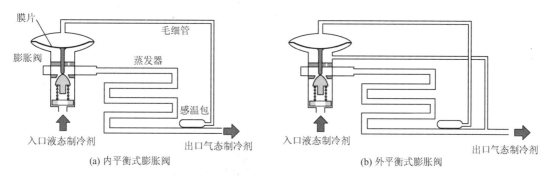

图 8.14 膨胀阀

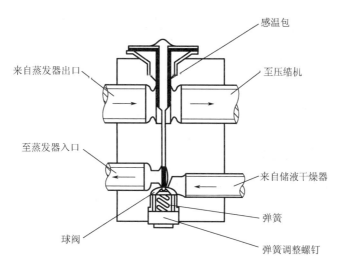

图 8.15 H 形膨胀阀

内平衡式膨胀阀中的感温包内充注制冷剂，放置在蒸发器出口管道上，感温包和膜片上部通过毛细管相连，感受蒸发器出口制冷剂温度，膜片下面感受的是蒸发器入口压力。如果空调负荷增加,液态制冷剂在蒸发器提前蒸发完毕,则蒸发器出口制冷剂温度将升高,膜片上压力增大,推动阀杆使膨胀阀开度增大,进入蒸发器中的制冷剂流量增加,制冷量增大;如果空调负荷减小,则蒸发器出口制冷剂温度下降,以同样的作用原理使得阀开度减小,从而控制制冷剂的流量。

外平衡式膨胀阀与平衡式膨胀阀原理基本相同,区别是内平衡式膨胀阀膜片下面感受的是蒸发器入口压力,而外平衡式膨胀阀膜片下面感受的是蒸发器出口压力。

H形膨胀阀有四个接口与制冷系统连接,其中两个接口与普通膨胀阀相同,一个连接储液干燥器,一个连接蒸发器进口;另外两个接口,一个连接蒸发器出口,一个连接压缩机进口。感温包直接处在蒸发器出口的制冷剂气流中。该膨胀阀由于取消了感温包、毛细管和外平衡接管,提高了调节灵敏度,结构紧凑,抗振可靠。

5. 蒸发器

蒸发器的功用是将经过节流降压后的液态制冷剂在蒸发器内沸腾汽化,吸收蒸发器表面周围空气的热量而降温和除湿,鼓风机将蒸发器周围的冷风吹入车内,达到降温的目的。蒸发器安装在膨胀阀高压通道出口与低压通道入口之间,如图8.16所示。蒸发器具有制冷效率高、尺寸小、质量轻等特点。设计蒸发器时需要考虑管件的大小和长度,蒸发器片的数量和尺寸,回转弯头的数量,以及穿过和通过蒸发器片的空气量。

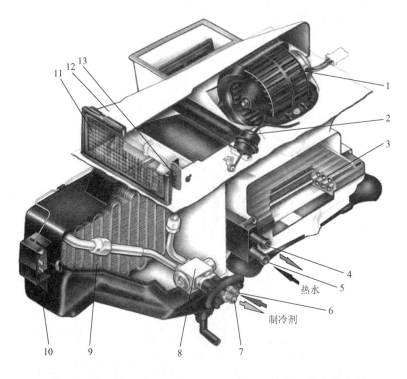

图8.16 膨胀阀、蒸发器、鼓风机和暖风加热器芯的安装位置

1—鼓风机;2—真空阀;3—加热器芯;4—出水口;5—进水口;6—制冷剂进口(来自储液干燥器);7—制冷剂出口(通往压缩机);8—膨胀阀;9—蒸发器芯;10—温控器;11—进风罩滤网;12—进风罩;13—车厢温度开关

模块8 汽车空调系统

实训能力目标

掌握汽车空调制冷系统的检测与维修。

实训内容

1. 识别汽车空调制冷系统的部件

打开汽车的发动机盖,识别汽车空调制冷系统的部件,并填写表8-2。

表8-2 汽车空调制冷系统的部件

部 件 名 称	在整车的位置

2. 汽车空调制冷系统的安装

安装汽车空调制冷循环系统时,应注意以下事项。

(1) 压缩机的安装

安装压缩机时,必须确定离合器带轮、发动机带轮的V形槽同在一个平面内,并按规定力矩拧紧固定螺栓;散热器与风扇之间应保持一定距离。对于塑料风扇,距离至少为20mm;压缩机及压缩机支架与高低压软管之间,应当留出15mm间隙。

(2) 蒸发器的安装

蒸发器安装于前排乘员侧杂物箱下方。蒸发器上插有感温开关的毛细管,感温开关安装于蒸发器右侧;蒸发器壳体下方设有排水小孔,该小孔不能堵塞或掩盖;汽车线束与发动机和暖风部分的发热体或传热体至少相隔50mm,燃油管与发动机和暖风部分的发热体或传热体至少相隔100mm。

(3) 冷凝器的安装

冷凝器应尽可能安装得高一些,周围应有足够的空气流动空间,使其能充分散热;冷凝器与车罩至少应间隔5mm。

(4) 储液干燥器的安装

储液干燥器必须安装在通风良好的位置,并远离发动机排气管;储液干燥器必须垂直安装,其入口应与冷凝器出口连接;只有在抽真空之前才能将导管接至储液干燥器;高压开关的最大拧紧力矩为27N·m,密封力矩大于10N·m;低压开关的最大拧紧力矩为18N·m,密封力矩大于10N·m;易熔塞的最大拧紧力矩为30N·m,密封力矩大于23N·m;锁紧螺母的最大拧紧力矩为45N·m,密封力矩大于35N·m。

213

（5）管系的安装

在连接空调系统的金属管和胶管之前，不要急于拆下管口的密封塞，待连接时再拆下，以免水汽或尘埃进入管内；连接空调系统管件的螺母可涂抹少量压缩机用润滑油即冷冻机油。连接铝质管件时，润滑油应涂抹在铝管端部喇叭口的内侧和外侧。管路连接完毕后，应立即抽真空；空调系统管件与发动机排气管之间的距离不低于20mm。

3. 汽车空调制冷系统常见故障及故障排除

连接空调制冷系统。老师根据学生连接好的系统设置故障，学生排除故障。检测方法可参考表8-3。

表8-3　汽车空调制冷系统常见故障及故障排除

故障现象	故障原因	故障排除
压缩机离合器打滑。打开空调后，离合器打滑	开空调时，压缩机电磁离合器一直吸不上、打滑。停车后检查压缩机传动带松紧度，正常。然后起动发动机，打开空调，此时急速在900r/min左右，用数字万用表测量压缩机电磁线圈，电压为12V，电流在3.3～3.5A，正常	由此可以断定，电磁线圈无故障，故障是电磁离合器。引起离合器打滑的原因是电磁线圈吸力不够，离合器压板与传动带轮之间间隙调整不当。压板与离合器传动带轮之间的间隙应为0.4～0.8mm，而用专用塞尺测量其间隙明显偏大。停机后，用工具很快将压缩机压板拆下（此时不需要排空制冷剂）。拆下压板后，发现其后部3个垫片，其中1个厚度过厚，用千分尺测量，其厚度在0.8mm以上，而另外两个厚度为0.1mm和0.3mm，很明显此垫片为后来装配的，因间隙不对导致电磁线圈对压板产生吸力不够，压缩机打滑。重新更换垫片，按要求装好。换垫片后打开空调，故障排除
空调离合器故障。打开空调时，压缩机电磁离合器时吸时不吸，急速忽高忽低（850～1100r/min），风扇旋转正常，制冷不良	当空调系统的制冷剂注入量过多时，会降低制冷剂在系统中的流动性，引起压缩机工作失常，制冷不良，发动机急速不稳	检测压缩机电磁离合器线路，电压正常。确定不是电路故障后，用多用测量表（歧管压力计）接入空调系统的高、低压端口测量。结果，高、低压端压力都不正常，随着急速的变化，压力忽高忽低，且在储液干燥器观察窗中看不到气泡。询问驾驶人，得知在充制冷剂前无此现象，故怀疑可能是制冷剂过多。逐步吸出一部分制冷剂后，发动机转速变化时在观察镜中能看到少量气泡，加速至1700r/min左右时气泡消失，故障排除

模块8 汽车空调系统

(续)

故障现象	故障原因	故障排除
空调电磁离合器线圈烧毁。在炎夏行驶途中,空调电磁离合器线圈突然被烧毁。为使空调及时投入使用,在维修时换上一个新的电磁离合器线圈,但只行驶了1500km左右,电磁离合器线圈又被烧毁	空调系统电磁离合器线圈被烧毁的原因除质量问题外,主要是空调系统的压力过高,带动压缩机运转的阻力过大,超过该电磁线圈的电磁吸力,从而使离合器主、被动盘产生相对滑移摩擦,导致过热烧毁。空调系统压力过高有三种原因。其一,停车时发动机怠速运转,且长时间在太阳曝晒下使用空调;其二,当散热器散热风扇出现故障时,还长时间、高强度地使用空调(散热器散热风扇与空调冷凝器风扇是共用的);其三,制冷系统中加入的氟利昂过量	在压缩机开始工作时,查看储液干燥器的观察窗,发现观察窗内没有气泡。将高、低压表接入系统中,检查其压力,发现高压侧和低压侧压力均偏高。显然,制冷剂加注过量。将制冷剂从低压侧适量排除(以高压侧压力为12~18MPa,低压侧压力为0.15~0.30MPa适宜)后,故障排除
空调蒸发器溢水。一辆桑塔纳乘用车在使用空调时,制冷正常,但蒸发器内的冷凝水排出不通畅,经常溢到驾驶室内	这种故障产生的原因,一般是蒸发器的泄水口堵塞造成的。乘用车进风口处的滤网易脱落。一旦脱落,树叶或其他杂物进入风道,滞留在蒸发器底部,便会堵塞泄水口。由于乘用车的蒸发器是碟式结构,所以冷凝水积到一定高度就溢到驾驶室内了	排除此故障一定要先拆除进风罩,从上部把蒸发器内的杂物清除干净,使泄水口畅通无阻;然后把进气口的滤网固定好,故障就完全排除了
空调不制冷。乘用车空调系统制冷效果逐渐变坏,直至完全不制冷,且在膨胀阀进口的小滤网附近有一团白霜	根据上述故障现象,可初步判断是制冷系统中的膨胀阀堵塞。因为正常情况下膨胀阀进口的小滤网处是不会结霜的;结霜,说明该处有堵塞(即堵塞起了节流作用)	为了确诊膨胀阀进口的小滤网处是否堵塞(容易与"冰塞"相混淆),采用以下检查方法:在膨胀阀处听察,结果听到断断续续的气流声;用小扳手轻击膨胀阀小滤网处,结果听见气流声明显改变,同时膨胀球阀处所结的白霜层逐步融化,但过不久现象又再度出现。这说明膨胀阀小滤网处确实堵塞。将系统全部拆下,进行分段清洗;用工业汽油(或四氯化碳)清洗滤网件;用干燥空气(或氮气)将残留的清洗剂吹干,并进行烘干处理;换装一个新的储液干燥器,并严格按操作规范安装恢复。经这样处理后,故障排除

> 实训总结

8.3 汽车空调控制电路及空调其他系统

理论知识目标

1. 掌握汽车空调控制电路的工作原理。
2. 掌握汽车空调其他系统的工作原理。

8.3.1 汽车空调系统控制电路的工作原理

汽车空调控制系统主要由以下几部分组成。

1. 温度控制器

【汽车空调控制系统】

温度控制器又称温度开关或恒温器,是汽车空调系统中的一种开关元件,感受的温度有蒸发器表面的温度、车内温度、大气温度等。一般所指的温度控制器是感受蒸发器表面温度,通过自身机构的动作从而控制压缩机离合器线圈中电流的通、断,使压缩机产生开与停的动作,起到调节车内温度及防止蒸发器结霜的一种电气控制装置。温度控制器一般放在蒸发器上。在离合器控制的制冷系统中,温度控制器有波纹管式、双金属片式、热敏电阻式三种。

波纹管式温度控制器(图8.17)是一种热力机械式温控开关。它是将一根由毛细管连接的温度传感器即感温包安装在需要测温的部位,通常是插在蒸发器中间。波纹管式温度控制器由感温包、波纹管、偏心轮、微动开关等组成。当蒸发器表面的温度上升并超过温度控制器旋钮设定的温度时,感温管内感温剂的压力增大,感温腔中的隔膜在压力的作用下压迫传动支板，使触点接通，电路闭合，压缩机开始运转，空调开始制冷。当蒸发器表面的温度逐渐下降至设定值时，感温管内感温剂的压力下降，弹簧的收缩力大于感温腔隔膜对传动支板产生的推力，传动支板即在弹簧的收缩作用下微微向上抬起，使得触点断开，压缩机便随之停止运转。

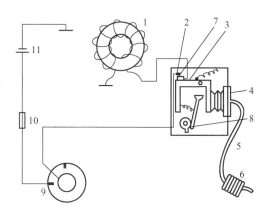

图 8.17　波纹管式温度控制器工作电路

1—电磁离合器；2—定触点；3—摆动框架；4—波纹管；5—毛细管；6—感温包；
7—动触点；8—调节凸轮；9—开关；10—熔断器；11—蓄电池

双金属片式温度控制器（图 8.18）由两片热膨胀系数不同的金属片组成。双金属片上的触点为动触点，壳体上的触点为静触点。由于热膨胀系数不同，双金属片在温度改变时，两面的热胀冷缩程度不同，因此在不同的温度下，其弯曲程度发生改变。温度高于双金属片的膨胀温度时，双金属片接点位置变形而断开，电路断开。温度低于双金属片的膨胀温度时双金属片接点位置恢复原形而闭合，电路闭合。

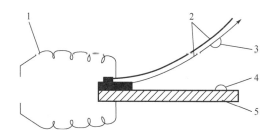

图 8.18　双金属片式温度控制器结构

1—引线；2—双金属片；3—动触点；4—静触点；5—壳体

热敏电阻温度控制器一般采用负温度系数的热敏电阻器，安装在蒸发器的表面，当温度升高时阻值降低，温度降低时电阻值增加。热敏电阻器将温度的变化转化为电阻变化，再转化为电压变化，传递给空调控制单元，当温度低于某一设定值时，空调控制单元切断电磁离合器的电路。

2. 制冷系统压力开关

压力开关安装在汽车空调制冷剂循环管路中，检测制冷循环系统的压力，当压力异常时启动相应的保护电路,防止造成系统的损坏。常见的压力开关主要有高压开关、低压开关、双重压力开关和三重压力开关等。

(1) 高压开关

汽车空调在使用过程中,当出现散热片堵塞、冷却风扇不转或制冷剂过量等不正常状况时,系统压力会过高,若不加控制,过高的压力会损坏系统元件。

高压开关安装在高压管路中,一般装在储液干燥器上,串联在压缩机电磁离合器电路或冷凝器风扇电路中。当系统压力过高时,高压开关动作,切断离合器电路或接通冷却风扇高速挡电路,防止压力继续升高,避免造成系统的损坏。

高压开关有两种类型,即常开型和常闭型,其结构如图 8.19 所示。常开型高压开关串联在冷凝器风扇电路中,膜片上方通高压侧制冷剂,下方作用一弹簧。正常情况下,制冷剂压力低于弹簧压力,触点断开,冷凝器风扇低速运转;当制冷剂压力异常升高时,制冷剂压力大于弹簧压力,触点闭合,冷凝器风扇高速运转,加强冷却。常闭型高压开关串联在压缩机电磁离合器电路中,正常情况下,制冷剂压力低于弹簧压力,触点闭合,压缩机运转;当制冷剂压力异常升高时,制冷剂压力大于弹簧压力,触点断开,压缩机停止运转;当制冷剂压力下降到正常值时,触点闭合,压缩机恢复运转。

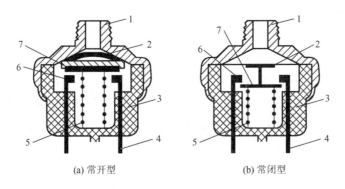

图 8.19　高压开关

1—接头;2—膜片;3—外壳;4—接线柱;5—弹簧;6—固定触点;7—活动触点

(2) 低压开关

当制冷系统的制冷剂不足或泄漏时,冷冻机油也有可能随之泄漏,造成空调系统润滑不良,如果压缩机在缺油状态下运行,将导致严重损坏。

低压开关通常用螺纹接头直接安装在高压管路中,串联在电磁离合器电路中。其结构与常开型高压开关相似。当制冷剂压力正常时,低压开关动触点接通压缩机电磁离合器电路;当压缩机排出的制冷剂压力过低时,低压开关断开,切断电磁离合器电路,压缩机停止运行,防止损坏压缩机。

此外,当环境温度过低时,制冷剂的温度和压力也随之降低。例如,使用 R12 制冷剂的空调系统,当环境温度低于 10℃ 时,制冷剂压力为 0.423MPa,此时低压开关断开,压缩机停止运转,从而减少动力消耗,达到节能的目的。

(3) 双重压力开关

新型的空调制冷系统把高压开关、低压开关组合成一体,形成双重压力开关(图 8.20)。

双重压力开关安装在储液干燥器上面,这样就减少了压力开关的数量和接口,从而减少了制冷剂泄漏的可能性。

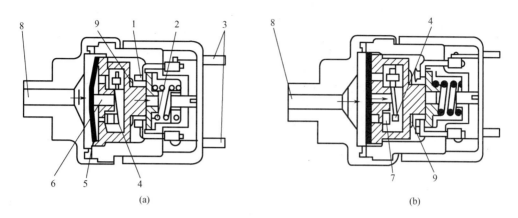

图 8.20　双重压力开关

1—低压静触点；2—弹簧；3—接线柱；4—高压动触点；5—金属膜片；6—顶销（和膜片一体）；
7—高压静触点；8—压力引入口；9—低压动触点

双重压力开关的工作原理：当高压制冷剂的压力正常时,压力保持在 0.423～2.75MPa,金属膜片 5 处在平衡位置,高压触点 4、7 和低压触点 1、9 都闭合,电流从接线柱 3 的其中一个流入,经过低压动触点与低压静触点,再到高压动、静触点后,最后从接线柱的另一个流出；当制冷压力下降到 0.423MPa 时,弹簧压力将大于制冷剂压力,低压动触点与低压静触点脱开,电流随即中断,压缩机停止运行；当压力大于 2.75MPa 时,制冷剂压力继续压迫金属膜片右移,将整个装置往上推到右止点,并推动顶销 6 将高压动触点与高压静触点分开,将离合器电路断开,压缩机停止运行；当高压端的压力小于 2.17MPa 时,金属膜片恢复正常位置,压缩机又开始运行。

（4）三重压力开关

三重压力开关由双重压力开关（高压开关、低压开关）和中压开关组成,结构更加紧凑。三重压力开关安装在高压管路中。当压力过高或过低时,双重压力开关控制压缩机停止运转；当制冷剂压力达到某一中间值时,中压开关控制接通冷凝器风扇电路。

三重压力开关的工作过程（以 R124a 制冷剂为例）如下。

制冷剂压力小于 0.196MPa 时,如图 8.21(a) 所示,由于隔膜、碟形弹簧和弹簧的弹力大于制冷剂压力,因此高低压触点断开（OFF）,压缩机停转,实现低压保护。

制冷剂压力为 0.2～0.3MPa 时,如图 8.21(b) 所示,当制冷剂压力达到 0.2MPa 以上时,此压力大于开关的弹簧弹力,弹簧被压缩,高低压触点接通（ON）,压缩机正常运转。

制冷剂压力大于 3.14MPa 时,如图 8.21(c) 所示,由于此压力大于隔膜、碟形弹簧的弹力,碟形弹簧反转,以断开高低压触点,压缩机停转,实现高压保护。

中压压力开关的工作如图 8.21(d) 所示。当制冷剂压力达到 1.77MPa 以上时,此压力大于隔膜的弹力,隔膜会反转,将轴向上推,以接通冷凝器风扇（或散热器风扇）的高转速转换触点,风扇以高速运转,实现中压保护,当压力降至 1.77MPa 时,隔膜恢复原状,轴下落,触点断开,冷凝器又以低速运转。

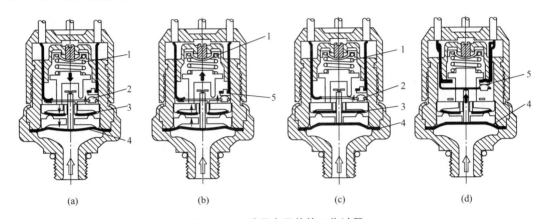

图 8.21 三重压力开关的工作过程

1—弹簧;2—触点(OFF);3—碟形弹簧;4—隔膜;5—触点(ON)

3. 过热开关及热力熔断器

过热开关是一种温度压力感应开关,一般安装在压缩机底座上与电磁离合器线圈串联,当系统处在正常情况下,膜片总成动触点离开接线柱,此开关保持常开;当系统因泄漏导致制冷剂不足时,压缩机温度异常升高,感温管内气体膨胀并推动膜片,膜片上动触点与接线柱连接,过热开关闭合使压缩机停转,直至故障排除为止。

热力熔断器是与过热开关配合实现温度控制的(图 8.22)。过热开关由温度感应熔丝和绕线式电阻加热器组成。当过热开关闭合时,绕线式电阻加热器通电,给控制电磁离合器线圈电路的温度感应熔丝加热,使感应熔丝温度升高,直到熔丝熔化,这样切断电磁离合器线圈电路,压缩机停止运转,保护压缩机不因温度异常而损坏。

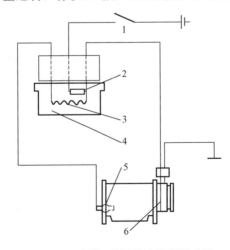

图 8.22 过热开关及热力熔断器电路

1—环境温度开关;2—温度感应熔丝;3—绕线式电阻加热器;4—热力熔断器;
5—过热开关;6—电磁离合器线圈

4. 高压卸压阀

在正常情况下，高压卸压阀（图8.23）的弹簧压力将密封塞压向弹簧阀体，与A面凸缘贴紧，制冷系统内制冷剂不能放出。当系统内压力异常升高时，弹簧被压缩，阀被打开，制冷剂释放出来，系统内压力下降，当压力降至约2.8MPa时，弹簧力大于制冷剂压力，将阀关闭。

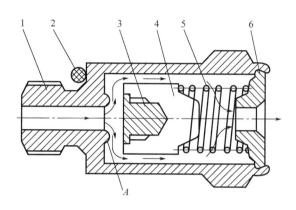

图8.23 高压卸压阀

1—阀体；2—密封圈；3—密封塞；4—下弹簧座；5—弹簧；6—上弹簧座

5. 旁通电磁阀

旁通电磁阀（图8.24）的作用是防止蒸发器压力异常下降，使车内温度控制在规定范围内，防止蒸发器结霜。旁通电磁阀工作原理是电磁线圈通电，产生磁力，吸引阀杆上升，阀开启；电磁线圈断电，磁力消失，阀杆在复位弹簧力的作用下复位，阀杆下降，阀关闭。

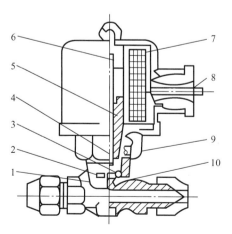

图8.24 旁通电磁阀

1—阀体；2—阀；3—上阀座；4—阀杆；5—铁心；6—复位弹簧；
7—电磁线圈；8—配线；9—防松螺母；10—下阀座

6. 1摄氏开关

1摄氏开关安装在蒸发器外壳上,其传感器插入深度为330mm,能感受蒸发器的温度,是为保护蒸发器而设置的。当蒸发器周围温度低于1℃时,1摄氏开关触点断开,使空调压缩机电磁离合器断开,压缩机停止工作,避免因蒸发器温度过低造成冰堵而损坏蒸发器。

7. 环境温度开关

环境温度开关的作用是感知环境温度,一般串联在电磁离合器的电路中。当环境温度小于5℃时,环境温度开关会切断压缩机电磁离合器电路。

8. 冷却液温度开关

冷却液温度开关安装在发动机散热器或冷却液管路上,感测发动机冷却液温度,防止发动机过热。当冷却液温度超过一定值(奥迪乘用车一般为120℃)时,直接切断或通过控制单元切断空调压缩机的电磁离合器供电;当冷却液温度降到某一值(奥迪乘用车一般为106℃)时,冷却液温度开关接通,空调压缩机重新工作。

9. 怠速控制器

发动机怠速控制器有两种类型:一种是自动切断压缩机电磁离合器电路,使制冷系统停止工作,减轻发动机负荷,稳定发动机的怠速性能,其中的怠速继电器是在发动机处于怠速工况时,自动切断电磁离合器电路,停止发动机驱动压缩机来稳定发动机怠速工况的装置;另一种是当发动机怠速并需要使用制冷系统时,发动机能自动加大节气门开度,使发动机在怠速时转速提高,既能保证有足够的动力维持制冷系统工作,又能保证自身正常运转。

8.3.2 汽车空调控制系统电路

汽车空调控制系统电路有许多,不同的汽车品牌有着不同的控制电路,但基本都包括电磁离合器控制电路、鼓风机控制电路、冷凝器控制电路、散热器风扇控制电路等,如图8.25所示。下面分析汽车空调控制电路的工作原理。

空调压缩机运转的条件:电源电压正常,A/C开关闭合,环境温度开关F38闭合(环境温度高于10℃),低压开关F73闭合,蒸发器的温度开关F33闭合,电磁离合器线圈才会通电工作,压缩机开始运转制冷。

空调压缩机运转的电流回路:蓄电池正极→点火开关→X线→熔断器S14→A/C开关→环境温度开关F38→蒸发器的温度开关F33→低压开关F73→压缩机电磁离合器N25→31线→蓄电池负极。

同时,空调继电器J32的电磁线圈得电,其两个常开触点闭合,因此接通过了鼓风机控制电路和散热器风扇控制电路。

鼓风机控制电路的电流回路:蓄电池正极→熔断器S23→空调继电器J32常开触点→鼓风机开关E9→调速电阻元件N23→鼓风机V2→31线→蓄电池负极。

模块8 汽车空调系统

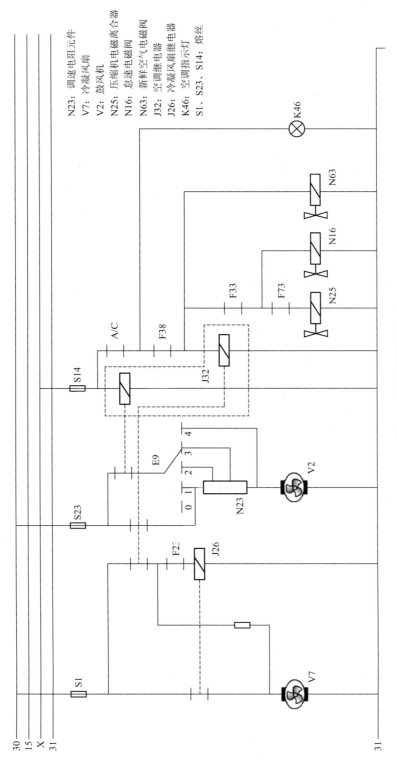

图8.25 汽车空调控制电路

N23: 调速电阻元件
V7: 冷凝风扇
V2: 鼓风机
N25: 压缩机电磁离合器
N16: 怠速电磁阀
N63: 新鲜空气电磁阀
J32: 空调继电器
J26: 冷凝风扇继电器
K46: 空调指示灯
S1、S23、S14: 熔丝

当压缩机电磁离合器电路接通时，无论鼓风机开关在什么位置，鼓风机都至少以低速运转，以防止蒸发器表面结冰，影响系统的正常工作。鼓风机转速有四个挡位可供选择，通过鼓风机开关 E9 调整调速电阻元件 N23 串接到电路中的阻值，可改变电路中的电流值，进而改变鼓风机的转速。

散热器风扇控制电路电流回路：蓄电池正极→30 线→熔断器 S1→空调继电器 J32 常开触点→散热器风扇调速电阻→冷凝风扇 V7→31 线→蓄电池负极。

当压缩机电磁离合器电路闭合时，空调继电器将控制冷凝风扇低速电路闭合，冷凝风扇 V7 开始低速运转。当系统压力感知大于 1.60MPa 时，高压开关 F23 闭合，冷凝风扇继电器 J26 将闭合，控制冷凝风扇高速运转，以增强冷凝器的冷却能力。这种冷凝风扇的转速变化是通过电路中串接电阻的形式改变线路阻值进而改变风扇转速的。

怠速调整电路：当外界温度大于 10℃时，环境温度开关 F38 闭合，允许使用空调系统的制冷功能，开启空调时，将接通怠速电磁阀 N16 的电路，以提高发动机的转速，保证空调工作的动力需要。

8.3.3 汽车空调其他系统的工作原理

【汽车空调其他系统】

1. 汽车空调取暖系统

汽车空调取暖系统是汽车空调的组成部分，用来为汽车驾驶室和车厢冬季取暖及风窗除霜，近年来还用来预热发动机。

取暖系统按热量来源可分为余热式和独立式两类。

余热式取暖系统又分为水暖式和气暖式两种。水暖式取暖系统利用水冷式发动机冷却液的热量取暖，是中小型汽车取暖装置的主要形式，使用比较安全，但热量较少。气暖式取暖系统利用发动机废气的热量取暖，热量较大，但使用不安全。近年来国外把热管技术用到汽车上，出现了热管换热器，效果比较好，克服了原来的废气取暖器使用不够安全的缺点。

独立式取暖系统利用燃料（如汽油、柴油、煤油、丙烷气等）在燃烧器中燃烧所产生的热量，通过介质吸收，然后释放到需要加热的空间。加热器实质上由燃烧器和热交换器两部分组成。独立式取暖装置可分为水加热器、空气加热器、气水综合加热器等几种。

水暖式取暖系统（图 8.26）是将从发动机缸体出来的热的冷却液分流一部分进入加热器芯，冷空气被鼓风机强迫通过加热器芯，被加热后对车厢（驾驶室）进行风窗除霜和取暖。在加热器芯中被吸走热量的冷却液离开加热器被发动机水泵抽回发动机，完成一次循环。在发动机缸体的出水口有一个热水阀可以关闭和控制水量大小，从而调节取暖系统的产热量。也可通过调节取暖系统的鼓风机风量，起到调节热量的作用。

热水阀又称冷却液控制阀。它安装在发动机冷却液通往加热器的前面，用来控制进入加热器芯的发动机冷却液流量。热水阀既可由缆线操纵，也可由真空阀操纵。热水阀的主要损坏形式是渗漏、阀门失效等。更换热水阀时应注意检查软管接头，如有损坏则一起更换。

加热器芯用来加热通过它周围的空气。加热器芯体结构类似蒸发器，可分为管翅式和

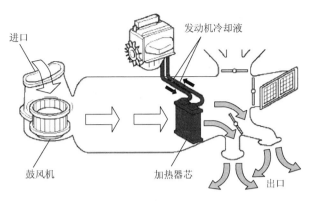

图 8.26 水暖式暖风系统

管带式两种，由管子和散热片等零件构成，材料一般采用铜质和铝质。加热器芯一般不容易损坏，最常见的故障是泄漏。

鼓风机用于吸入外界新鲜空气或车内再循环空气，由电动机和风扇组成。电动机可以有一个轴或两个轴。有些电动机是可逆的，但大多数是不可逆的。更换电动机时，转向必须与原电动机相同。

进入暖风机的空气有三种方式：一种是吸入车内的空气，称为内循环；一种是吸入车外新鲜空气，称为外循环；还有一种是吸入内外两种空气，称为混合循环。

内循环的优点是被加热的空气吸热较少，即采暖效果较好，但空气不新鲜。

外循环的优点是吸入的空气新鲜，但降低了出风温度，采暖效果受影响。一般汽车上采用混合循环的较多。

2. 汽车空调通风系统

通风系统的作用是在汽车运行中从车外引入一定量的新鲜空气，并将车内污浊空气排出车外，同时还可以防止风窗玻璃结霜。通风系统的通风方式一般有动压通风、强制通风和综合通风三种方式。

① 动压通风也称自然通风，利用汽车行驶时对车身外部所产生的风压力（动压），在适当的地方开设进风口和排风口，以实现车内的通风换气。车辆行驶时，车身外部大多受到负压，只有在车前及前风窗玻璃周围为正压区。因此，车辆的进风口设在车窗的下部正压区，而排风口设置在车尾部负压区。

② 强制通风是利用鼓风机（图 8.26）或风扇，强制将车外空气送入车内进行通风换气。这种方式需要能源和设备，在备有冷暖气设置的车身上大多采用通风、供暖和制冷的联合装置。

③ 综合通风是指一辆汽车上同时采用动压通风和强制通风。

通风系统主要由三部分构成，如图 8.27 所示。第一部分为空气进口段，主要由用来控制新鲜空气和车内循环空气的风门叶片和伺服器组成。第二部分为空气混合段，主要由加热器和蒸发器组成，用来提供所需温度的空气。第三部分为空气分配段，使空气吹向面部、脚部和风窗玻璃。

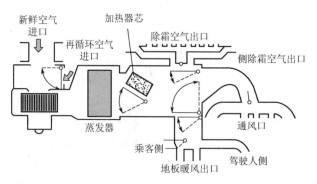

图 8.27　汽车空调通风系统

3. 汽车空调空气净化系统

汽车空调空气净化系统通常有过滤除尘式、离心除尘式、静电除尘式三种。过滤除尘式是利用装在进气口处的尼龙、纤维等过滤材料（花粉滤清器）对粉尘进行过滤的一种除尘方法。离心除尘式是给进气通道连续设几个急弯，当进气气流连续急转弯时，由于惯性作用粉尘颗粒来不及随气流一起转弯而碰壁沉积下来。静电除尘式是利用高压电场对空气进行电离，使尘粒带负电并被正极所吸引而沉积在正极板处。静电除尘式空气净化系统的空气净化过程框图如图 8.28 所示。图 8.29 所示为一种静电除尘式空气净化装置的结构示意图。其工作过程：先由粗滤清器除去空气中较粗的尘粒，接着由静电集尘器吸附细微尘埃，再通过活性炭滤清器除去烟气和臭气，然后由负离子发生器供给负离子，最后由鼓风机将净化后的空气送入车内。

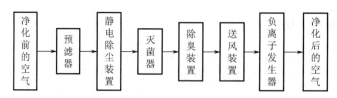

图 8.28　静电除尘式空气净化系统的空气净化过程框图

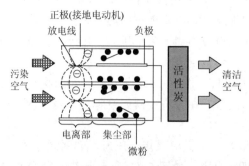

图 8.29　静电除尘式空气净化装置的结构示意图

实训能力目标

掌握汽车空调系统的检测与维修。

模块8 汽车空调系统

▶ 实训内容

① 打开汽车的发动机盖,识别汽车空调系统的部件,并填写表8-4。

表8-4 汽车空调系统的部件

部 件 名 称	在整车的位置

② 安装汽车空调取暖、通风系统,连接控制电路。
③ 老师根据学生连接好的系统设置故障,学生排除故障。检测方法可参考表8-5。

表8-5 汽车空调制冷系统常见故障及排除方法

故 障 现 象	故 障 原 因	故 障 排 除
空调不凉。乘用车行驶里程1.7万km,用户反映空调不凉,且随着鼓风机风速的提升,出风口的温度也会有所升高	空调系统高低压不正常;尘土与花粉将滤清器堵塞;空调冷暖调节开关损坏;蒸发器表面脏污等	检测空调系统高低压是否不正常;检查尘土与花粉滤清器是否堵塞;检查空调冷暖调节开关是否损坏;检查蒸发器表面是否脏污等
空调制冷效果不佳。乘用车空调制冷效果不佳,用测温仪在空调出风口检测,空调运行时车内最低温度只有19℃	空调控制系统电路故障;空调管路系统故障;冷凝器的散热效果不良	该车压缩机能够正常运转,在空调控制系统电路上应该不会有问题。故障应该出在空调管路系统上。不妨接上压力表测高、低压侧压力以确认故障范围。发动机运转时,将转速控制在1500~2000r/min,让压缩机工作,低压表读数为0.26MPa,高于标准值0.12~0.20MPa。高压表的读数为1.90MPa,也高于标准值1.20~1.50MPa,高、低压侧压力均偏高。如果冷凝器散热不良、制冷系统有空气、制冷剂过量或膨胀阀损坏,都会出现高、低压侧压力均高出标准值的情况。 通过观察管路系统中的观察窗,可以知道制冷剂量是否正常,或制冷系统是否存在空气。该车制冷系统工作时,查看观察窗未发现气泡流动;当提高或降低转速时,又会出现气泡。关闭空调后,观察窗内立即产生气泡,随后消失,可知制冷剂量正常。压缩机工作时观察窗内未见细小泡沫,可知制冷系统中没有空气。检查冷凝器,发现冷凝器的翅片已经严重堵塞,仔细查看,发现这些堵塞物全是毛状微粒,是杨树上的毛絮。当时正值夏初季节,杨絮飘舞,该车电子风扇运转时,将很多毛絮吸入冷凝器的翅片之中,影响冷凝器的散热效果。从压缩机过来的高温高压制冷剂,在冷凝器中得不到良好的冷却,导致空调制冷效果不佳。 拆掉冷凝器的固定螺栓,用压缩气体吹净冷凝器上的毛絮,检查风扇胶带,发现胶带截面上有很多裂纹,更换风扇胶带,将冷凝器固定螺栓拧紧。装复试车,空调运行良好,制冷效果恢复正常,故障排除

(续)

故障现象	故障原因	故障排除
制冷效果时好时坏。乘用车空调运行时,车内送风一阵凉,一阵不凉	空调控制电路故障;空调管路系统故障	在压缩机开始工作时,注意察看储液干燥器。空调制冷效果时好时坏的故障,既可能是电路方面引起的,也可能是空调管路系统相关部件引起的。仔细观察该车故障现象,车内送风凉与不凉,与压缩机离合器的工作与否并无直接关系,或许该车制冷系统内部有水分。 水分在管路循环系统中冻结形成冰塞,将会阻塞制冷剂在管路中的循环流动,一旦冰塞融化,又恢复正常工作状态。堵塞现象往往发生在制冷系统内部通道截面较小的位置,易堵塞的部件绝大部分处于制冷系统的高压侧,如干燥滤清器、膨胀阀滤网等。 为了进一步确认故障,将压力表分别接在管路中的高、低压侧。使发动机运行,空调运转后,高压表显示基本正常,低压表指示接近零。压力表的指针产生不规则的剧烈摆动,无法读清具体数值。 仔细查看高压管路,发现膨胀阀附近有轻微结霜现象。当制冷系统内部存在水分或干燥剂吸湿能力达到饱和后,往往会出现空调制冷效果时好时坏的现象。 据驾驶人反映,该车曾发生撞车事故,更换过冷凝器和部分空调管路。可能在检修、更换制冷系统部件时,空气进入系统中。空气中含有微量水分,会对制冷系统产生腐蚀,损害制冷系统。而且水分还会在膨胀阀处结冰,阻止制冷剂的流动,降低制冷效果,严重时,还会导致冷凝器压力急剧上升,造成系统管路爆裂事故,如果拆检制冷系统部件时未对管路系统进行密封,往往会产生不良后果。 更换干燥滤清器。用压力表反复抽真空,排出系统内水分,充注适量的制冷剂。一切就绪,空调运行正常,故障排除

▶ 实训总结

_____
_____
_____
_____
_____
_____
_____
_____
_____
_____
_____
_____
_____

8.4 汽车空调相关知识及制冷剂加注与排泄

 理论知识目标

1. 了解汽车空调相关知识。
2. 熟悉汽车空调常用维修工具和设备。
3. 掌握制冷剂加注与排泄。

8.4.1 汽车空调相关知识

1. 汽化

汽化是指物质从液态变为气态的相变过程。蒸发和沸腾是物质汽化的两种形式。前者是在液体表面上发生的汽化现象,而后者是当饱和蒸气压等于外界压强时发生在液体体内的汽化现象。对同一物质,饱和蒸气压随温度升高而增大。从微观来看,蒸气是由飞出液面的分子构成的。给定温度下只有具有相对高动能的液体分子才能挣脱周围分子的引力从液体表面跃出,形成蒸气。

蒸发是在液体表面发生的汽化现象,在任何温度下都能发生。液体蒸发时需要吸热。温度越高,蒸发越快。此外,表面积大、通风好也有利于蒸发。蒸发的逆过程是液化,即气体转变为液体。当两种过程达到动态平衡时,蒸气称为饱和蒸气。

沸腾是在一定温度下,液体内部和表面同时进行的剧烈汽化现象。液体沸腾时需要吸热(沸腾时的温度称为沸点,在标准大气压下,水的沸点是100℃)。沸腾与蒸发在相变上并无根本区别。沸点随外界压力的增大而升高。

蒸发与沸腾比较既有相同点,也有不同点。相同点:蒸发与沸腾都是汽化现象,都需要吸热。不同点:第一,发生地点不同,蒸发是只在液体表面发生的汽化现象,而沸腾是在液体内部和表面同时发生的剧烈的汽化现象;第二,温度条件不同,蒸发在任何温度下都能发生,而沸腾是在一定温度下发生的;第三,温度变化可能不同,液体蒸发时需吸收热量,温度可能降低,而沸腾过程中吸收热量,但温度保持不变;第四,剧烈程度不同,蒸发比较缓和,而沸腾十分剧烈;第五,影响因素不同,蒸发快慢与液体的温度、表面积、表面的空气流动速度有关,沸腾沸点与大气压的高低有关。

2. 冷凝

冷凝是指气态物质经过冷却(通过空气或水等热交换方式)转变为液体。冷凝过程一般为放热过程。在制冷技术中,制冷剂在冷凝器中由气态变为液态,同时放出热量,放出的热量由冷空气带走。在汽车空调制冷系统中,制冷剂在冷凝器中由气态变成液态的变化过程就是一个冷凝过程。

3. 节流

在流体通路中,通道突然缩小,液体压力便下降,如果此时产生气体,则总体积还要增大。这种变化只是状态的变化,与外界没有热和功的交换,因此流体的热量不变,这种状态变化称为节流。

4. 温度

温度的标定方法有许多种,最常见的有华氏温标、摄氏温标和热力学温标三种。

华氏温标是1714年德国物理学家华伦海特(Daniel Gabriel Fahrenheit)以氯化铵与冰水混合物的温度为0°F,把人体正常温度定为96°F,中间分为96等份,而后又做了调整,将纯水的沸点定为212°F,其冰点定为32°F,其间划分180等份。

摄氏温标是1742年由瑞典天文学家摄尔修斯(Anders Celsius)发明的。他选取标准大气压下纯水的冰点为0℃,沸点为100℃,中间等分为100份。

热力学温标是英国物理学家开尔文(Lord Kelvin)于1848年以热力学第二定律为基础引出的与测温物质无关的温标。

三者的变换如下。

$$摄氏温度(℃)=5/9×[华氏温度(°F)-32]$$
$$热力学温度(K)=摄氏温度(℃)+273.15$$

5. 压力

压力是指发生在两个物体的接触表面的作用力,或者是气体对于固体和液体表面的垂直作用力,或者是液体对于固体表面的垂直作用力。压力的特点:第一,作用方向与作用面积垂直并与作用面积的外法线方向相反;第二,压力一定时,受力面积越小,压力作用效果越显著;第三,受力面积一定时,压力越大,压力作用效果越显著。

工程上,以往常用的压力单位是kgf/cm^2,现已改用国际单位Pa(帕[斯卡])。帕与其他压力单位换算如下。

$1Pa=1N/m^2$;

$1MPa=145psi(磅/英寸^2)=10.2kgf/cm^2(千克力/厘米^2)=10bar(巴)=9.8atm(大气压)$;

$1psi=0.006895MPa=0.0703kg/cm^2=0.0689bar=0.068atm$;

$1bar=0.1MPa=14.503psi=1.0197kg/cm^2=0.987atm$;

$1atm=0.101325MPa=14.696psi=1.0333kg/cm^2=1.0133bar$;

$1mmHg$(毫米汞柱)$=133.33Pa$。

6. 制冷剂与冷冻机油

在制冷系统中用于转换热量并循环流动的物质称为制冷剂。制冷剂又称制冷工质,在南方一些地区俗称雪种。它是在制冷系统中不断循环并通过其本身的状态变化以实现制冷的工作物质。制冷剂在蒸发器内吸收被冷却介质(水或空气等)的热量而汽化,在冷凝器中将热量传递给周围空气或水而冷凝。

制冷剂的特点:因为制冷是通过液体的蒸发来实现的,因此,制冷剂必须是易于汽化或蒸发的物质;制冷剂蒸发时的潜热大,制冷剂的循环量就可以减少,制冷装置的体积就可缩小,因此,要求制冷剂有较高的潜热;为保证制冷系统的安全工作,制冷剂应是不易燃烧和爆炸的物质；制冷剂应对人体无害，但又有特殊的气味，这样就能通过嗅觉来发现制冷系统是否泄漏；制冷剂应有较高的稳定性，应能反复使用，对金属、橡胶和润滑油应无明显的腐蚀；制冷剂的蒸发压力应比大气压力高，以免空气进入制冷系统。

常见的制冷剂：R717，用于冷藏、制冰；R134a，用于冷藏、汽车空调、电冰箱，须防冰堵；R22 和 R12，用于冷藏、空调，须防冰堵；R404a，用于冷藏、空调，冷藏运输车、集装箱制冷；R600a，用于冷藏、电冰箱，须防冰堵。各种制冷剂不能互换。

制冷压缩机使用的润滑油一般称为冷冻机油。冷冻机油是保证压缩机正常运行的必要条件，能保证压缩机正常可靠地工作和延长使用寿命。冷冻机油有润滑、密封、冷却、降低压缩机噪声的作用。冷冻机油长期在高温和低温的环境中，因此要求其性能必须稳定，并能保持一定的黏度。冷冻机油一般都处于与制冷剂接触的环境中，所以选择冷冻机油时应注意以下几点：即使被制冷剂溶解，也要有一定黏度，能形成油膜；与制冷剂、有机材料和金属等在高温或低温下接触不应起反应，其热力性能和化学性能稳定；在制冷循环的低温部位不应有结晶状的石蜡分离、析出或凝固，保持制冷剂的正常流动；水量极少或不含水；具有较高的热稳定性。

8.4.2 常用维修工具和设备

【常用维修工具和设备】

1. 歧管压力表

歧管压力表是汽车空调系统维修中必备的工具，用于检测制冷系统高、低压侧的压力，以及制冷系统抽真空、制冷剂的注入和排放、添加冷冻机油及制冷系统故障诊断和维修等。歧管压力表的结构如图 8.30 所示，主要由低压表、高压表、低压手动阀、高压手动阀、阀体和软管等组成。

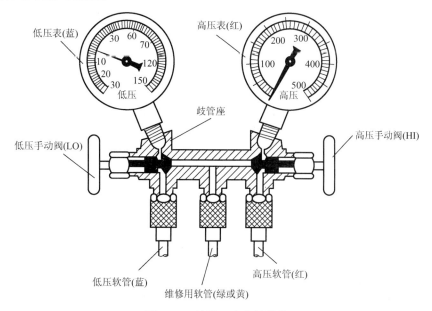

图 8.30 歧管压力表的结构

连接歧管压力表：将歧管压力表的高、低压开关全部关闭，把加注软管的一端和歧管气压表相连，另一端和车辆侧的维修阀门相连；蓝色低压软管连接低压侧，红色高压软管连接高压侧；维修用软管连接制冷剂或真空泵。

正常压力：

低压侧：0.15～0.25MPa(1.5～2.5kgf/cm^2)；

高压侧：1.37～1.57MPa(14～16kgf/cm^2)。

2. 维修阀

大多数汽车空调一般设两个维修阀，分别设置在制冷系统管路的高压区和低压区；有些汽车设有三个维修阀。常用的维修阀主要是气门阀和检修阀。

(1) 气门阀

气门阀结构如图8.31所示，通常在高低压侧管路上各设置一个，原理类似于轮胎的气门阀芯，可进行抽真空、加注制冷剂、加注冷冻机油等。

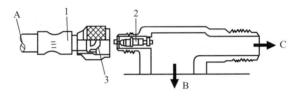

图8.31 气门阀结构示意图

1—外接设备的软管；2—气门阀；3—顶阀销；
A—连接高压表（或低压表）；B、C—高压区（或低压区）管路

(2) 检修阀

检修阀（图8.32）是一个三通阀，可以进行汽车空调系统抽真空、检测系统压力及加注制冷剂等。高、低压检修阀均有三个位置，即后座、中座和前座，如图8.33所示。

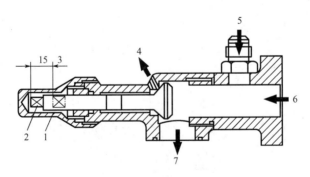

图8.32 检修阀的结构

1—阀帽；2—阀杆；3—阀杆行程；4—压力表接头；5—旁路电磁阀接口；
6—制冷系统管道接口；7—压缩机接口

3. 电子卤素检漏仪

对制冷系统进行有无泄漏点检查时，可使用检漏仪，目前常用的是电子卤素检漏仪。

模块8 汽车空调系统

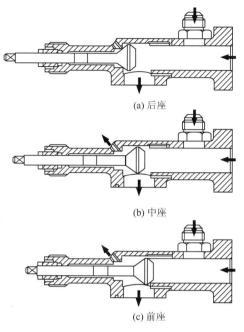

图 8.33 检修阀的后座、中座与前座

其工作原理如图 8.34 所示。在圆筒状的阴极内设置阳极和加热器,加热器的作用是使阳极达到 800℃ 左右的工作温度;吸气微型风扇的作用是使通过吸嘴进入的气体流经阴极和阳极。工作时,当带有制冷剂的气体通过电极时,会产生几微安的电流,可用放大器放大后用电流表指示或用蜂鸣器发出警示声音,蜂鸣器发出的声音频率随制冷剂泄漏量而变化。

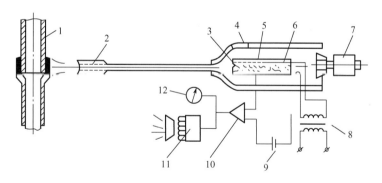

图 8.34 电子卤素检漏仪工作原理

1—制冷系统管路;2—吸嘴;3—加热器;4—外壳;5—阴极;6—阳极;7—吸气微型风扇;
8—升压变压器;9—电源;10—放大器;11—蜂鸣器;12—电流表

4. 真空泵

真空泵是对制冷系统进行抽真空不可缺少的设备,通过抽真空以去除制冷系统内的空气和水分等物质。图 8.35 为一款常用的用油密封的刮片式真空泵结构示意图,主要由定子、转子、排气阀和刮片等组成。

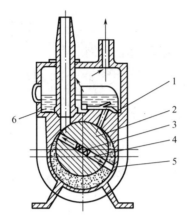

图 8.35　刮片式真空泵结构示意图

1—排气阀；2—转子；3—弹簧；4—刮片；5—定子；6—润滑油

5. 制冷剂注入阀

制冷剂注入阀是打开小容量制冷剂罐的专用工具，结构如图 8.36 所示。

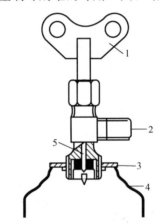

图 8.36　制冷剂注入阀结构示意图

1—蝶形手柄；2—螺纹接头；3—盘形锁紧螺母；4—制冷剂罐；5—针阀

8.4.3　制冷剂加注与排泄

1. 加注制冷剂的程序步骤

制冷剂加注的程序一般包括回收制冷剂、抽真空、加注冷冻机油和加注制冷剂。

（1）回收制冷剂

汽车空调检修时，首先需要对制冷剂进行回收，一般使用制冷剂回收加注机进行回收，方法如下。

① 打开回收加注机电源开关，"kg" 指示灯点亮。

② 当回收加注机高、低压阀处于关闭状态时，低压管（黄颜色管）一端接在回收加注机的低压接头上，另一端接在台架上的低压接头上；高压管（红颜色管）一端接在回收

加注机的高压接头上,另一端接在台架上的储液干燥器上。此时观察低压压力表,当压力低于150kPa时就不必回收。

③ 回收制冷剂时打开高、低压阀,按"回收"键,并利用"循环"和"+"按钮设置回收值。

④ 按"启/停"按钮,进行回收制冷剂程序。如果没有回收装置,也可以采用以下方法进行回收。

A. 把歧管压力表连接在压缩机的排、吸气管道的高、低压侧维修阀上。将制冷系统中所有的控制都放在最冷位置。

B. 起动发动机,使空调系统运行10~15min然后停机。

C. 打开歧管压力表上的高、低压阀,使制冷剂从中间软管流出,再流到密封回收容器中。

D. 打开手阀放尽制冷剂,并迅速地把剩下的冷冻机油从系统中排出来。应该注意,把中间软管放在量杯中,测定从空调系统中排出的冷冻机油量,以后要将干净的新冷冻机油按原量注入空调系统中。注意,排放冷冻机油结束时,可用以下方法判断:将中间软管放在一张干净的纸板上,如果冷冻机油从空调系统中排除尽,在纸板上可看得出来。

当歧管压力表上的高、低压表读数为零时,说明空调系统已排除干净。

(2) 抽真空

抽真空是为了排除制冷系统内的空气和湿气,是空调系统检修中重要的工序,可以采用真空泵和回收加注机两种方式完成。

方法1:利用歧管压力表和真空泵抽真空,如图8.37所示。

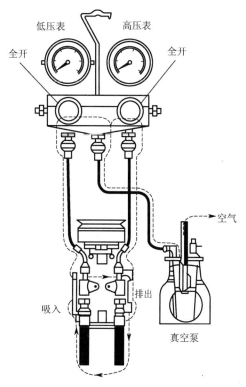

图8.37 制冷系统抽真空

① 连接好歧管压力表和真空泵。将高压表连接在排气管道上，低压表连接在吸气管道上，中间注入软管连接在真空泵上。

② 起动真空泵，打开歧管压力表的高、低压侧手动阀，对制冷系统抽真空。

③ 真空泵至少抽 5min，低压表读数应低于零，如果高于零，表明系统堵塞或有泄漏，应检修。

④ 关闭高、低压侧手动阀，并观察低压表。如果低压表指针回升，则表明制冷系统存在漏气，这时应进行检漏工作，然后继续抽真空；如果指针在 10min 或更长时间内没有回升，则说明制冷系统没有渗漏现象，还应继续抽真空。这种通过观察低压表指针是否回升而判断制冷系统是否泄漏的方法就是通常所说的真空试漏。

⑤ 再次起动真空泵，打开高、低压侧手动阀，继续抽真空至少 30min 以上，然后关闭高、低压阀，为进行充注制冷剂做准备。

方法 2：利用回收加注机抽真空。

① 打开回收加注机电源开关，再打开高、低压阀。

② 按"抽真空"按钮，此时主机控制面板上显示默认的抽真空的时间，用"循环"和"＋"按钮设置抽真空的时间（一般不少于 5min）。

③ 按"启/停"按钮运行该程序。

④ 抽真空后，主机会自动退出主菜单。

第一次抽真空后，同样需要观察低压表指针变化状况，如果不存在渗漏现象，还需要再次抽真空。

（3）加注冷冻机油

汽车空调系统需要一定数量的冷冻机油来保证压缩机正常工作。一般情况下，汽车空调系统所需冷冻机油量很少，在不更换零部件的情况下，补充 1015mL 冷冻机油即可。补充冷冻机油可以采用以下两种方法。

方法 1：在抽真空之前，拧开压缩机上的注油孔，直接向注油孔注入规定数量的冷冻机油，然后拧紧螺塞。

方法 2：在抽真空之后，利用回收加注机加注冷冻机油。打开回收加注机高压开关，关闭低压开关，操作员先记录回收加注机冷冻机油的液面刻度，再打开油瓶开关，观察油瓶中冷冻机油的下降值，当达到需要量时迅速关闭油瓶开关（注意：由于利用真空加注法，冷冻机油很快会被吸入压缩机，要迅速关闭油瓶开关，不然会加注过量冷冻机油，影响制冷效果）。补充冷冻机油量如表 8-6 所示。补充冷冻机油后，还应继续对制冷系统抽真空。

表 8-6 更换零部件时补充的冷冻机油量（仅适用于小型车）

更换部件名称	补充量/mL
冷凝器	40～50
蒸发器	40～50
储液干燥器	10～20
制冷剂循环管道	10～20

(4) 加注制冷剂

制冷剂的充注方法分为高压端充注法和低压端充注法。前者充注速度快，适用于第一次充注和抽真空后的充注；后者安全性好，但充注速度慢，适用于小量的补充充注。

采用歧管压力表加注制冷剂之前，一定要先排出歧管压力表软管中的空气。方法如下。

① 连接歧管压力表和制冷剂罐。

② 打开制冷剂罐阀手柄并正立。

③ 将歧管压力表的中间软管接头螺母稍松一点，接着分别拧松高、低压软管接头螺母，听到"咝咝"的制冷剂泄漏声，驱除软管内的空气。然后先拧紧高、低压软管接头螺母，再拧紧中间软管接头螺母。

排尽软管中空气后，采用高压端充注法加注制冷剂，如图 8.38(a) 所示。

① 将歧管压力表和制冷剂罐连接到空调系统。

② 先打开制冷剂罐手柄，再打开压力表高压阀开关，低压阀开关处于关闭状态，将制冷剂罐倒立，使液态制冷剂流入管路（可听到液体流动声），直至制冷剂达到规定数量为止。此时观察高、低压力表的压力，高压表不应超过 1.49～1.5MPa，低压表不应超过 0.15～0.2MPa。

③ 先关闭压力表高压阀开关，后关闭制冷剂罐阀手柄，拆下歧管压力表和制冷剂罐，完成制冷剂的充注工作。

低压端充注方法如图 8.38(b) 所示。

① 将歧管压力表和制冷剂罐连接到空调系统。

② 先打开制冷剂罐手柄，再打开压力表低压阀开关，高压阀开关处于关闭状态，将制冷剂罐正立，开始充入气态制冷剂。

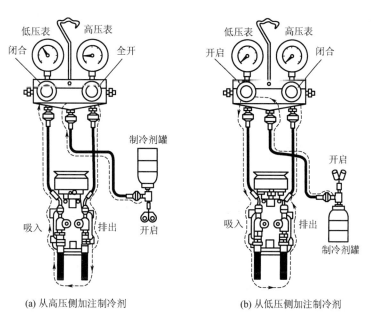

(a) 从高压侧加注制冷剂　　(b) 从低压侧加注制冷剂

图 8.38　加注制冷剂

③ 起动发动机，转速控制在1000～1500r/min；起动空调系统，温控开关置于最冷位置（COLD），风扇开关置于高速位置，加注制冷剂至规定数量（此时观察窗中刚好没有气泡）。在充注过程中低压表的压力不得大于0.55MPa。

④ 先关闭压力表低压阀开关，后关闭制冷剂罐阀手柄。

⑤ 发动机熄火，拆下歧管压力表和制冷剂罐，完成制冷剂的充注工作。

充注时罐内压力逐渐降低，加注时间会延长。为加快充注速度，可将制冷剂罐置于盛有温水的容器内，使罐内蒸气压力保持稍高于制冷系统内蒸气压力。

2. 加注制冷剂的注意事项

① 采用高压端充注法（液态充注法）加注制冷剂，制冷剂罐必须倒立，严禁开启空调机（压缩机应停转），以免发生事故。严禁打开压力表组的低压阀手柄，以免发生"液击"事故，造成压缩机的机件损坏。

② 采用低压端充注法（气态充注法）加注制冷剂，制冷剂罐必须直立，防止容器中液态制冷剂进入压缩机而引起"液击"事故，造成压缩机的机件损坏。严禁打开压力表组的高压阀手柄，否则会使高压制冷剂倒流入制冷罐内，造成罐内压力增大，发生制冷剂罐破裂的危险。

③ 无论是高压端充注法还是低压端充注法，以下三个方面应趋于一致：一是制冷系统高、低压端压力接近标准值；二是储液干燥器观察窗无气泡出现；三是所充注的制冷剂质量接近于规定量。

④ 制冷系统高、低压端压力应接近标准值。压缩机低压侧压力值应在$(1.05\sim 3.10)\times 10^5$Pa。低压值的高低是由车厢内空气温度决定的，车厢内温度高，其值就偏高；车厢内温度低，其值就偏低。以上低压值是当车厢内温度在24～30℃时的大致范围。

实训能力目标

1. 掌握汽车空调系统的维护。
2. 掌握汽车空调系统的常规检查。

实训内容

1. 汽车空调系统的维护

汽车空调系统的维护作业主要包括对空调制冷系统进行检漏、排空制冷剂、抽真空、加注制冷剂、加注冷冻机油等基本操作。打开汽车发动机盖，分别完成如下操作。

（1）分别用如下方法对空调制冷系统进行检漏

① 外观检漏。通过目视或用手直接触摸来检查制冷系统各接头是否有油泄漏。外观检漏简便易行，没有成本，但是有很大缺陷，除非系统突然断裂的大漏点，并且系统泄漏的是液态有色介质，否则目测检漏无法定位，因为通常渗漏的地方非常细微，而且汽车空调本身有很多部位几乎看不到。

② 肥皂泡沫法检漏。肥皂泡沫检漏是一种简便有效的方法。若零件、管路表面有油迹，要事先擦干净。然后把肥皂液涂在受检处，若检查接头处，要整圈均匀涂上。仔细地

观察,若有气泡或鼓泡,则可判为有泄漏。在制冷系统低压侧检漏时,必须关机;在高压侧检漏时,可以关机,也可以不关机。此种检漏的关键是要把握好肥皂液的浓度,太稀、太浓都不行。这种方法比较经济、实用,适用于暴露在外表,人眼能看得到的部位及周围有制冷剂气体的场合;但精度较差,不能检查微漏和压缩机、蒸发器、冷凝器等不便于涂抹肥皂液和不便观察的部位。

③ 氮气水检漏。向系统充入压力为 $10\sim 20\mathrm{kg/cm^2}$ 的氮气,把系统浸入水中,冒泡处即为渗漏点。这种方法和前面的肥皂液检漏方法实质一样,虽然成本低,但有明显的缺点,即检漏用的水分容易进入系统,导致系统内的材料受到腐蚀,同时高压气体也有可能对系统造成更大的损害,进行检漏时劳动强度也很大,这样会使维护检修的成本上升。

④ 荧光检漏。它是利用荧光检漏剂在紫外/蓝光检漏灯照射下会发出明亮的黄绿光的原理,对各类系统中的流体渗漏进行检测。在使用时,只需将荧光剂按一定比例加入系统中,系统运作 20min 后,戴上专用眼镜,用检漏灯照射系统的外部,泄漏处将呈黄色荧光。荧光检漏的优点是定位准确,渗漏点可以直接用眼睛看到,而且使用简单,携带方便,检修成本较低,代表了汽车检漏的发展方向。据了解,荧光检漏技术在国外已经有 50 多年的历史了,得到了包括通用、大众、三菱在内的世界主要汽车制造商的认可和应用。

⑤ 加压检漏。检漏时,首先应正确连接歧管压力表,高压软管接在排气管道上(高压侧),低压软管接在吸气管道上(低压侧)。将软管连接在压缩机的高、低压检修阀上,打开高、低压检修阀,向系统中充入干燥氮气,其压力一般应为 1.5MPa 左右。当系统达到规定压力后,用检漏设备进行检漏,泄漏大的地方有微小声音,检漏必须仔细,并反复检查 3～5 次,发现泄漏处应做出记号并及时加以修复,然后检查其他接头处,直至泄漏彻底排除。修漏完毕,应试漏,使系统保压 24～48h,若压力不降低,则检漏合格;若压力有显著降低,必须重新进行检漏,直到找出泄漏处并加以消除为止。

⑥ 电子仪检漏。使用电子仪检漏应注意,接上检漏仪电源,一般需要预热 10min 左右;大部分电子检漏仪有校核挡,在使用前应该确认校验正确,并使指示灯和警铃工作;将仪器调到所要求的灵敏度范围;检测时,将探头放到被检测的全方位,防止漏检;一旦查出泄漏部位,探头应立即离开,以免缩短仪器寿命。

(2) 排空制冷剂

由于修理或其他原因常需将制冷系统内的制冷剂排放掉。排空制冷剂时应注意以下方面。

① 关闭表阀的高、低手动阀,接好管道,注意高压管和低压管的连接方法。如果压缩机上有检修手柄阀,则应先将手柄阀置于中间位置。

② 慢慢打开低压手动阀,在缓慢放卸制冷液时,将有少量随制冷剂流出的冷冻机油,应用集油器进行收集。

③ 当低压表的压力降到 345kPa 时,再慢慢打开高压表阀,注意开度不要太大。如果此时冷冻机油流出较多,说明放卸速度太快,应关小高、低手动阀。

④ 压力表下降到零时,放卸结束,此时应关紧表阀上的阀门。

⑤ 测量收集到的冷冻机油。如果此时油量超过 14.2kg,则应加入等量的新的冷冻机油;若少于 14.2kg,则不要求加新油。

(3) 抽真空

抽真空的目的是排除制冷系统内的空气和水分,同时也可以进一步检查系统的密封性，为向系统加注冷冻机油和制冷剂做好准备。抽真空按图8.37所示进行。

（4）加注制冷剂

在抽真空完成并确认系统无泄漏后，一般即可加注制冷剂。加注的制冷剂量过多或过少都会影响制冷的效果。按图8.38所示，可分别从高压侧加注制冷剂和从低压侧加注制冷剂。

（5）加注冷冻机油

先进行压缩机冷冻机油量的检查，再进行冷冻机油添加量的确定，最后添加冷冻机油。

添加冷冻机油一般可在压缩机的旋塞口直接倒入，而实际使用中，更多的是利用真空吸入法进行添加。

2. 汽车空调系统的常规检查

（1）看

看检查的重点以检漏和判断制冷剂是否适量为主。检漏时主要检视系统各连接部位有无油纹、油泥等现象，判断是否存在泄漏的可能。通过设置在制冷系统高压区的观察窗查看制冷剂的状态以判断系统内的制冷剂是否适量。

（2）手感检查

手感检查用于检查车厢内出风口的温度、压缩机的吸入管和排出管的温差、冷凝器表面的温度。

（3）仪器检查

① 利用上述各种方法检漏。

② 压力检查。利用歧管压力表进行压力检查。但是由于汽车空调制冷系统内的压力受环境影响变化频繁，因此，在检查时要注意，应在制冷系统的维修阀上接上歧管压力表，起动发动机，并将调温开关调至最大制冷状态，鼓风机的挡位调至最高转速挡；待空调运行15～20min后，打开歧管压力表的高低压手动阀，读取压力值，对比厂家提供的标准值判断其压力是否正常。

▶ **实训总结**

本 章 小 结

1. 汽车空调是汽车空气调节的简称，即采用人为方式对驾驶室和车厢内的空气流量、温度、湿度、清洁度和气流速度等进行全部或部分调节。汽车空调系统通常应具备以下功能：调节温度、调节湿度、调节气流、净化空气。

2. 空调制冷系统是汽车空调系统最重要的子系统，主要功用是夏季为车内提供冷气。蒸发器首先冷却，再将经鼓风机送入的内部空气或新鲜空气进行冷却；当空气中含水分较多时，经蒸发器后水分将被冷凝，达到除湿的目的，使车内空气变得凉爽舒适。

3. 空调取暖系统又称为暖风系统，主要功用是在冬季为车内提供暖气及风窗玻璃除霜、除雾。大多数乘用车采用发动机冷却液的余热作为取暖的热源，即通过冷却液加热暖水箱（加热芯），再加热由鼓风机送入的车内空气或车外的新鲜空气，使得出风口的温度上升，达到取暖的目的。

4. 空调通风系统的功用是净化车内空气，保持车内空气新鲜舒适。它将外部新鲜空气吸进车内，起到通风和换气的作用，同时对防止风窗起雾也起到良好的作用。

5. 空调控制系统的功用是控制空调系统工作，实现制冷、采暖和通风。空调控制系统对制冷系统和取暖系统的温度和压力进行控制，同时对车内空气的温度、风量、流向进行控制，完善了空调系统的正常工作。

6. 汽车空调制冷系统是由压缩机、冷凝器、储液干燥器、膨胀阀（或节流孔管）、蒸发器等制冷部件组成的，各制冷部件之间用耐压的铜管或铝管及耐压、耐氟的橡胶管连接成一个密闭的循环系统。

思 考 题

1. 简述汽车空调系统的组成。
2. 简述汽车空调系统的使用及注意事项。
3. 简述汽车空调制冷系统的结构。
4. 简述汽车空调制冷系统中的压缩机的作用。
5. 简述汽车空调制冷系统中的压力开关的作用。

模块 9　整车电路识图

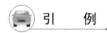　引　例

随着电子技术在汽车上的普遍应用，现代汽车上装备的电子电器设备在数量和技术上都有了增加，汽车电路图也相应地变得复杂。作为一名汽车维修人员，识读汽车电路图已成为必备的技能。认识和看懂一个完整的汽车电路图，是在维修过程中分析故障的基本要求。只有实现对汽车电路图准确快速的识别，才能顺利进行汽车电器故障排除。同学们能看得懂汽车电路图吗？

9.1　汽车整车电路识图训练

　理论知识目标

1. 了解汽车电器基础元件。
2. 掌握汽车电路图的分析方法。
3. 掌握汽车整车电路的组成。

9.1.1　汽车电器基础元件

【汽车电器基础元件】

【全车电路动画】

1. 导线

汽车用导线有高压导线和低压导线两种，均采用铜质多芯软线。

(1) 低压导线

① 导线的截面积。导线的截面积主要根据其工作电流来选择，但对于一些工作电流较小的电器，为了保证导线具有一定的机械强度，其截面积不得小于 0.5mm^2。各种低压导线标称截面积所允许的最大负载电流见表 9-1。

表 9-1　低压导线标称截面积与其允许的最大负载电流

导线标称截面积/mm²	1.0	1.5	2.5	3.0	4.0	6.0	10	13
允许电流/A	11	14	20	22	25	35	50	60

应当注意的是，标称截面积是经过换算而统一规定的线芯截面积，而非实际几何面积。

② 低压导线的结构和选用。常见的导线由多股细铜丝绞制而成，外层为绝缘层，力

学性能柔韧,不易折断。汽车12V电系主要导线标称截面积一般在汽车设计阶段就已通过电器计算,选定了各电路的导线规格,表9-2所列是不同电路的导线规格。

表9-2 汽车各电路的导线规格

导线使用电路	标称截面积/mm²	导线使用电路	标称截面积/mm²
仪表灯、指示灯、后灯、顶灯、牌照灯、燃油表、刮水器、电子线路等电路	0.5	5A以上电路	1.5~4.0
		电源电路	4~25
转向灯、制动灯、停车灯分电器等电路	0.8	起动电路	16~95
前照灯、3A以下电喇叭电路	1.0	柴油机电热塞电路	4~6
3A以上的电喇叭等电路	1.5		

(2)高压导线

高压导线可在点火系统中承担高压电的传送,工作电压一般可达15kV以上,电流相对较小。高压导线与低压导线相比,绝缘包层厚,耐压性能较好,线芯截面积较小。国产汽车用高压导线有铜芯线和阻尼线两种。其中高压阻尼线的线芯采用聚氯乙烯树脂、癸二酸二辛酯等有机材料配制而成,又称半导体塑芯高压线。这种线芯具有一定的电阻,具有无辐射的特点,对无线电系统的干扰较小,同时还可以衰减火花塞放电时的干扰电波,此外还可以节约大量的铜材。

(3)导线的颜色

各国汽车厂商在电路图上多以英文字母来表示导线外皮的颜色及条纹的颜色,且各国汽车导线的颜色设置不同。在同一电系中,虽然对主色有一定的规定,但由于所需导线较多,不易做到完全按系统定线色。修理时,一般都要按原厂电路图查找线色。

2. 线束

汽车用低压导线除蓄电池导线外,都用绝缘材料(如薄聚氯乙烯带)缠绕包扎成束,以避免水、油的侵蚀及磨损。在线束布线过程中,不许拉得过紧,线束穿过洞口或绕过锐角处都应有套管保护。线束位置确定后,应用卡簧或绊钉固定,以免松动损坏。

3. 熔断器

熔断器在电路中起保护作用。当电路中流过超过规定的电流时,熔断器的熔丝就自身发热而熔断,切断电路,防止烧坏电路连接导线和用电设备,并把故障限制在最小范围内。通常情况下,将很多熔断器组合在一起安装在熔断器盒内,并在熔断器盒盖上注明熔断器的名称、额定容量和位置,用不同的颜色来区别熔断器的容量。

一般情况下,环境温度在18~32℃,流过熔断器的电流为额定电流的1.1倍时,熔丝不会熔断;达到1.35倍时,熔丝在60s内熔断;20A以内的熔丝在15s内熔断,30A熔丝在30s内熔断。

熔断器在使用时应注意以下几点。

① 熔断器熔断后，必须找到真正的故障原因，彻底排除故障。
② 更换熔断器时，一定要与原规格相同。
③ 熔断器支架与熔断器接触不良会产生电压降和发热现象，安装时要保证良好接触。

4. 插接器

插接器就是通常所说的插头和插座，用于线束与线束或导线与导线间的相互连接。为了防止插接器在汽车行驶时脱开，所有的插接器均采用了闭锁装置。下面以日本汽车使用的插接器为例介绍其有关知识。

（1）插接器的识别方法

插接器的符号和实物对照如图9.1所示。符号涂黑的表示插头，白色的表示插座，带有倒角的表示的是针式插头。

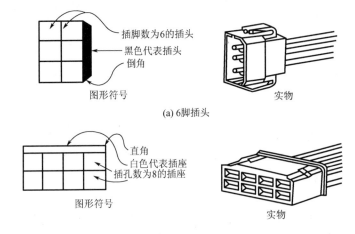

图 9.1　插接器的符号和实物

（2）插接器的连接方法

插接器接合时，应把插接器的导向槽重叠在一起，使插头与插孔对准，然后平行插入即可十分牢固地连接在一起。插接器连接后，其导线的连接如图9.2所示。例如，A 线的插孔①与 a 线的①′是配合的，其余依此类推。

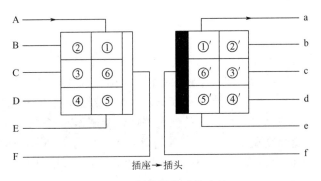

图 9.2　插接器的连接方法

(3) 插接器的拆卸方法

要拆开插接器时，首先要解除闭锁，然后把插接器拉开，不允许在未解除闭锁的情况下用力拉导线，这样会损坏闭锁装置或连接导线。

(4) 继电器

一般情况下，汽车上使用的开关的触点容量较小，不能直接控制工作电流较大的用电设备，故常采用继电器来控制它的接通与断开。

汽车上的继电器有很多，常见的有三类，这三类继电器的动作状态如图9.3所示。

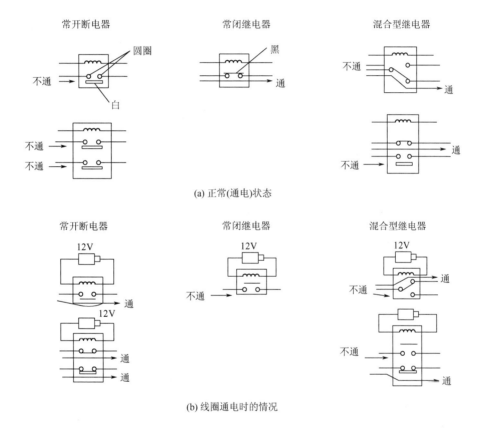

图 9.3 继电器的动作状态图

第一类继电器平时触点是断开的，继电器动作后触点才接通；第二类继电器平时触点是闭合的，继电器动作后触点才断开；第三类继电器平时动断触点接通，动合触点断开，若继电器线圈通电则变成相反的状态。

5. 开关

(1) 点火开关

点火开关用于控制点火电路和起动电路，停车时用钥匙锁住转向盘。国产常见车型点火开关的工作挡位如表9-3所示。点火开关①号接线柱为电源相线 BAT；②号接线柱接点火系统 IG，电流为 10A；③号接线柱接辅助电器 ACC，电流容量为 5A；④号接线柱接起动电器 ST，电流容量为 5A；点火开关在Ⅱ挡起动位置具有自动复位功能。

表 9-3 国产常见车型点火开关工作挡位

挡 位	接线柱及通断状态			
	① BAT	② IG	③ ACC	④ ST
Ⅲ	○——————————○			
0	○			
Ⅰ	○——————○——————○			
Ⅱ	○——————○————————————○			

常见的日本进口汽车点火开关的工作挡位如图 9.4 所示。此开关具有转向盘锁止功能。①号接线柱为电源相线；②号接线柱接辅助电器；③号接线柱接点火系统1；④号接线柱接点火系统2；⑤号接线柱接起动电路。点火开关在 LOCK 挡时，转向盘将被机械锁止。

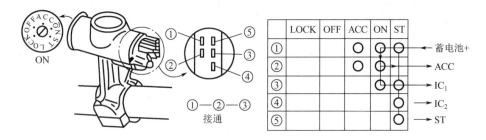

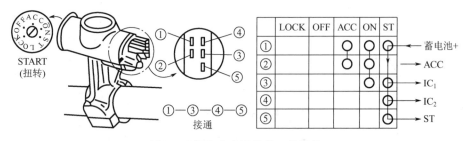

图 9.4 汽车点火开关的工作挡位

（2）灯光开关

灯光开关的形式有多种，这里以带双金属片熔断器式为例加以说明。该灯光开关工作挡位如图 9.5 所示。1 号接线柱接相线，3 号接线柱接顶灯与仪表灯，4 号接线柱接前照灯电路，5 号接线柱接示宽灯。车灯开关在 Ⅰ 挡时示宽灯亮，仪表灯与顶灯工作；在 Ⅱ 挡时，示宽灯灭，前照灯亮，仪表灯与顶灯继续工作。

（3）组合开关

为了保证行车安全、操纵方便，汽车上广泛采用组合开关。它将转向灯开关、警告灯开关、小灯

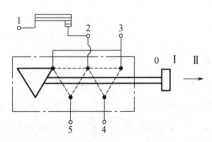

图 9.5 灯光开关工作挡位

模块9 整车电路识图

与前照灯开关、变光开关、刮水开关、喷水按钮组装在一起成为多功能组合开关。

JK322A 型多功能组合开关如图 9.6 所示。多功能组合开关由板柄开关、旋转开关、推拉开关、按钮等组成。开关的接线方式采用多孔圆柱插接器一次连接电路，一般开关接线的颜色与外接电路导线的颜色一致，使用维修十分方便。

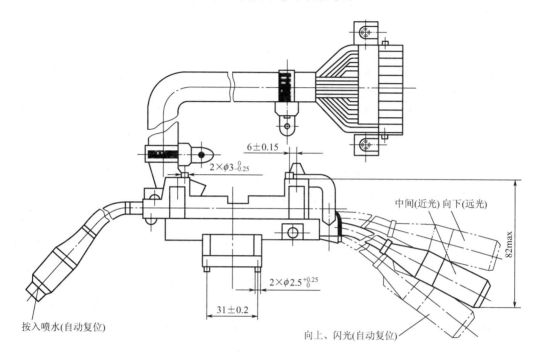

(a) 前后方向工作状态

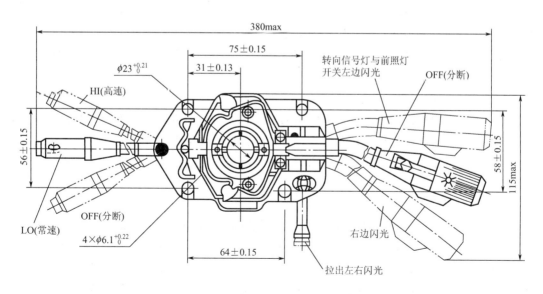

(b) 上下方向工作状态

图 9.6 JK322A 型多功能组合开关

9.1.2 汽车电路图的分析方法

1. 汽车电路图的种类

现代电路图种类繁多，电路图依车型不同，也有一定的差别，但归纳起来汽车电路图主要有电路原理图、布线图、线束图等。

（1）电路原理图

电路原理图以电路连接最短、最清晰为原则布置图面，且基本表示出电器设备的内部电路，因此电路原理图既表达了电器之间的连接，又体现了电器设备内部的电路情况，容易分析各电器工作时电流的具体路径，因此电路原理图应用比较广泛。电路原理图有整车电路原理图和局部电路原理图之分。

① 整车电路图。为了生产与教学的需要，常常需要尽快找到某条电路的始末，以便确定故障分析的路线。在分析故障原因时，不能孤立地仅局限于某一部分，而要将这一部分电路在整车电路中的位置及与相关电路的联系都表达出来。整车电路原理图的优点如下。

A. 对全车电路有完整的概念。它既是一幅完整的全车电路图，又是一幅互相联系的局部电路图。重点难点突出、繁简适当。

B. 在此图上建立起电位高、低的概念：负极接地（即搭铁），电位最低，可用图中的最下面一条线表示；正极电位最高，用最上面的那条线表示。电流的方向基本上都是由上而下，路径为电源正极→开关→用电器→搭铁→电源负极。

C. 尽最大可能减少导线的曲折与交叉，布局合理，图面简洁、清晰，图形符号考虑到元器件的外形与内部结构，便于读者联想、分析，易读、易画。

D. 各局部电路（或称子系统）相互并联且关系清楚，发电机与蓄电池间、各个子系统之间的连接点尽量保持原位，熔断器、开关及仪表等的接法基本上与原图吻合。

整车电路原理图的缺点：图形符号不太规范，容易各行其是，不利于与国际标准统一，因而也不利于对外交流。

② 局部电路原理图。为了弄清汽车电器的内部结构，各个部件之间相互连接的关系，弄懂某个局部电路的工作原理，常从整车电路图中抽出某个需要研究的局部电路，参照其他翔实的资料，必要时根据实地测绘、检查和试验记录，将重点部位进行放大、绘制并加以说明。这种电路图的电器元件少、幅面小，看起来简单明了，易读易绘。其缺点是只能了解电路的局部。

（2）布线图

布线图是指按照汽车电器在汽车上的大体位置进行布线、由厂家提供、反映全车电器信息的电路图。其特点是全车的电器设备数量明显且准确，导线的走向清楚，有始有终，便于循线跟踪，查找比较方便。它按线束编制将导线分配到各条线束中与各个插件的位置严格对号。在各开关附近用表格法表示了开关的接线与挡位的控制关系，表示了熔断器与导线的连接关系，表明了导线的颜色与截面积。但布线图也存在以下缺点：图上导线纵横交错，印制版面小则不易分辨，版面过大则印装受限制；读图、画图费时费力，不易抓住电路重点、难点；不易表达电路内部结构与工作原理。

模块9　整车电路识图

(3) 线束图

整车电路线束图常用于汽车厂总装线和修理厂的连接、检修与配线。线束图主要表明电路线束与各用电器的连接部位、接线柱的标记、线头、插接器的形状及位置等。它是人们在汽车上能够实际接触到的汽车电路图。这种图一般不去详细描绘线束内部的导线走向，只将露在线束外面的线头与插接器详细编号或用字母标记。它是一种突出装配记号的电路表现形式，非常便于安装、配线、检测与维修。如果再将此图各线端都用序号、颜色准确无误地标注出来，并与电路原理图和布线图结合起来使用，则会起到更大的作用且能收到更好的效果。

2. 汽车电路图的分析方法

由于各国汽车电路图的绘制方法、符号标记及文字、技术标准等的不同，各国汽车电路图存在很大的差异，甚至同一国家不同汽车公司的汽车电路图也存在较大差异。这就给识读电路图带来许多麻烦。要想完全读懂一种车型的整车电路图，特别是较复杂的乘用车电路图并非一件轻松的事，所以掌握汽车电路图的分析方法是十分必要的。

(1) 认真阅读图注

图注说明了该汽车所有电器设备的名称及其数码代号。通过读图注可以初步了解该汽车都装配了哪些电器设备，然后通过电器设备的数码代号在电路图中找出该电器设备，再进一步找出相互连线、控制关系。

(2) 牢记回路原则

回路是最简单的电气学概念。无论什么电器，要想正常工作（将电能转换为其他形式的能），必须与电源（发电机或蓄电池）的正、负两极构成通路，即从电源的正极出发，通过用电器，回到同一电源的负极。这个简单而重要的原则无论在读何种电路图时都是必须用到的，如果被忽略，就会理不出头绪。

(3) 善于化整为零

纵观"全车"眼盯"局部"，由"集中"到"分散"。全车电路一般都是由各个局部电路构成的，表达了各个局部电路之间的连接和控制关系。要把局部电路从全车总图中分割出来，就必须掌握各个单元电路的基本情况和接线规律。汽车电路的基本特点是单线制、负极搭铁、各用电器互相并联。各单元（局部）电路，如电源系统、起动系统、点火系统、照明系统、信号系统、仪表系统等都有其自身的一些特点。看电路要以其自身的特点为指导，去分解并研究全车电路，这样做会少一些盲目性，能较快速、准确地识读汽车电路图。必须认真地读几遍图注，对照电路图查看电器在车上的大概位置及数量，了解电器的用途，看有没有新颖独特的电器，如有，应加倍注意。

(4) 熟悉电器元件及配线

在分析某个电路系统时，要清楚电路中所包括的各部件的功能、作用和技术参数等。

现代汽车的线路如同人的神经一样分布在各个区域，其复杂程度与日俱增，而线路中的配线、插接器、接线盒、断电器、接地点等如同神经的"节点"。所以熟悉这些电气元件在路图中的表示符号、位置、连接方式、内部电路等对阅读汽车电路图有很大的帮助。因此在阅读接线图时，要正确判断接点标记、线型和色码标志等。

(5) 重视开关的作用

开关是控制电路通断的关键。我们通常按操纵开关的功能及不同工作状态来分析电路的工作原理，如点火系统供电，点火开关应处于点火挡或起动挡。在标准画法的电路图中，开关总是处于零位，即开关处于断开状态；电子开关的状态应视具体情形而定。这里所说的电子开关主要包括晶体管及晶闸管等具有开关特性的电子元件。

在一些复杂的电路控制中，一个主开关往往汇集许多导线，分析汽车电路时应注意以下几个问题。

① 蓄电池（或发电机）的电流是通过什么路径到达这个开关的，中间是否经过其他的开关和熔断器，这个开关是手动的还是电控的。

② 这个开关控制哪些用电器，每个被控电器的作用是什么。

③ 开关的许多接线柱中，哪些是直通电源的，哪些是接用电器的，接线柱旁是否有接线符号，这些符号是否常见。

④ 开关共有几个挡位，在每一个挡位中，哪些接线柱带电，哪些不带电。

⑤ 在被控制的用电器中，哪些电器应经常接通，哪些应先接通，哪些应后接通，哪些应单独工作，哪些应同时工作，哪些电器不允许同时接通。

(6) 重视继电器的工作状态

现代汽车电路中经常采用各种继电器对一些复杂电路进行控制。了解继电器的工作状态，特别是一些电子继电器的工作状态，对分析电路有较大的帮助。

阅读电路图时可以把含有线圈和触点的继电器看作由线圈工作的控制电路和触点工作的主电路两部分。主电路中的触点只有在线圈电路中有工作电流流过后才能动作。

9.1.3 汽车整车电路的组成

汽车整车电路通常由电源电路、起动电路、点火电路、照明与灯光信号装置电路、仪表信息系统电路、辅助装置电路和电子控制系统电路组成。

1. 电源电路

电源电路也称充电电路，是由蓄电池、发电机、调节器及充电指示装置等组成的电路，电能分配（配电）及电路保护器件也可归入这一电路。

2. 起动电路

起动电路是由起动机、起动继电器、起动开关及起动保护电路组成的电路，也可将低温条件下起动预热的装置及其控制电路列入这一电路内。

3. 点火电路

点火电路是汽油发动机汽车特有的电路。它由点火线圈、分电器、电子点火控制器、火花塞及点火开关组成。微机控制的电子点火控制系统一般列入发动机电子控制系统中。

4. 照明与灯光信号装置电路

照明与灯光信号装置电路是由前照灯、雾灯、示廓灯、转向灯、制动灯、倒车灯、车

模块9 整车电路识图

内照明灯及有关控制继电器和开关组成的电路。

5. 仪表信息系统电路

仪表信息系统电路是由仪表及其传感器、各种报警指示灯及控制器组成的电路。

6. 辅助装置电路

辅助装置电路是由为提高车辆安全性、舒适性等而设置的各种电器装置组成的电路。辅助电器装置的种类因车型不同而有所差异,汽车档次越高,辅助电器装置越完善。一般包括风窗刮水及清洗装置、风窗除霜(防雾)装置、空调装置、音响装置等。较高级车型上还装有车窗电动举升装置、电控门锁、电动座椅调节装置和电动遥控后视镜等。电子控制安全气囊归入电子控制系统。

7. 电子控制系统电路

电子控制系统电路主要由发动机控制系统(包括燃油喷射、点火、排放等控制),自动变速器及恒速行驶控制系统,防抱死制动系统,安全气囊控制系统等电路组成。

实训能力目标

1. 正确认识汽车导线。
2. 正确认识汽车熔断器、继电器。

实训内容

1. 汽车导线的认识

在整车上查看导线,并填写表9-4。

表9-4 汽车导线

种类(高压或低压)	截 面 积	颜 色	允许通过的最大电流

2. 汽车熔断器的认识

在中央接线盒查看熔断器,并填写表9-5。

表 9-5　中央接线盒熔断器

名　　称	颜　　色	额 定 电 流	位　　置

3. 汽车继电器的认识

在中央接线盒查看继电器，并填写表 9-6。

表 9-6　中央接线盒继电器

名称（编号）	名称（编号）	名称（编号）	名称（编号）

▶ 实训总结

_____
_____
_____
_____
_____
_____
_____

9.2 汽车整车电路

理论知识目标

1. 了解本田雅阁乘用车电路的分析。
2. 掌握电路图分析的典型技巧。

9.2.1 本田雅阁乘用车电路的分析

1. 本田雅阁乘用车电路图的识读方法

本田雅阁乘用车电路图中各种符号的含义如表 9-7 所示。

【本田雅阁汽车电路的分析】

表 9-7 本田雅阁乘用车电路图中各种符号的含义

蓄电池	搭铁		熔丝	电磁线圈	点烟器
	搭铁点	元件外壳搭铁			
电阻器	可调电阻器	热敏电阻器	点火开关	灯泡	加热器
电动机	泵	断电器	喇叭	二极管	扬声器

(续)

天线		晶体管	开关		发光二极管	
樯杆式	窗式		常开式	常闭式		

继电器		电容器	插接器		舌簧开关
常开式	常闭式		输入	输出	

2. 导线

在电路图中，线路部分都是以粗实线画出的，集中在图的中间部分。每条导线上都有颜色，是指导线绝缘层的颜色，有单色线和双色线，原版图以英文缩写来表示，对应关系为BLK＝黑色，WHT＝白色，RED＝红色，YEL＝黄色，BLU＝蓝色，GRN＝绿色，ORN＝橙色，PNK＝粉红色，BRN＝棕色，GRY＝灰色，PUR＝紫色，LT BLU＝淡蓝色，LT GRN＝淡绿色。如果导线是双色的，则以两种颜色的英文缩写共同组成。例如，"WHT/BLK"，"/"前面的"WHT"指导线颜色的本色或底色为白色，而"/"后面的"BLK"指条纹部分为黑色，为了方便起见，把它称为白黑线。

同一电气系统中颜色相同但导线不同时，加上角标以示区别，如BLU2与BLU3是不同的导线。

本田雅阁乘用车的电路图导线并没有标出导线的截面积，只是根据和导线相连接的熔断器的通电电流的大小来判断导线的截面积大小。

3. 本田雅阁乘用车电路图特点

（1）本田雅阁乘用车电路图中线路符号的特点

本田雅阁乘用车电路图中线路符号的特点如图9.7所示。其中图注说明如下。

①—虚线表示图中只显示了部分电路，完整的电路参见箭头所指的系统或元件的电路。

②—根据不同的车型或选装件来选择不同的线路（左边或右边）。

③—在导线的连接处只标出了线接头，接线的详情参见箭头所指的系统或元件的电路。

④—虚线表示蓝/红和红/蓝导线端子均在C124插接器的接线端子上。

⑤—线端的波浪表示该导线在下页继续。

⑥—导线的绝缘皮可为单色或一种颜色配上不同颜色的条纹。

⑦—导线接至另一侧（箭头表示电流方向）。

⑧—导线与另一电路相接。

模块9　整车电路识图

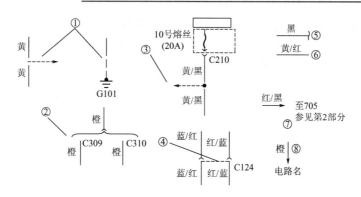

图 9.7　本田雅阁乘用车线路符号的特点

（2）本田雅阁乘用车电路图中接线端子、搭铁线连接符号的特点

本田雅阁乘用车电路图中接线端子、搭铁线连接符号的特点如图9.8所示。其中图注说明如下。

①—插接器"C"。

②—插孔。

③—插头。

④—每个插接器都有标号（以字母"C"开头），以备在元件位置索引中查找。其插头的接线端子的编号从左上开始，对每个接线端子的插孔和插头进行编号，使对应的插孔和插头号相同。

⑤—接线端子直接与元件连接。

⑥—接线端子与元件的引线连接。

⑦—导线连接，"S"线路图上的圆点表示线接头。

⑧—实线表示显示了整个元件。

⑨—虚线表示只显示了元件的一部分。

⑩—元件名称出现在符号的右上角，下面是有关元件功能的说明。

⑪—接线端子与汽车的车身连接（每根导线的搭铁都标有以字母"G"开头的搭铁符号，以备在元件位置索引中查找）。

⑫—元件外壳直接与汽车的车身连接搭铁。

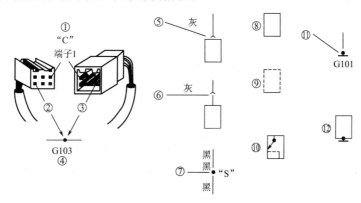

图 9.8　本田雅阁乘用车电路图中接线端子、搭铁线连接符号的特点

(3) 本田雅阁乘用车电路图中开关、熔丝符号的特点

本田雅阁乘用车电路图中开关、熔丝符号的特点如图 9.9 所示。其中图注说明如下。

①—螺纹连接（每个端子都标有以字母"T"开头的端子号，以备在元件位置索引中查找，端子"T"是一种采用螺钉或螺栓进行连接的接头，而不是一种采用推拉型的插接接头）。

②—屏蔽（代表导线周围的无线电频率干涉屏蔽，该屏蔽总是搭铁）。

③—联动开关（虚线表示开关之间的机械连接）。

④—点火开关在接通位置。

⑤—熔丝编号。

⑥—熔丝的额定电流。

⑦、⑧—二极管。

⑨—线圈（这是一个继电器，其线圈内无电流通过）。

⑩—常闭触点。

⑪— 常开触点。

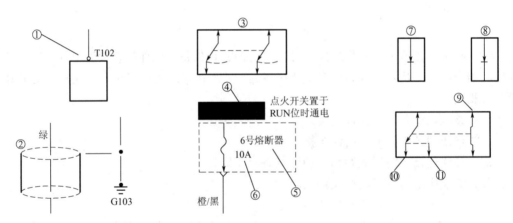

图 9.9　本田雅阁乘用车电路图中开关、熔丝符号的特点

4. 本田雅阁乘用车电路图分析

下面以本田雅阁乘用车照明和信号系统为例介绍电路图的分析。广州本田雅阁乘用车照明和信号系统主要包括前照灯（多点反射整体式卤素前照灯）、前侧转向灯、前侧标志灯、尾灯、倒车灯、制动灯、离位制动灯、牌照灯、车内灯、转向灯、转向信号灯、危险报警指示灯、仪表板灯（设有亮度控制装置）及门控灯等。它们由组合灯开关控制。组合灯开关电路图如图 9.10 所示。

(1) 标志灯、停车灯、尾灯、牌照灯电路

将点火开关置于点火挡时，电路中电流由蓄电池正极→黑线→发动机盖下熔断器/继电器盒中的熔断器 No.41(100A)→No.42(50A)→点火开关→黑/黄线→驾驶人侧仪表板下熔断器/继电器盒熔断器 No.9→黄线→多路控制装置（驾驶席）。（注意：该电流回路在图 9.10 未标出。）

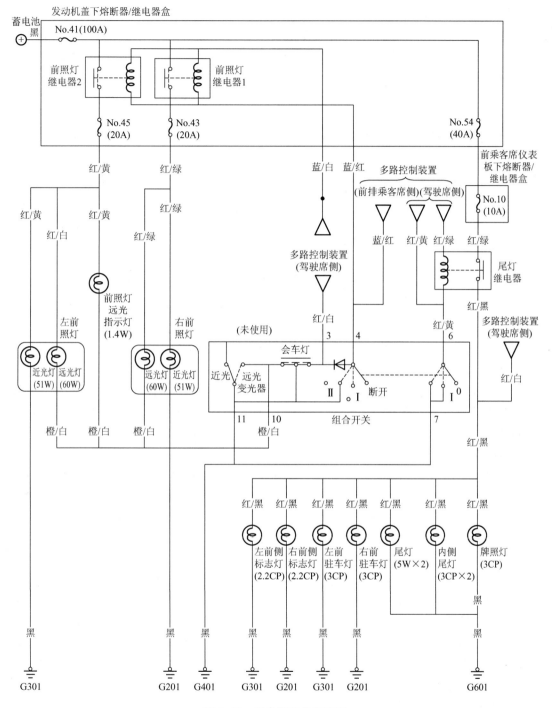

图 9.10 组合灯开关电路图

如图 9.10 所示,当组合开关置于 Ⅰ、Ⅱ 挡时,电路中电流由多路控制装置(驾驶席侧)→红/绿线→尾灯继电器线圈→红/黄线→组合开关→黑线→G401 搭铁→蓄电池负极。尾灯继电器触点吸合,此时,电路中电流为蓄电池正极→黑线→发动机盖下熔断器/继电器盒中的熔断器 No.41(100A)→熔断器 No.54(40A)→熔断器 No.10→尾灯继电器→红/

黑线→牌照灯(3CP)、内侧尾灯(3CP×2)、尾灯(5W×2)→黑线→G601 搭铁→蓄电池负极，上述灯点亮。

同时，电流由尾灯继电器→红/黑线→右前驻车灯→黑线 G201 搭铁→蓄电池负极，右前驻车灯点亮。

同时，电流由尾灯继电器→红/黑线→左前驻车灯→黑线 G301 搭铁→蓄电池负极，左前驻车灯点亮。

同时，电流由尾灯继电器→红/黑线→右前侧标志灯→黑线 G201 搭铁→蓄电池负极，右前侧标志灯点亮。

同时，电流由尾灯继电器→红/黑线→左前侧标志灯→黑线 G301 搭铁→蓄电池负极，左前侧标志灯点亮。

(2) 前照灯电路

将点火开关置于点火挡时，电路中电流由蓄电池正极→黑线→发动机盖下熔断器/继电器盒中的熔断器 No.41(100A)→No.42(50A)→点火开关→黑/黄线→驾驶席侧仪表板下熔断器/继电器盒→多路控制装置（驾驶席侧）。（注意：该电流回路在图 9.10 未标出。）

当组合开关置于Ⅱ挡时，接通前照灯继电器 1、前照灯继电器 2 的线圈电路，即多路控制装置（驾驶席侧）→蓝/白线→前照灯继电器 1 线圈、前照灯继电器 2 线圈→蓝/红线→组合开关→G401 搭铁→蓄电池负极。此时，前照灯继电器 1、前照灯继电器 2 的触点吸合，接通前照灯电路。

① 左前照灯远近光、远光指示灯电路。当远近光变光器置于远光时，电流由蓄电池正极→黑线→发动机盖下熔断器/继电器盒中的熔断器 No.41(100A)→前照灯继电器 2→熔断器 No.45(20A)→红/黄线→左前照灯远光灯→橙/白线→组合开关→G401 搭铁→蓄电池负极，左前照灯远光灯点亮。

同时，电流由蓄电池正极→黑线→发动机盖下熔断器/继电器盒中的熔断器 No.41(100A)→前照灯继电器 2→熔断器 No.45(20A)→红/黄线→前照灯远光指示灯→橙/白线→组合开关→远近光变光器→G401 搭铁→蓄电池负极，前照灯远光指示灯点亮。

当远近光变光器置于近光时，电流由蓄电池正极→黑线→发动机盖下熔断器/继电器盒中的熔断器 No.41(100A)→前照灯继电器 2→熔断器 No.45(20A)→红/黄线→左前照灯近光灯丝→黑线→G301 搭铁→蓄电池负极，左前照灯近光灯点亮。

② 右前照灯远近光电路。当远近光变光器置于远光时，电流由蓄电池正极→黑线→发动机盖下熔断器/继电器盒中的熔断器 No.41(100A)→前照灯继电器 1→熔断器 No.43(20A)→红/绿线→右前照灯远光灯→橙/白线→组合开关→G401 搭铁→蓄电池负极，右前照灯远光灯点亮。

当远近光变光器置于近光时，电流由蓄电池正极→黑线→发动机盖下熔断器/继电器盒中的熔断器 No.41(100A)→前照灯继电器 1→熔断器 No.43(20A)→红/绿线→右前照灯近光灯→黑线→G201 搭铁→蓄电池负极，右前照灯近光灯点亮。

当会车时，将远近光变光器置于近光位置，远光的搭铁线路切断。此时，只有左、右近光灯亮。

当超车时，按下超车灯开关，远光灯、近光灯电路同时接通。此时，左右远光灯、近光灯同时亮。

(3) 转向信号、危险报警指示灯电路

① 左转向信号灯电路。如图 9.11 所示，将点火开关置于点火挡，当将转向开关置于左位置时，电路中电流由蓄电池正极→黑线→发动机盖下熔断器/继电器盒中的熔断器 No.41(100A)→No.42(50A)→点火开关→黑/黄线→驾驶席侧仪表板下熔断器/继电器盒中的熔断器 No.10(7.5A)]→黄/红线→危险报警开关 10 号插脚→危险报警开关 5 号插脚→绿/白线→转向信号/危险报警继电器 2 号插脚→转向信号/危险报警继电器 3 号插脚→绿/蓝线→转向信号开关 13 号插脚→转向信号开关 12 号插脚→绿/蓝线→转向指示灯（1.4W）→G501 搭铁，转向指示灯点亮。

同时，电流由蓄电池正极→黑线→发动机盖下熔断器/继电器盒中的熔断器 No.41(100A)→No.42(50A)→点火开关→黑/黄线→驾驶席侧仪表板下熔断器/继电器盒中的熔断器 No.10(7.5A)→黄/红线→危险报警开关 10 号插脚→危险报警开关 5 号插脚→绿/白线→转向信号/危险报警继电器 2 号插脚→转向信号/危险报警继电器 3 号插脚→绿/蓝线→转向信号开关 13 号插脚→转向信号开关 12 号插脚→绿/蓝线→前左转向灯(24W)→黑线→G301 搭铁，前左转向灯点亮，侧左转向灯（5W）、后左转向灯（21W）分别通过 G301、G601 搭铁也点亮。

② 右转向信号灯电路。如图 9.11 所示，将点火开关置于点火挡，当将转向开关置于右位置时，电路中电流由蓄电池正极→黑线→发动机盖下熔断器/继电器盒中的熔断器 No.41(100A)→No.42(50A)→点火开关→黑/黄线→驾驶席侧仪表板下熔断器/继电器盒中的熔断器 No.10(7.5A)→黄/红线→危险报警开关 10 号插脚→危险报警开关 5 号插脚→绿/白线→转向信号/危险报警继电器 2 号插脚→转向信号/危险报警继电器 3 号插脚→绿/蓝线→转向信号开关 13 号插脚→转向信号开关 14 号插脚→绿/黄线→右转向指示灯(1.4W)→G501 搭铁，右转向指示灯点亮。

同时，电流由蓄电池正极→黑线→发动机盖下熔断器/继电器盒中的熔断器 No.41(100A)→No.42(50A)→点火开关→黑/黄线→驾驶席侧仪表板下熔断器/继电器盒中的熔断器 No.10(7.5A)→黄/红线→危险报警开关 10 号插脚→危险报警开关 5 号插脚→绿/白线→转向信号/危险报警继电器 2 号插脚→转向信号/危险报警继电器 3 号插脚→绿/蓝线→转向信号开关 13 号插脚→转向信号开关 14 号插脚→绿/黄线→右前转向灯（24W）→黑线→G201 搭铁，前右转向灯点亮，侧右转向灯（5W）、后右转向灯（21W）分别通过 G201、G601 搭铁也点亮。

③ 危险报警指示灯电路。当按下报警开关后，接通报警电路。电路中的电流由蓄电池正极→黑线→发动机盖下熔断器/继电器盒中的继电器 No.49（15A）→白/绿线→危险报警开关 9 号插脚→危险报警开关 5 号插脚→转向信号/危险报警器 2 号插脚→转向信号/危险报警继电器 3 号插脚→危险报警开关 1 号插脚→危险报警开关 2、3、4 号插脚，然后一路通过绿/蓝线将左侧所有转向信号灯、转向指示灯点亮，一路通过绿/黄线将右侧所有转向信号灯、转向指示灯点亮，发出警报信号，达到警示其他行人和车辆的目的。

(4) 室内灯电路

室内灯电路如图 9.12 所示。

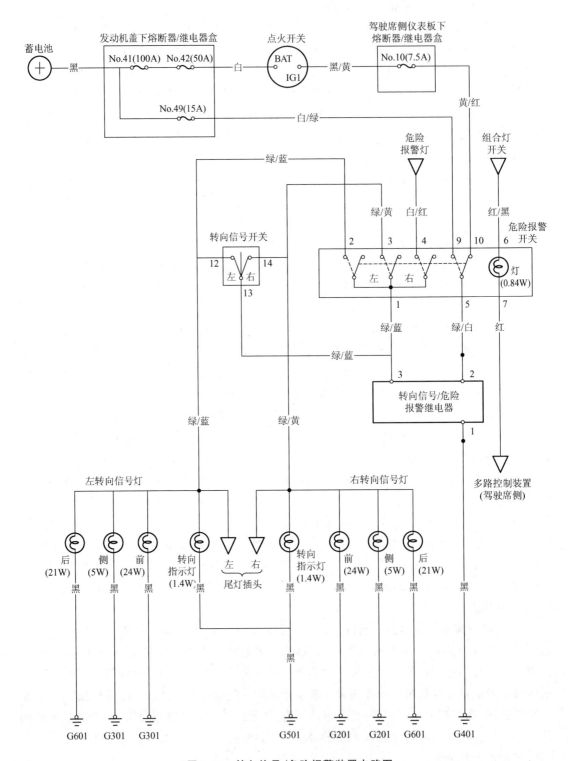

图9.11 转向信号/危险报警装置电路图

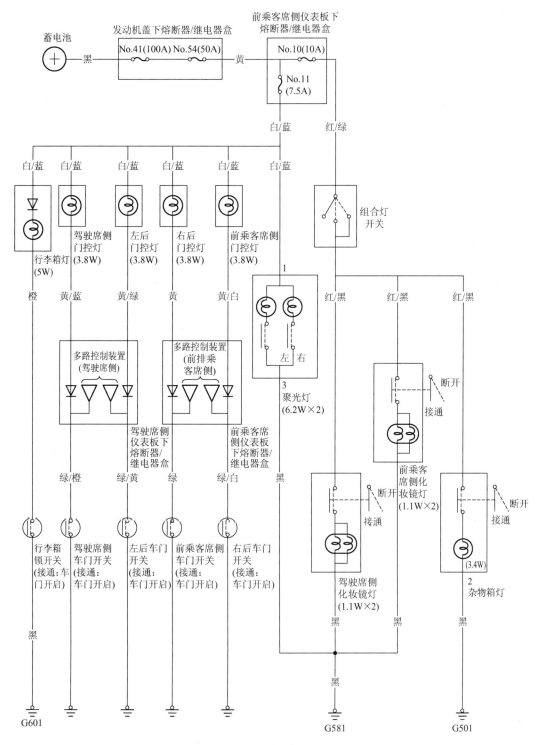

图 9.12 室内灯电路

① 门控灯、行李箱灯、左右聚光灯电路。当车门开启，行李箱锁开关接通时，电路中的电流由蓄电池正极→黑线→发动机盖下熔断器/继电器盒中的熔断器 No.41（100A）→

No.54（50A）→黄线→前乘客席侧仪表板下熔断器/继电器盒中的熔断器 No.11（7.5A）→白/蓝线→行李箱灯（5W）→橙线→行李箱锁开关→黑线→G601搭铁→蓄电池负极，行李箱灯点亮。

当车门开启，驾驶席侧车门开关接通时，电路中电流由蓄电池正极→黑线→发动机盖下熔断器/继电器盒中的熔断器 No.41（100A）→No.54（50A）→黄线→前乘客席侧表板下熔断器/继电器盒中的熔断器 No.11（7.5A）→白/蓝线→驾驶席侧门控灯→黄/蓝线→多路控制装置（驾驶席侧）→绿/橙线→驾驶席侧门车门开关→G601搭铁→蓄电池负极，驾驶席侧门控灯点亮。

当车门开启，左后车门开关接通时，电路中的电流由蓄电池正极→黑线→发动机盖下熔断器/继电器盒中的熔断器 No.41（100A）→No.54（50A）→黄线→前乘客席侧仪表板下熔断器/继电器盒中的熔断器 No.11（7.5A）→白/蓝线→左后门控灯（3.8W）→黄/绿线→多路控制装置（驾驶席侧）→绿/黄线→左后车门开关→G601搭铁→蓄电池负极，左后门控灯点亮。

当车门开启，右后车门开关接通时，电路中的电流由蓄电池正极→黑线→发动机盖下熔断器/继电器盒中的熔断器 No.41（100A）→No.54（50A）→黄线→前乘客席侧仪表板下熔断器/继电器盒中的熔断器 No.11（7.5A）→白/蓝线→右后门控灯（3.8W）→黄线→多路控制装置（前排乘客席侧）→绿线→右后车门开关→G601搭铁→蓄电池负极，右后门控灯点亮。

当接通左（右）聚光灯开关时，电路中的电流由蓄电池正极→黑线→发动机盖下熔断器/继电器盒中的熔断器 No.41（100A）→No.54（50A）→黄线→前乘客席侧仪表板下熔断器/继电器盒中的熔断器 No.11（7.5A）→白/蓝线→左（右）聚光灯（6.2W×2）→左（右）聚光灯开关→G581搭铁→蓄电池负极，左（右）聚光灯点亮。

② 驾驶席侧化妆镜灯、前乘客席侧化妆镜灯、杂物箱灯电路。当接通组合开关、驾驶席侧化妆镜灯开关（前乘客席侧化妆镜灯开关）时，电路中的电流由蓄电池正极→黑线→发动机盖下熔断器/继电器盒中的熔断器 No.41（100A）→No.54（50A）→黄线→前乘客席侧仪表板下熔断器/断电器盒中的熔断器 No.10（10A）→红/绿线→组合开关→红/黑线→驾驶席侧化妆镜灯开关（前乘客席侧化妆镜灯开关）→驾驶席侧化妆镜灯（前乘客席侧化妆镜灯）（1.1W×2）→黑线→G581搭铁→蓄电池负极，驾驶席侧化妆镜灯（前乘客席侧化妆镜灯）点亮。

当接通组合开关、杂物箱开关时，电路中的电流由蓄电池正极→黑线→发动机盖下熔断器/继电器盒中的熔断器 No.41（100A）→No.54（50A）→黄线→发动机前乘客席侧仪表板下熔断器/继电器盒中的熔断器 No.10（10A）→红/绿线→组合开关→红/黑线→杂物箱开关→杂物箱灯（3.4W）→黑线→G501搭铁→蓄电池负极，杂物箱灯点亮。

9.2.2 电路图分析的典型技巧

在分析故障时，要对整张或整份电路图有一个思路，大概知道电路图中主电路和控制电路的各个接触器和继电器及各种开关的用处，在电路中外部所接的保护元件的作用是什么，为什么要接这些电气元件。总结起来分析电路时，应该运用以下几方面的分析技巧。

1. 注意搭铁极性

分析电路时，首先要注意搭铁极性。汽车电路一般为单线制，且绝大多数为负极搭铁，即电源负极是与整车的金属集体相连的，各用电设备之间是相互并联的，工作电流从电源的正极→熔断器→导线→开关→用电设备→搭铁（电源负极），形成闭合回路。

2. 善于应用各种图表

汽车说明书和电路图所附表往往给出汽车的一些基本情况。接地图表示电路如何接到汽车底盘或汽车车架上，接地一般以"G"表示。插接器图可表示每一个插接器的位置和它的连接终端、引脚，插接器一般以"C"表示。有时会在图上或表中给出每个插接器的电参数（电压、电流或电阻）的标准值，以便在诊断故障时，进行比较和判断。

3. 注意找线与线之间的关系

在分析电路图时，应特别注意线与线之间的关系，是交叉而过的，还是交接的。两线或数线的交接一般用点"·"表示。应注意的是，导线进入插接器后，会有另外的符号表示，需要特别注意图注。

4. 注意对应图中的栅格号

为了较快地分析某电气部分，有些电路图如同地图一样用栅格划分为许多区域，在图的边上有栅格号，在下横边从左到右分有1，2，3，…区。例如，某部件的线路位于1A区，即表示位于图的左上角；3C区，即表示位于3区与C区的交叉处，依次类推。

5. 充分利用使用说明书和维修手册

使用说明书和维修手册是各汽车制造厂家出版的，其中的术语、省略词符号及测试维修方法不尽相同。因此开始着手维修某车型时，必须设法找到该车的维修手册并认真阅读。一般汽车的使用说明书和维修手册是随车附带的，一车一册，在书店无法买到。

6. 注意各部件总成的结构及位置说明

在阅读电路图和使用说明书时，应注意各部件总成的结构及位置。这些说明包括图表、文字。有时说明中还引申出一些注释，注释部分往往会提供更多更具体的说明，以便于维修。这些注释可能在说明书的另页上，分析时应该特别注意。对电气电子部件进行维修时，应特别注意其位置图。

7. 了解线束路径图和相关的车身部位名称

线束路径图是主要导线在汽车上的布置方式。线束大部分是固定在车身上的，因此往往要以车身部位名称来描述线束的位置、走向，并以此命名结束。因此首先要了解车身部位名称。

8. 主线路图和系统线路图

主线路图比较大，包括一辆汽车上所有电气电子部件和主要导线的符号。

系统线路图表达的是主线路图上的某一部分专门的电路。一般来说，维修手册上包括点火系统线路图、燃料喷射系统线路图、计算机控制系统线路图。

有的维修手册为了减少图的数量，把不同配置的汽车线路画在同一张图上，如装用手动变速器和自动变速器的汽车就是这样。

实训能力目标

掌握汽车整车电路的检测与维修。

实训内容

打开汽车的发动机车盖，识别汽车的线束、断电器、插接器部件，并填写表 9-8。

表 9-8　汽车电路的部件

部 件 名 称	在整车的位置

实训总结

本 章 小 结

1. 汽车用导线有高压导线和低压导线两种，均采用铜质多芯软线。

2. 电路原理图以电路连接最短、最清晰为原则布置图面，且基本表示出电器设备的内部电路，因此电路原理图既表达了电器之间的连接，又体现了电器设备内部的电路情况，容易分析各电器工作时电流的具体路径。

3. 布线图是指按照汽车电器在汽车上的大体位置进行布线、由厂家提供、反映全车电器信息的电路图。

4. 整车电路线束图常用于汽车厂总装线和修理厂的连接、检修与配线。线束图主要表明电路线束各用电器的连接部位、接线柱的标记、线头、插接器的形状及位置等。它是人们在汽车上能够实际接触到的汽车电路图。

5. 汽车整车电路通常由电源电路、起动电路、点火电路、照明与灯光信号装置电路、仪表信息系统电路、辅助装置电路和电子控制系统电路组成。

思 考 题

1. 汽车电器中的基础元件是什么？
2. 汽车整车电路的组成是什么？
3. 点火开关的结构是什么？
4. 汽车电路图的分析方法是什么？
5. 电路图分析的典型技巧有哪些？

参 考 文 献

[1] 舒华,姚国平. 汽车电器设备与维修 [M]. 2版. 北京:北京理工大学出版社,2009.
[2] 杨贵田,张华. 汽车空调 [M]. 大连:大连理工大学出版社,2007.